白隠慧鶴

般若心経毒語

遠島満宗 著

白隠和尚自画像

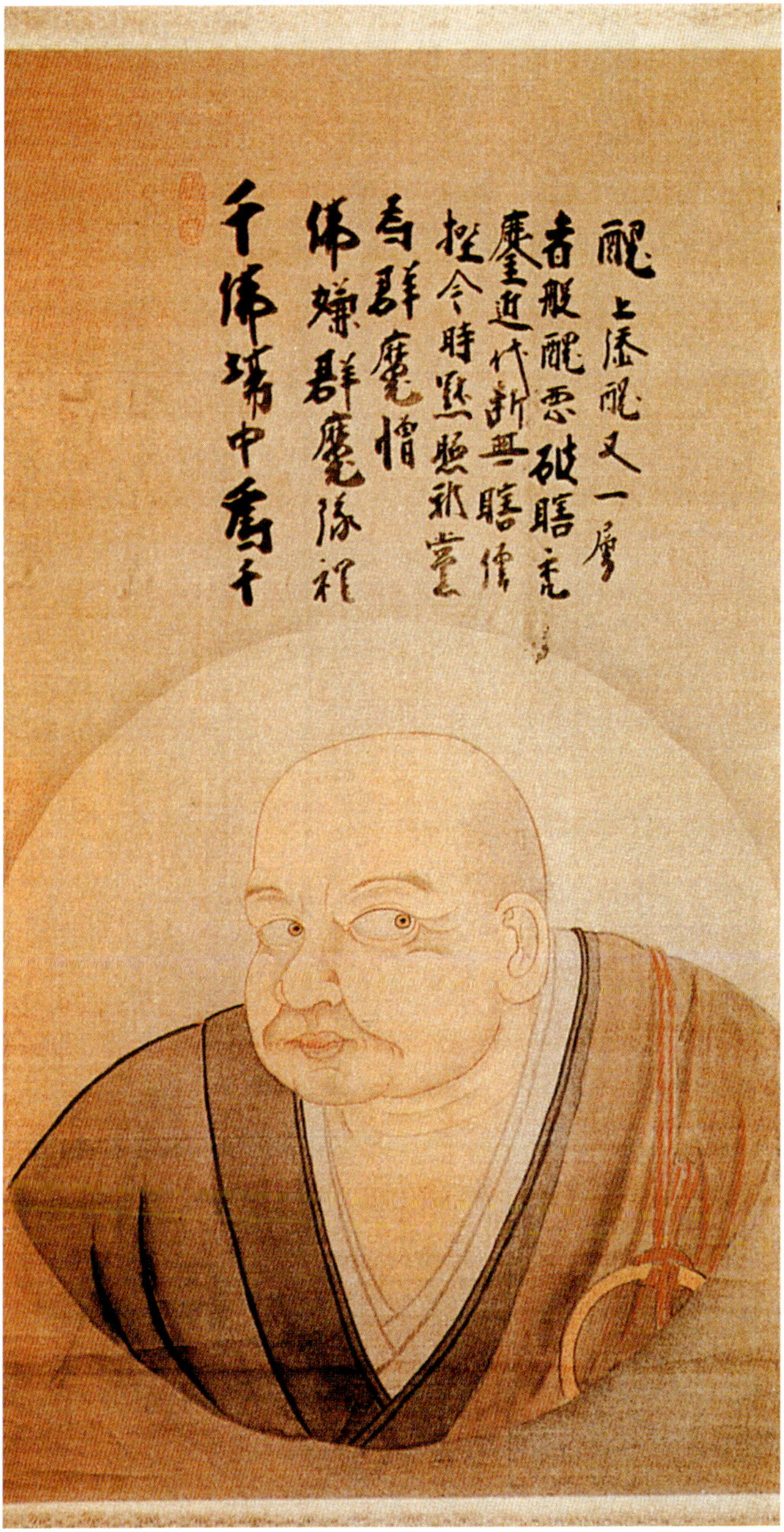

京都鹿王院蔵

白隠和尚頂相《ちんぞう》

京都市右京区嵯峨北堀町
鹿王院所蔵

自　賛

千佛場中爲千佛嫌
群魔隊裡爲群魔憎
挫今時默照邪黨
鏖近代斷無瞎僧
者般醜惡破瞎禿
醜上添醜又一層

千仏場中千仏に嫌われ
群魔隊裡群魔に憎まる
今時《こんじ》黙照《もくしょう》の邪党を挫き
近代断無の瞎僧《かっそう》を鏖《みなごろし》にす
者《こ》般《の》醜悪《しゅうあく》の破瞎禿《はかっとく》
醜上醜を添うること又一層

心經著語

侍者　禪恕集

心經著語并頌

葛藤窟裏瞎老漢無視卻歸草裏坐可憐傳
大士處處失樓閣莫言冷淡無滋味一飽能
消萬劫飢

撥轉參天爛葛藤　絆纏四海五湖僧
願君認得出身路　藕線孔中弄快鷹

摩訶

何處淨名室内不能轉女身七狂
殹
園第一枝　驚奔長爪托胎時
親參大士留此典　羅睺敎師鶖女兒

色不異空空不異色

好一釜羹被兩顆鼠糞汚卻美食不當飽人
喫拂波求水波是水

色不遮空空體色　空非破色色身空
色空不二法門裏　跛鼈拂眉立晩風

白隠慧鶴筆「大達磨図」

松蔭寺所蔵

まえがき

尾張平野の西部、木曽川の東に祖父江町という小さい町がある。そこに「よしまご蒲団店」があって、この御隠居に吉川俊一氏という人がいた。若き日、吉川家の教育方針によって、岐阜県関市伊深の臨済宗正眼寺道場で雲水修行の日々を過ごした。成人ののちは家業を継いだが、伊深の生活の中で身につけた仏教や禅の研鑽を続け、早々に家業を離れ、奥の隠居部屋で終日《ひねもす》読書の生活になった。

この頃、私はまだ青二才の住職であったが、氏は私の寺をしばしば訪れ、喫茶、清話の時間を共に過ごすことが多かった。京都の名刹へもよく連れて行って下さったが、京の大寺の老師たちはかつての伊深時代の仲間だったとかで、玄関で「おおーい」と呼ぶと、老師のお出ましがあり、「おっ、吉川か！」と歓待されたのをおぼえている。拙寺で共に坐禅したことがあったが、面壁の打坐ではなく、臨済式の対面の坐を組まれていた。氏は年中着流しの和服姿で、痩身長軀、皺だらけの顔に鋭い双眼が光っていたが、微笑される時のお顔はこの上もなく優しかった。

氏は病をえて入院されている時、枕頭に『世界』『思想』などの雑誌が置かれており、そのような中で間もなく逝去された。平成二年四月に葬儀がいとなまれた。享年八十歳であった。

書斎の膨大な東西の専門書は「祖父江の森図書館」へ寄贈されたが、その折、吉川俊一蔵書の目録をつくるお役をいただいたりした。父君の蔵書中の禅関係の和綴本を「これはあなたでないと……」と御子息が私に贈呈して下さった。その中には『臨済録』『碧巌録』『禅家亀鑑』『大慧普覚禅師語録』『禅林句集』『拈評三百則』等と共に白隠禅師の『荊叢毒蘂』四冊、『寒山詩闡提記聞』三冊などがあった。
繙いてみると、比較的読みやすい日本式漢文であったが、特に『荊叢毒蘂』拾遺の「心経著語并頌」に目を通した時、雷に打たれたかのような強烈な感動をおぼえた。このような心経の提唱は、まさに古今独歩のものであることを痛感した。読者は、本書所収の「心経著語并頌」（「般若心経毒語」）を読まれる時、私のこの書から受けた感動を共有していただけるものと思う。

第一部はこのように今は亡き吉川俊一居士との出逢いによって生まれたものである。謹んで居士の霊前に本書を捧げたい。

本書第一部は、すでに二〇一〇年（平成二十二年）十二月に入力原稿ができあがっていたが、翌二〇一一年（平成二十三年）の三月十一日の東日本大震災での東京電力福島第一原発事故による未曾有の大災害は、人間、社会、政治、経済にわたって、私に深刻な課題を突きつけた。この文明の破綻に対して何をすべきか、何をなしうるか、の問いから逃げることができなかった。白隠の「般若心経毒語」を根底に置いた現代の課題への未熟な思索が第二部の内容となった。

本書の表紙については、臨済宗白隠派大本山、静岡県沼津市原「松蔭寺」現董・宮本圓明老大師の御慈慮により、同寺所蔵の白隠「大達磨図」（丸山勇氏撮影）を使用させていただいた。「白隠和尚頂相」（自画像）については、京都鹿王院現董・吹田宏海老宗師の御厚情のもと、本書冒頭に安置させていただくことができた。心から感謝申し上げたい。

二〇一四年（平成二十六年）五月

永張精舎にて　遠島満宗

凡例

一、本書第一部の「般若心経毒語」は、白隠禅師語録「荊叢毒蘂」拾遺に収録の「心経著語并頌」を底本とし、その各節を、原文、訓読文、現代語訳、注の四部に分けて全体を構成している。

一、原文あるいは原句の配列は、原書のとおりであるが、40から成る各節の冒頭に付した番号は、目次などの便宜のためにつけたものである。

一、原文には日本式漢文として、一、二、レ点があるが、本書ではそれを省略し白文にしている。

一、原文はすべて旧字体であるが、本書では原文の各句をそのまま旧字体によって各節の冒頭に置き、次の訓読文以下では旧字体以外に常用漢字も用いている。

一、第一部の付巻として収録した「洞上五位偏正口訣」は、「荊叢毒蘂」巻之三に収められている。そのうちの「洞上五位偏正」中の易の図は省略した。「洞山良价和尚五位頌」中の正中偏以下の五偈の訓読文は『曹洞二師録』(山喜房佛書林、二〇〇七年)所収の訓読に従った。原文、訓読文、現代語訳、注の四部に分ける構成は「心経毒語」と同じである。

一、第一部のさいごに「心経著語并頌」と「洞上五位偏正口訣」についての解説を付した。

一、第二部の「白隠と沢庵」「ミッドウェー海戦」「3・11の失敗」は白隠禅から沢庵禅へとすすみ、さらに現代の課題との関連を論じたものである。

一、本書本文では人名に敬称を省略した。

白隠慧鶴　般若心経毒語　目次

第一部

白隠慧鶴　般若心経毒語

――心経著語并頌

般若心経毒語　目次

心經著語

侍者　禪恕集

心經著語幷頌

葛藤窟裏瞎老漢、無裩卻歸草裏坐、可憐傅大士處處失樓閣、莫言冷淡無滋味、一飽能消萬劫飢

撥轉參天爛葛藤　絆纏四海五湖僧

願君認得出身路　藕線孔中弄快鷹

心経著語《じゃくご》并《ならび》に頌《じゅ》[1]

葛藤窟裏《かっとうくつり》の瞎老漢《かつろうかん》、[2]裩《こん》無《の》うして却って草裏《そうり》に帰して坐す、[3]憐むべし、傅大士《ふだいし》処処に楼閣を失することを、[4]言うこと莫れ、冷淡滋味無しと、[5]一飽《いっぽう》能《よ》く万劫《まんごう》の飢《うえ》を消す[6]

参天の爛《らん》葛藤を撥転して[7]　四海五湖の僧を絆纏《ばんてん》す[8]

願わくは君出身の路を認得して　藕線孔中《ぐうせんこうちゅう》に快鷹《かいよう》を弄《ろう》せんことを[9]

文字や妄想でがんじがらめになって目も見えなくなっている老いぼれが、したおび無しの姿で迷妄の草むらに座っている。大富豪の傅大士が、落ち着く家をどこにも持っていないとは憐れなことだ。

（だが住著する処を持たないとは、傅大士こそさすが本物の禅者だ）

禅の味は冷えて淡白なものだ。口当たりがよいとは言えない。けれども、これをひとたび腹いっぱい食したら、万劫にわたる飢えが消え去るのだよ。

法・報・応の仏の三身は、君を傷つける茨の葛藤みたいなものだ。仏は、これを自在に使いこなして四海五湖の僧を縛り上げている
君たちには、須らく、出身自在の活路を知って、蓮の細い糸の穴の中で、見事な鷹を天空に操ってもらいたい

1　心経著語并に頌＝これが本書の原題であり、世にいう「毒語心経」は後世の通称。著語は心経の原句へのいわば注釈であるが、単なる語句の注釈ではなく、白隠の禅旨から出た言句であった。頌は七言または五言の漢詩で、禅家では偈《げ》または頌《じゅ》という。もとは仏徳をたたえる伽陀《かだ》の訳語であった。禅家では好んで偈頌がつくられ、五言、七言など、韻を踏んだ四行の形式を取り、これによって、語録の本則や宗乗についての自己の見解を示すのである。この「毒語心経」は心経原句の提示、著語、頌の三つの内容によって構成されている。2　葛藤窟裏の瞎老漢＝暗い穴蔵の中で、文字や妄想でがんじがらめになっていて、まだ仏法の本物の有り様が見えていない男。3　裩無うして劫って草裏に帰して坐す＝裩はまわし、したおび、したばかま。しまりのない姿で草裏すな

わち迷妄の只中に坐している。これらの句は、未到の禅僧への皮肉な表現か、あるいは白隠自らを称していっているのか。4 憐むべし、傅大士処処に楼閣を失することを＝傅大士（四九七〜五六九）は浙江省義鳥県の人、名は翕《きゅう》、姓は傅。善慧《ぜんね》大士・叢林大士・東陽大士と称される。十六歳で劉妙光を娶り、普建・普成の二子を得る。達磨から深く禅を学び、その指示によって松山頂に棲み、その時「空手把㆓鋤頭㆒　歩行騎㆓水牛㆒　人従㆓橋上㆒過　橋流水不㆑流」と頌した。〔碧巌録〕六七には「傅大士講経」の本則があって、梁の武帝の請に応じ、金剛経を講じた折の状況が本則となっている。大士は講壇上で机を打一下《たいちげ》して、そのまま下座したが、「放光般若経」を講じるほどの仏法への帰依者であった武帝も傅大士の案一下を理解できなかったとされる。松山下に双林寺を建て、また大蔵経を人々に閲覧せしめるため、一柱八面の輪蔵（経蔵）を建てた。このため後世、経蔵には傅大士と普建・普成二子の像を安置する。太建元年示寂、世寿七三。〔雙林寺善慧大師語録〕一巻があるが、〔心王銘〕が特に知られている。傅大士は富豪でもあり、弥勒の化身ともいわれた。「処処に楼閣を失する」の句の意味は明らかではないが、処処に安住の家を持たなかったの意としたい。5 言うこと莫れ、冷淡滋味無しと＝冷ややか淡白であるから、味わい深さが無いと言ってはならぬ。6 一飽能く万劫の飢を消す＝ひたたび仏法の味が充満すれば、汝の万劫の飢えを消滅させるのだ。7 参天の爛葛藤を撥転して＝参天は三点か。伊字三点ともいわれ、法身《ほっしん》・報身《ほうじん》・応身《おうじん》の仏の三身を指す。或いは涅槃経で法身・般若・解脱の三徳を指すことも。これらの三はともに不即不離で互いに円融して一円相をなす。一切衆生・万物はことごとくこの三点水によって、三身三徳の功徳を蒙り、法性を開発して開悟成仏するにいたるという。しかし白隠はここで三身を爛葛藤の語で呼び、これらを凡夫の妄想自縛のただれ、くさりきった葛藤としている。撥転は、かかげひっくり返し、かき鳴らして。この「参天」を天に届くほどの、という意味にとる書が多いが、私は凡夫を呪縛する法・報・応の仏の三身とした。

8 四海五湖の僧を絆纏す＝天下の修行者の自在の機用《はたらき》をしばりつける。四海は東海・西海・南海・北海。天下が平和であることを「四海波平《たいら》かにして……」、また天下の人々が兄弟のごとく親しむことを「四海兄弟」ともいう。五湖は洞庭湖等の五つの名勝の湖。9 願わくは君出身の路を認得して藕線孔中に快鷹を弄せんことを＝天下の修行者は文字という爛葛藤でしばられ自在を得ていないが、私の願いは、君たちが凡夫身を脱（出身）して、生きた仏として活路を見いだし、大小・長短・広狭などの二元から自在になり、細い糸の出る蓮の穴中で鷹を自在に操るほどの力量の禅者になってもらいたい。『荊叢毒蘂《けいそうどくずい》』巻第四の冒頭には「藕絲孔中辯」があって、この藕絲（線）孔中について白隠の見解が示されている。これは阿修羅と帝釈天が戦い、敗れた阿修羅が八万四千の眷属と共に蓮の細い穴に蔵《かく》れたというのであるが、臨済禅師もこのことに言及している。帝釈天には多聞・広目・増長・持国の四天王が随持しており、彼らの神通力を以てすれば、蓮の細い穴どころか「蟭螟眼裏（1節に後出）、蚊虻鼻孔」にかくれても忽ち捕らえられ、殲滅されるであろうと、「吾れ大いに怪しむこと久し」と白隠は述懐している。しかし、この疑問は「近頃定中《じょうちゅう》忽爾《こつじ》として此の事《じ》を省覚して歓喜に堪えず記して以て二三子に授く」としるし、この「藕絲孔中の語」を白隠が徹見したのは、その見性体験によるものであったことを告白している。「ここに辨道の上士有らんに、単単に端身静坐《じょうざ》して則ち身心寂滅万法虚凝、湛然廓落として自ら一片の長空の如し……、正与麼の時、かの八万四千の魔軍一箇も痕跡を留めず、上下四維の間、千回百匝《そう》神変を尽くして捜索すれども得ざるなり」（原漢文）と述べている。

1　摩訶

唐翫云大、是什麼、四維上下無等匹、多錯作廣博會了、君子愛財取之有道、爲我過小底般若來

百億須彌毫末露　三千世界海中漚
蟭螟眼裏雙童子　玩弄閻浮爭未休

摩訶

唐には翻《ほん》して大と云う、[1] 是れは什麽《なん》ぞ、四維《しゆい》上下に等匹《とうひつ》無し、[2] 多くは錯りて広博《こうはく》の会《え》を作《な》し了《おわ》る、[3]
君子は財を愛す、これを取るに道有り、我が為に小底の般若を過ごし来たれ[4]
　百億の須弥　毫末の露　三千世界海中の漚《おう》
　蟭螟《しょうめい》眼裏の双童子　閻浮《えんぶ》を玩弄《がんろう》し争いて未だ休せず[5]

唐では「大」と訳しているが、是は何なのだ？　多くの人は四維上下の空間的ひろがりと理解しているが見当違いだよ。まちがって摩訶を広さと考えておしまいにしているのだ。君子は財を愛するというが、それにはちゃんとした道がある。私のために、大小でない般若を持ってきておくれ。

「百億の須弥」に「葉末一滴の露」

「三千世界」と「海中の泡」

大小を並べれば、こんなものだ
しかし、ずい虫の目の中の二人の童子が南閻浮州を手玉にとって遊んでいるぞ

1　唐には翻して大と云う＝「摩訶」の語を唐では翻訳して「大」という。2　四維上下に等匹無し＝四維上下は東西南北とそれぞれの中間の八方と上下。十方世界ともいう。禅では尽十方界真実人体という語があるが、空間

的ひろがりという意味ではなく、この「摩訶」にも三次元の空間的ひろがりという意味はない。般若思想の洗礼を経ているからだ。ここでの著語で「摩訶」の意味は三次元の空間に等しいというものではないという。「一を去却《すてさ》り七を拈得《とりだ》す。上下四維に等匹《ならぶもの》無し」〔碧巌録〕六・雲門十五日・頌。3 多くは錯りて広博の会を作し了る＝大抵はこの「摩訶」を広さ、すなわち空間的ひろがりの意味であると間違って理解してしまっている。4 君子は財を愛す、これを取るに道有り、我が為に小底の般若を過ごし来たれ＝「広博の会」に対して「小底の般若」と対応させている。君子は財を愛するが、これには財の愛し方がある。私のために少しばかりの般若を持ち来たれという。大・小、広・狭ではない般若の受け取り方をいっている。「君子は財を愛す……」の句は『毒蘂』巻一にみられる。「挙す、洞山暁聡禅師因に僧問う、泗州の大聖什麽《なん》と為《し》てか楊州に向かって出現す。山曰く、君子は財を愛す、之《これ》を取るに道有りと、謹んで参玄の衲子《のっす》に白す、還って洞山と相見の分在りや、……」5 百億の須弥　毫末の露　三千世界海中の漚　蟭螟眼裏の双童子　閻浮を玩弄し争いて未だ休せず＝この七言絶句の偈は「百億の須弥」と「毫末の露（産毛に宿る露）」、「三千世界」と「海中の漚」と極大と極小を対比させ、この空間的大小に縛られない機用《はたらき》を、小さなずい虫の二つの目の中で二人の童子（極小の人間）が閻浮（世界の四つの地域のひとつ、須弥山の南にあるとされる南閻浮州）を手玉にとって今も遊んでいるという転句と結句で示す。

2　般若

唐飜云智慧、人人具箇箇圓弄泥團漢、有何限、不嶮崖撒手未曾見在、何故燈下不截爪、可令尺蠖辨長短、莫使蝸牛耕石田

雙耳如聾眼如盲　虛空夜半失全身

不容令鷲子親見　戻脚波斯過別津

般若

唐には翻して智慧と云う、人人《にんにん》具《そな》うる箇箇円《まどか》なる泥団《でいだん》を弄する漢、何の限りか有らん、[1] 峻崖に手を撒《さつ》せざれば、未だ曾て見ざること在らん、[2] 何《なん》が故ぞ、灯下に爪を截《き》らざる、尺蠖《しゃくかく》をして長短を弁ぜしむべくとも、蝸牛《かぎゅう》をして石田《せきでん》を耕やさしむること莫《なか》れ[3]

双耳《そうに》は聾《ろう》の如く眼《まなこ》は盲《もう》の如し　虚空夜半に全身を失す[4]

鷲子《しゅうし》をして親しく見せしむるを容《ゆる》さず　戻脚《ぼうきゃく》の波斯《はし》別津《べっしん》を過ぐ[5]

唐では「智慧」と訳している。人々が具えているこの円融無礙の泥団をこねまわしている凡夫の分別《ふんべつ》計較《けぎょう》のいとなみは、とどまるところがない。この分別計較による二元的思考から手を放さなければ、この「円なる泥団」にはお目にかかれないよ。どうしてなのか。灯下で爪を截ってもきれいには截れないからだ。尺取り虫の動きからは長短を分からせても、カタツムリが石の田んぼを耕すときには、広狭の成果はみられないよ。

二つの耳は聾に似て、目は盲に似ている

虚空の中、夜中に自分を失ったと同じだよ

あの智慧第一の舎利弗《しゃりほつ》でも、この般若を見ることはできぬ
足の悪い胡人（菩提達磨）は、とっくに別の港へ行ってしまったぞ

1 人人具うる箇箇円なる泥団を弄する漢、何の限りか有らん＝人々に円融不二の智慧が備わっているのに、この泥団子《でいだんす》をこね回している者たちの分別計較のいとなみはいつまで続くのか。「泥団を弄する漢、什麼の限りか有らん。方木を円孔に逗《い》る。不妨《みごと》に作家《さつけ》に撞著せり」（碧巌録）四八・頌・著語。分別計較（分別智）によって、般若の智慧や空を理解しようとするのは、四角の木を丸い穴に入れようとすることと同じで、すぐれた禅者に忽ち見破られる。2 嶮崖に手を撒せざれば、未だ曽て見ざること在らん＝山の絶壁にしがみついている手を放さなければ、昔も今もこの「般若」を見ることはないだろう。3 何が故ぞ、灯下に爪を截らざる、尺蠖をして長短を弁ぜしむべくとも、蝸牛をして石田を耕やさしむること莫かれ＝灯下に爪を截っても、きれいには截れない。二分法の世界の言語や概念を切り捨てろ。尺蠖《しゃくとりむし》のように長短の分別計較で空を了解したつもりでも、蝸牛《かたつむり》で石の田を耕させてはならぬ。尺蠖長短をもって分別計較を、蝸牛石田をもって空の機用《はたらき》を示している。4 双耳は聾の如く眼は盲の如し　虚空夜半に全身を失す＝空すなわち般若の機用は、双耳に声《しょう》が聞こえても、そのまま聾、眼にはもの（色）を見るのであるがそのまま盲、すなわち声・色が空と不即不離・表裏一体である。そして虚空夜半の「色空円融」の機用に自己という無用なものは見当たらぬという。5 鶖子をして親しく見せしむるを容さず　戻脚の波斯別津を過ぐ＝鶖子は般若心経において観世音菩薩の色空円融の妙用を聴く役を与えられた舎利《しゃり》弗《ほつ》。釈尊の十大弟子中、智慧第一といわれた。空の機用はこの舎利弗でさえも見ることはゆるされない。舎利弗は鷺《さぎ》（舎利）の目のような美しい女性の子として生まれたので舎利子、または鶖鷺子《しゅうろし》とも呼ばれた。鶖は鶬の意味であるが、鷺のような美しい目の母より生まれた子という呼び方になった。波斯はイランの人を指すといわれ

るが、〔洛陽伽藍記〕一は達磨を西域の沙門、波斯国の胡人としている。しかし、戻脚の波斯は足の不自由な胡人という意味で、この人が別の港を通り過ぎた、とは般若の智慧に凡夫の計較分別は届くことがないという意味である。

3

波羅蜜多

唐飜云到彼岸、者裏是什麼所在、掘土求青天、蝦跳不出斗、寶所在近、叓進一歩、釣絲絞水謝郎舟、明眼衲僧暗結愁

大地誰是此岸人　甚憐錯立洪波津

參究若未命根斷　修歴三祇枉苦辛

波羅蜜多

唐には翻して到彼岸《とうひがん》と云う、者裏《しゃり》は是れ什麼《なん》の所在ぞ、[1] 土を掘りて青天を求む、[2] 蝦跳《かと》ぶとも斗《と》を出《い》でず、[3] 宝所《ほうじょ》は近きに在り、更に一歩を進めよ、釣糸《ちょうし》水を絞る謝郎《しゃろう》の舟、明眼《みょうげん》の衲僧暗《ひそか》に愁を結ぶ[4]

大地誰か是れ此岸の人　甚だ憐れむ錯りて洪波《こうは》の津《しん》に立つことを[5]

參究若し未《いま》だ命根《みょうこん》を断ぜざれば　三祇《さんぎ》を修歴《しゅれき》するとも枉《ま》げて苦辛す[6]

唐では「到彼岸」と訳している。ここには何があるか。彼岸に到る、というがあちらの岸に到ると考えるのは、土を掘って、そこに青空が現れると思い込むようなものだ。エビは跳ねてもマスから飛び出すことはできぬ。凡夫の浅はかな思慮の枠内で、彼岸と此岸を見比べているだけだ。個々人のそなえている般若の宝蔵は近くにあるのだよ。更に一歩を進めてみよ、謝郎の釣り糸が金鱗の大魚を釣り上げたように、目前に般若が見えてくる。人々はなかなかこれが分からない。明眼の禅僧はこの人たちのことを深く愁えているのだ。

大地に立つ我々の誰を此岸の人というのだ　そのまま彼岸の人なのだ
彼岸を求めて荒波の港に立っているとは、誠に憐れむべきことだ
仏法の参究・空の機用《はたらき》を工夫するとき、凡夫の分別計較を断じなければ
永遠に修行しても無駄な苦労を続けるだけだ

1　者裏は是れ什麼の所在ぞ＝到彼岸というが、その彼岸とはどこにあるというのか。者裏は這裏に同じ。この中、このこと。2　土を掘りて青天を求む＝彼岸を求めることは、土を掘って青空を求めようとするようなものだ。3　蝦跳ぶとも斗を出でず＝えびが飛び跳ねてもマスを出ることはできない。凡夫が彼岸・此岸を考えても、自分の分別計較の中を出ることはできぬ。（蝦には、がまの意もある）「鰕跳不出斗」（鰕《えび》跳ぶとも斗《ます》を出《い》でず）〔碧巌録〕六および八九・本則著語。4　宝所は近きに在り、更に一歩を進めよ、釣糸水を絞る謝郎の舟、明眼の衲僧暗に愁を結ぶ＝宝すなわち個々人の具えている宝蔵すなわち般若の智慧は遠くにあるのではない。進一歩すれば、謝

郎の釣り糸が大魚を釣り上げて一杯に絞られているように目前に見えてくる。この謝はもと漁師であった玄沙師備の出家前の俗姓。道元はこれを「不釣自上の金鱗を不待にもありけん」（『正法眼蔵』一顆明珠の巻）と述べている。正眼を具えた僧は、人々が彼岸・此岸に縛られていることを思い、愁いに沈んでいる。5 大地誰か是れ此岸の人　甚だ憐れむ錯りて洪波の津に立つことを＝この大地に立つ人の誰を此岸の人というのか。そのまま彼岸に立っているのだ。あわれむべきは錯って波の高い港に立って彼岸を妄想していることだ。6 参究若し未だ命根を断ぜざれば、三祇を修歴するとも枉げて苦辛す＝空の機用を工夫参究するとき、自己の存在を根底から否定できていなければ（すなわち本来無一物の自己に徹底していなければ）、永遠に修行しても、あやまって苦労を重ねるだけである。

4　心

歴劫無名、錯安著名字、金屑眼中翳、衣珠法上塵、是什麼、多錯認驢鞍橋、學道之人不識眞、唯爲從前認識神、無量劫來生死本、癡人喚爲本來人

分明三世不可得　一掃長空絕點埃
禪榻夜闌如鐵冷　半窻明月帶梅來

心

歴劫《りゃくごう》名無し、錯りて名字《みょうじ》を安著《あんじゃく》す、金屑《きんせつ》は眼中《がんちゅう》の翳《えい》、衣珠《えじゅ》は法上の塵、[1] 是れは什麼《なん》ぞ、多くは錯

りて驢鞍橋《ろあんきょう》を認む、[2] 学道の人真を識らざるは唯従前識神を認むるが為なり、無量劫来生死《しょうじ》の本《もと》、痴《ち》人《じん》喚んで本来人と為す[3]

分明《ぶんみょう》なり三世不可得[4]　長空を一掃して点埃《てんない》を絶す
禅榻《ぜんとう》夜闌《たけなわ》にして鉄如《よ》りも冷やかなり　半窓の明月梅を帯び来たる[5]

永遠に名が無いものに、間違って心という名をくっつけてしまった。金の一片は尊いとされるが、目の中に入れれば障害となり、これにとらわれると仏法の機用《はたらき》を失うのだ。いったい、金屑とか衣珠とは何ものであるのか。多くの人は仏法の参究・空の機用を取り違えてしまっている。ろばの鞍を父親のあごの骨と勘違いしているようなものだ。仏道を学ぶ人々がほんものをとらえられないのは、「心」の一字を六根のひとつである心意識と取り違えているためである。この凡夫の分別《ふんべつ》・計較《けぎょう》こそが無量の過去より今にいたるまでの「生死《まよい》」のもとであった。愚か者はこれを「本来人（本来の自己）」とするのだ。

三世が実在しないことは明白なことだ
大空をひと掃きして一点のほこりもとどめない
夜は更けて禅堂の坐禅の床は　鉄よりも冷徹である
窓よりさし入る明月とともに梅の香りがきよらかだ

1 金屑は眼中の翳、衣珠は法上の塵＝金は尊いとされるが、その粉が眼に入れば正しく物を見ることができなくなる。衣珠は〔法華経〕五百弟子受記品にあるが「酔人《すいじん》衣裏珠」ともいい法華七喩の一。ある男が親友のもとで酔って寝ているときに、その親友は友が貧困に苦しまないよう衣に宝珠を入れておいた。その男は諸国を放浪して貧窮におちいって苦しんでいた時、親友に会って無垢の宝珠が衣の中に入れてあることを教えられ貧苦を脱することができたという話に由来する。無価の宝珠は仏の悟り・証悟を意味しているが、これに坐著すれば法《ダルマ》の機用にとっては余分のもの・塵になるという。2 多くは錯りて驢鞍橋を認む＝多くの人は驢《ろば》の鞍《くら》と父親のあごの骨とを取り違えている。似てはいるが全く別物であるものを一緒にする愚かさをいう。「已《すで》に是れ驢鞍橋を将《も》って阿爺《ちち》の下頷《したあご》と作す」〔虚堂録〕三。3 学道の人真を識らざるは唯従前識神を認むるが為なり、無量劫来生死の本、痴人喚んで本来人と為す＝「心」の一字について、識神すなわち六根の心意識を心とするあやまりを指摘する。これは長沙景岑のことばである。「長沙道《いわ》く、学道の人、真を識《し》らざるは、只だ従前《これまで》識神を認むるが為なり。無量劫来生死《しょうじ》の本《もと》、痴人喚んで本来人《ほんらいにん》と作《な》す」〔碧巌録〕六十・雲門拄杖子・本則評唱、〔伝灯録〕十・長沙景岑章、〔無門関〕十二・巌喚主人・頌。私たちが「心」とする見聞覚知・思慮分別の心が「無量劫来生死《まよい》の本」であり、痴人はこれを本来の自己としている、というのである。4 分明なり三世不可得＝過去・現在・未来の三世が不可得であることを〔金剛経〕では「過去心不可得、現在心不可得、未来心不可得」という。これを論理的に分析して証明するのは「中論」であるが、禅は論理の次元ではない。三世に過・現・未の区分がないというのである。5 禅榻夜闌にして鉄如りも冷やかなり　半窓の明月梅を帯び来たる＝この二句は揺れ動き執着を重ねる「心」を識神とするあやまりを退け、そのような心を寄せつけない風光を詠う。禅榻は坐禅の床のこと。

5 經

如是我聞一時佛在、咄誰舒卷、多向故紙堆中、求黃卷赤軸、又百合一片
畢波羅窟裏　未結集此經
童壽譯無語　阿難豈得聽
北風窻紙隙　南鴈雪蘆汀
山月苦如瘦　寒雲凍欲零
千佛縱出世　不添減一丁

経

如是我聞《にょぜがもん》一時《いちじ》仏在《ぶつざい》、[1] 咄誰か舒巻す、[2] 多くは故紙堆中《こしたいちゅう》に向かって黄巻赤軸《おうかんしゃくじく》を求む、[3] 又百合一片[4]
畢波羅窟裏《ひっぱらくつり》　未《いま》だ此の経を結集《けちじゅう》せず[5]
童壽訳するに語無し　阿難《あなん》豈《な》んぞ聴くことを得ん[6]
北風窓紙《ほっぷうそうし》の隙《すき》　南鴈雪蘆《なんがんせつろ》の汀《みぎわ》
山月苦《つか》れて痩《やせ》るが如く　寒雲凍《こお》りて零《こぼ》れんとす
千仏縦《たと》い出世するとも　一丁《いっちょう》を添減《てんげん》せず[7]

経典は「如是我聞一時仏在」で始まっているが、なんたることだ、誰がこの経をひもとくというのか。古い紙くずの山の中で仏陀のことばを求めているようなものだ。百合の花をひとひらずつむしり取って、百合の美しさを探そうとするのと同じだよ。

畢波羅窟の中では、まだこの経は編集されていなかった
鳩摩羅什が訳そうにも当てはまる文字が無かった
仏陀に付き添ってその説法を聞き落とすことのなかった阿難もこの経を聴くことはできなかった
北風が窓の障子からはいってくる
南には雁、そして北には雪蘆の汀
山月は細く輝き
冬の雲が凍りついて地に落ちてくるようだ
千人の仏が世に出ても
この世界に一字も加えたり減らしたりはしない

1　如是我聞一時仏在＝仏説とされる経典は、ほとんどこの語に始まっている。「かように私は聞いた。あるとき仏……にいまして……」　2　咄誰か舒巻す＝咄はなんたることかと喝する語。一字関のひとつ。舒巻は字で書かれた巻物の経典をひろげること。誰がこの経をひろげて読むのか。　3　多くは故紙堆中に向かって黄巻赤軸を求

む＝大抵の者は古い紙くずの山に向かって黄巻赤軸（経典）を求めている。4　又百合一片＝百合の花は美しいが、その花びらの一枚一枚をむしり取ってその美しさを見つけようとしてもできない。黄巻赤軸の経典を一枚ずつめくって経を読んでも何も見つからぬよ。5　畢波羅窟裏　未だ此の経を結集せず＝十大弟子のひとり迦葉尊者《かしょうそんじゃ》が主催して、釈尊一代の説法を経典として記録する（結集）ために仏弟子達が集まった場所。ここではまたこの経（心経）は姿をあらわしていない。畢波羅窟は王舎城付近の畢波羅山の麓にあった石室。仏滅直後に行われた第一結集の場所とされる王舎城七葉窟がこの石室と同視されている。6　童壽訳するに語無し　阿難豈んぞ聴くことを得ん＝中国で多くの経を訳した鳩摩羅什も、この経を言葉や文字に写して記録しようとしても心経の趣旨を述べる語が見つからない。阿難は釈尊のいとこで、生涯釈尊に随侍し、その説法をすべて記憶していた。経典結集の時、阿難は未だ悟りを得ていないとの理由で参加を許されなかったが、釈尊の説法をすべて聞いている仏弟子がいなかったので、遂に阿難の結集参加が許された。7　千仏縦い出世するとも　一丁を添減せず＝この句の前に北風……南雁、山月……寒雲という対句を用いて生きた現実の風光を詠じ、千仏……一丁の句によって、千の仏が此の世に出現しようとも、この生きた風光に一字を添えたり減らしたりはしないという。白隠は一個の無位の真人を示すとき、対句に「千仏」の語を用いる。「千仏場中　千仏に嫌われ、群魔隊裡群魔に憎まる……」（白隠自賛）。

6

観自在

補陀巖薩埵、人人具大士、盡大地一箇不見不自在底人、咳唾棹臂終不假別人力、誰繋縛儞著、伸左手搔佛首卽非無、屈右手觸狗頭何日兗得

執捉運奔不假他　唯因情念積多罪

是非憎愛總拈抛　許汝生身觀自在

観自在
補陀巌《ほだがん》の薩埵《さった》[1]、人人具うる大士、尽大地に一箇の不自在底の人を見ず、咳唾《がだ》棹臂《ちょうび》[2] 終《つい》に別人の力を仮りず、誰か爾《なんじ》を繋縛《けばく》す、左手を伸べて仏首を掻くは即ち無きに非ず、右手を屈して狗《く》の頭に触るることは何《いずれ》の日にか免れ得ん[3]
執捉運奔他[4]を仮りず　唯情念に因って多罪を積む
是非憎愛総《すべ》て拈抛《ねんぽう》せば　汝に許す生身の観自在

補陀落山の菩提薩埵とは各人にそなわっている菩薩のことだ。世界の果てまで探しても「不自在」の人はひとりも見つからない。人は日常、咳や唾を吐き、ひじを伸ばしたりするのに誰かの力を必要としない。誰が汝を縛るというのか。左手で仏の首にさわることは無くはないが、右手で犬の頭を撫でることとは違うとする分別から、何時になったら脱却できるのだろうか。仏の首と犬の頭とに触れるはたらきは、左右でどこが違うか。
ものをつかんだり運んだり去ったりするのは他の力をかりることはない
ただ分別《ふんべつ》計較の心情が多くの罪を重ねる

仏を是《ぜ》とし凡夫を非とすることすべてを放却すれば
汝はまさに生きた観自在である

1　補陀巌の薩埵＝観世音菩薩の浄土は、インドの南の海の補陀落山にありという。なお、観自在は玄奘三蔵訳、観世音は鳩摩羅什の訳。菩提薩埵（菩薩）は覚有情と意訳されるが、薩埵は有情の意味、生存する者の総称。2　咳唾棹臂＝せきとつば、ひじを伸ばすなど日常の事。3　左手を伸べて仏首を掻くは即ち無きに非ず、右手を屈して狗の頭に触ることは何の日にか免れ得ん＝仏の首に触るのも、狗の頭に触るのも自在底の人そのもの。しかし、凡夫は仏の首と犬の頭の二元から脱却できない。4　執捉運奔＝ものをつかんだり運んだり。

7　菩薩

簡異二乗與十號、暫時假設菩薩名、在途中不離家舎、離家舎不在途中、爲君奪卻四弘願行、卻是君子可八

超出我空無相窠　沈浮業海生死波
南無救苦大悲者　百億分身無際涯

菩薩

二乗と十号とに簡異して、[1]暫時仮りに菩薩の名を設く、[2]途中に在りて家舎《かしゃ》を離れず、家舎を離れて

途中に在らず、[3] 君が為に四弘《しぐ》の願行《がんぎょう》を奪却せば、[4] 却って是れ君子は八なるべし[5]
　我空無相の窠《か》[6]を超出して　業海生死《ごうかいしょうじ》の波に沈浮す[7]
　南無救苦大悲者　百億の分身際涯《きわまり》無し[8]

二乗（声聞・縁覚）と十号（仏）との間に、しばらく菩薩の名を設けた。生老病死の四苦の途中にあって仏の在《い》ます場所を離れず、仏の在ます場所を離れても生老病死の只中にはいない。菩薩は四弘誓願の人といわれるが、これを忘れるほどになれば、これこそ君子というべきであろう。

我空無相の頑空の窠《あなぐら》を超え出て
衆生の業と生死の世界に身を投ずる人
南無救苦大悲者
この菩薩のはたらきは、百億の人々となって限りがない

1　二乗と十号とに簡異して＝二乗すなわち声聞《しょうもん》・縁覚《えんがく》と、十号すなわち仏とにえらび分けて。二乗は仏の説法を聞いて羅漢果をえた声聞と、仏の説いた十二因縁のおしえによって羅漢果をえた縁覚、十号は仏の十号とも。①応供《おうぐ》・人天から尊敬せられ供養を受ける品格のあること、②正偏知・完全に真理を悟った者・等正覚《とうしょうがく》とも、③明行足《みょうぎょうそく》・天眼通《てんげんつう》・宿明通《しゅくみょうつう》・漏尽通《ろじんつう》の三明《さんみょう》の智慧と、身体・言語のおこないがともに完全であること、④善逝《ぜんぜい》・迷界を超え出て、再び迷界に還らないこと、⑤世間解《せけんげ》・世間出世間の問題を知悉している、⑥無上士・世間にお

いて最も尊い人、⑦調御丈夫《じょうごじょうぶ》・衆生の煩悩をよく調伏して涅槃に導く人、⑧天人師・天と人との師であり、地獄・餓鬼・畜生などを含めた迷いの世界にある者すべてを導くが、天と人とを導くことが最も多いから天人師という、⑨仏《ぶつ》・仏陀の略称、悟れる者・目覚めた者、⑩世尊・多くの徳を具えて世間から尊ばれる者。以上の十号に「如来」の語を含めると十一号になる。2 暫時仮りに菩薩の名を設く＝菩提薩埵の略、覚有情の意。二乗と仏との間に菩薩は生きている。3 途中に在りて家舎を離れず、家舎を離れて途中に在らず＝〔臨済録〕上巻八にみられる（岩波文庫本・二七頁）。「家舎」は衆生の本来の落ち着き場所・仏の世界、「途中」は生老病死の只中、あるいは求道の途上。4 君が為に四弘の願行を奪却せば＝菩薩の四つの誓願、四弘誓願とも。衆生無辺誓願度・煩悩無尽誓願断・法門無量誓願学（知）・仏道無上誓願成（証）。これをあなたが忘れるほどになれば。すなわち誓願とひとつになれば。5 君子は八なるべし＝四弘の願行を旗印にせず、自然に菩薩であるときには、市井の八っつあんこそ菩薩なのだ。日常市井の菩薩をいっている。6 我空無相の窠＝我の存在が空であり、世界が無相であるとする第一義のところを白隠は窠《あなぐら》という。7 業海生死の波に沈浮す＝我空無相の頑空空寂の窠に住《とどま》らず、衆生の業《ごう》と生死の世界に身を投じること、これを南無救苦大悲者（観自在菩薩）といっている。8 百億の分身際涯無し＝観自在菩薩は百億の衆生の百億の生老病死や苦悩の中に在って、そのはたらきには限りがない。

8 行

道什麼、事生也、夜眠晝走、放尿屙屎、行雲流水、墜葉飛花、擬議三途地獄、雖然恁麼地、非一回
白汗流親見徹、大有事在
手捉腳運惟什麼　飢餐渇飲作麼生

箇中若著一毫相　復爲渾沌剜眼睛

行《ぎょう》

什麼《なん》と道うぞ、事《じ》は生ずるなり、[1]夜は眠り昼は走る、放尿屙屎《ほうにょうあし》、行雲流水《こううんりゅうすい》、墜葉飛花《ついようひか》、擬議せば三《さん》途《ず》地獄《ぢごく》、[2]然も恁麼地《いんもじ》なりと雖も、一回の白汗《びゃっかん》流して親しく見徹するに非ずんば、大いに事有ることを在らん[3]

手に捉え脚に運ぶ惟れは什麼《なん》ぞ　飢えて餐《さん》し渇して飲む作麼生《そもさん》

箇の中に一毫相を著《つ》くれば　復《また》為に渾沌眼睛《こんとんがんぜい》を剜《えぐ》るならん[4]

観自在菩薩が深般若波羅蜜多を「行ずる」時というが、日常底は停滞なくおこなわれているぞ。夜は眠り昼は歩く。放尿屙屎、雲は動き水は流れる、葉が散り花が飛ぶ。これを疑えばそこが三途地獄だ。仏の世界とはこのようではあるが、ひとたび精進の冷や汗を流してほんものに出会わない限り、生死の問題は解決できぬだろう。

手に物を捉え脚を運ぶとは一体何なのか

飢えて食べ渇して飲む　これはどういうことか

汝自身の中に一すじの毛ほどの仏・菩薩あるいは色・空などの相《かたち》を持ち込めば

渾沌の目鼻をえぐって殺してしまったと同じになる

1　什麼と道うぞ、事は生ずるなり＝観世音菩薩の深般若の行というが何をいっているのか。日常底の事は滞りなく行われているぞ。2　擬議せば三途地獄《さんずぢごく》＝この日常底を疑えば、三途の川を渡って地獄へ行くことになる。3　然も恁麼地なりと雖も、一回の白汗流して親しく見徹するに非ずんば、大いに事有ること在らん＝このようなところに我々は生きているが、一度冷や汗（または混じり気のない汗）を流して、汝みずから日常底と仏国土とが不即不離であることに徹底しなければ、生死の問題は未解決のままだろう。4　手に捉え脚に運ぶ惟れは什麼ぞ飢えて餐し渴して飲む作麼生　箇の中に一毫相を著くれば　復為に渾沌眼睛を剜るならん＝手は物をつかみ、足は動いて物を運ぶ、飢えては食べ、渇しては飲む。この日常底の自在の現実とは何だろう。このような日常底に仏とか菩薩とか色とか空とかをわずかでも持ち込めば、そのために渾沌が汝に目潰しをくれるだろう。「渾沌」は〈荘子〉応帝王篇第七の六の話。もともと目も鼻も耳も口も無かった渾沌を、人間並みに目と耳と鼻など七つの穴をあけてあげようと、南海の帝と北海の帝が一日にひとつずつ穴をあけたところ、七日目に渾沌は死んでしまった。渾沌に六つの穴をあけたら死んでしまったということの〈荘子〉の話は含蓄が深い。般若心経の世界で言えば、六つの穴とは眼耳鼻舌身意の六根であるともいえる。六根によって人間の認識・判断・行動が可能になるのに、この六根が逆に「空」のはたらきを殺してしまうということが、空の機用《はたらき》をみるときに言いうるのである。

9　滚般若波羅蜜多

咄、剜好肉生瘡、怪哉、所謂般若其何爲物哉、既是有淺滚、將其似河水者乎、試衜作麼生是有淺滚底般若、恐有認楚雞去

求空破色之言淺　全色見空此曰深
若把色空談般若　甕中跛鼈遂飛禽

深般若波羅蜜多

咄《とつ》[1]、好肉を剜《えぐ》りて瘡《そう》を生ず、[2]怪なるかな、所謂般若は其れ何為物《なにもの》ぞや、既に是れ浅深有り、将《ま》た其れ河水に似たる者か、試みに道《い》え、作麼生《そもさん》か是れ浅深有る底の般若とは、恐らくは楚雞《そけい》[3]を認め去ること有らん

空を求めて色を破す、之《これ》を浅と言い　色を全《まっとう》して空を見る、此《これ》を深と曰う
若し色空を把りて般若を談ぜば　甕中《ようちゅう》の跛鼈《はべつ》飛禽《ひきん》を遂《お》う[4]

深般若波羅蜜多というが、なんたることか、きれいな体をえぐって傷をつけているね。おかしいことだ。ここでいう「般若」とはいったいなにものなのか。「深般若」というが、すでに般若に浅深があるというのか。あるいは河の水の深さのようなものか。こころみに言ってもらいたい、浅深のあるという般若とは、いったいなにものなのか。そこら辺のありふれた鳥を鳳凰としてしまうようなものだ。

空を求めるのに色を分析してゆく　これを浅という
色を徹底して空を見る　これを深という

（いずれも「空・色の妄想」にしばられている）
もし色と空とで般若を語るとすれば
桶の中の足の悪いすっぽんが空の鳥を追いかけるだろうよ

1 咄＝叱咤する語。2 好肉を剜りて瘡を生ず＝健康な身《からだ》をえぐって傷を付ける。誤った考え・行為。3 楚雞＝中国の楚という国の故事に由来する。ある人が雉のような綺麗な鳥を飼っていたが、名を聞かれて「耳山の鳳凰という鳥だ」と答えた。その人はその鳥を知らず、信じ込み高価な値段で買い求め、さらに皇帝に見せたが、何も知らぬ皇帝も喜んで受けとったという。4 甕中の跛鼈飛禽を遂う＝甕の中の足の不自由な亀が、空を飛ぶ鳥を追いかける。ありえないことだ。

10 時

又是剜好肉了、去劫已前來劫後、吹毛匣裏靈光寒、和盤托出夜明珠
昨晨掃卻舊年煤　今夜錬磨新歲飴
帶根松矣葉加橘　還著新衣待客來

時

又是れ好肉を剜《えぐ》り了《おわ》る、去劫已前来劫《こごういぜんらいごう》の後、[1] 吹毛匣裏《すいもうこうり》霊光寒し、[2] 盤に和して托出す夜明の珠[3]

昨晨《さくしんそうきゃく》掃却す旧年の煤《すす》　今夜錬磨す新歳の餄《もち》
根を帯ぶる松　葉を加うる橘　還《また》新衣を著《つ》けて客の来たるを待つ4

深般若波羅蜜多を行ずる「時」というが、この「時」とは何なのだ。これで又きれいな体に傷をつけてしまった。大昔から未来永劫にわたって、触れれば髪をも切る剣が時間という匣《はこ》にひそんでいて、過去とか未来とかの差別分別を断ち切ってしまう。盤の上の夜明珠は、時「刻」をつくるが、夜さえも光るこの珠は「時」の差異にかかわらず夜も光り輝くのだ。

昨日は旧年の煤を払い
今夜は新年の餄を錬る
根付きの若松と橘の葉で鏡餅を飾り
新しい衣服で年始の客を待つ

1　去劫已前来劫の後＝数えられない長い時間の昔、無限の未来の後《のち》に。2　吹毛匣裏霊光寒し＝吹毛の剣を入れた箱の中の神秘の光が冷え冷えとしている。それに触れば毛髪さえも斬れてしまう名剣が去劫已前とか来劫の後という区分を切ってしまう。好肉を剜り了る、というのは、人は「時」に人為的な区切りをつくって、傷一つない生きた時に傷を付けてしまっている、という意味である。3　盤に和して托出す夜明の珠＝盤の中で自在に動いていて、夜光る玉を取り出す。中の玉には制約がある、時には二面があって、去劫已前・来劫の後というようにみずからを差異の中で示す時「刻」、そしてそのような時「刻」に制約されていない「時」である夜は差異を消した世界、この夜のもつ光、これが夜明の珠。４　昨晨掃却す旧年の煤　今夜錬磨す新歳の飴　根を帯ぶる松葉を加うる橘　還新衣を著けて客の来たるを待つ＝この頌《じゅ》は、旧・新の年の風景をうたっている。時の日常的な現実である。時間の中に生き、時間をつくる人間を詠う。すなわち、時の流れ、時の節目《せつもく》に応じて、年末に煤を払い新年に飴《もち》を錬《ね》る。若松と橘を飾って新年の客を迎える。時間そのものは無記であるが、これに人は煤払いをし、飴をつくり、若松・橘を立てて時の節目をつくるのである。深般若波羅蜜多を行ずるとは、このような日常底を離れることがない。

11

照見

爍迦羅眼絶纖埃、莫向石灰籮裏眨眼、者裏是何所在、盡大地是沙門一隻眼、只是玄沙道底

蟭螟眼裏蟻旋磨　蟣蝨耳中蛛結羅

挽率閻浮泥犂獄　分明掌上庵摩羅

照見し

爍迦羅眼《しゃからげん》纖埃《せんない》を絶す、[1] 石灰籮裏《せっかいらり》に向かって眨眼《へんげん》すること莫れ、[2] 者裏は是れ何の所在ぞ、尽大地是れ沙門の一隻眼《いっせきげん》、只是れ玄沙の道う底[3]

蟭螟《しょうめい》眼裏に蟻磨《ありま》を旋《めぐら》す　蟣蝨耳中《きしつにちゅう》に蛛羅《くもら》を結ぶ

兜率《とそつ》閻浮《えんぶ》泥犂《ないり》の獄　分明なり掌上の庵摩羅[4]

仏陀の眼は細かな塵さえもなく澄み渡っている。しかし、ありふれた石灰を入れた籠を見る目と違うとは思うな。

「照見」というが　ここにはいったい何があるのだ。

尽大地が沙門の額にあるひとつの眼なのだ。このことはあの玄沙のいうところだ。

小さい虫の目玉の中で蟻が石臼をひき
しらみの耳の中で蜘蛛が巣をつくる
天上　娑婆　地獄の獄舎も
掌上のマンゴーを見るのと同じく分明に見えてくる

1　爍迦羅眼纖埃を絶す＝爍迦羅眼は金剛眼、堅固眼とも。邪正を明らかに決定し弁別する眼。「句裏に機を呈して劈面《へきめん》（真っ向）に来たり、爍迦羅眼纖埃を絶す、東西南北相対して、限り無く輪槌を撃てども聞かず」（碧巌録）九・頌。仏陀の眼《まなこ》の意味があり、その眼には細かな塵さえもなく澄みきっているという。2　石灰籠裏に向かって眨眼すること莫れ＝日常ありふれた石灰を入れた籠に、さげすんだ目を向けるな。日常底が大切だという。

3　者裏は是れ何の所在ぞ、尽大地是れ沙門の一隻眼、只是れ玄沙の道う底＝尽大地とは大地と眼が回互《えご》し、境がないこと、これが沙門（出家人）の眼そのものであるという。一隻眼とは肉眼のことではなく、肉眼以前の仏法の眼、頂門眼、正眼《しょうげん》、明眼《みょうげん》、活眼とも。尽大地是れ沙門の一隻眼の語は、世界は沙門の第三の眼（通常の二つの目ではなく、額の真中についているひとつの眼）であるとの意味。すなわち空間や存在者は一隻眼そのものであるという。この語は玄沙師備（八三五〜九〇八）ではなく、徳山宣鑑の法嗣・雪峰義存（八二二〜九〇八）の語と思われる。「尽大地は是れ沙門の一隻眼なり。汝等諸人、什麼処《いずこ》に向いて屙《あ》するや」〔碧巌録〕五・雪峰尽大地・本則評唱。南泉普願の法嗣・長沙景岑にも同消息の語があって、道元は〔正法眼蔵〕光明の巻で景岑の「尽十方界是沙門の眼」の語を冒頭に置く。同じく十方の巻は景岑の「尽十方界是れ沙門の一隻眼」の語から始まっている。4　蟭螟眼裏に蟻磨を旋す　蟣蝨耳中に蛛羅を結ぶ　兜率閻浮泥犂の獄　分明なり掌上の庵摩羅＝小さな虫の目の中で蟻が磨（石臼）をまわし、蟣蝨《しらみ》の耳の中で蜘蛛が網（巣）を張り、兜率（天上）・閻浮（娑婆世界）・泥犂の獄（地獄の獄舎）も掌の上の庵摩羅《マンゴー》を見るように分明であるということは、「尽十方・尽大地」の語と同じく、差別相《しゃべつそう》の中に空《くう》を見ることである。ここにいう「空」は「全機」ということでもあり、機用《はたらき》であって、空虚という意味ではない。庵摩羅は阿摩羅、庵羅とも。釈尊が祇園精舎におられた時、王苑の園丁ガンダの捧げたマンゴーの果実を召し上がったが、その時の種子を舎衛城の門脇に植えたものが成長しガンターンバ（ガンダのマンゴー）と呼ばれた。この樹下で智慧第一といわれ、また般若心経を説いた観世音菩薩が経中で呼びかける相手でもある舎利弗《しゃりほつ》が外道と論戦したと伝えられる。

12　五蘊皆空

靈龜拽尾爭兎得其蹤、色蘊如鐵圍山、受想如金剛劔、行識如如意寶、只知途路遠不覺又黃昏

認他色受想行識　執作自家娟媿躬

譬似浮漚畱水上　或如閃電拂長空

五蘊は皆空なりと……
霊亀尾を拽くに争《いか》でか其の蹤《あと》を免るることを得ん、[1] 色蘊は鉄囲山の如く、[2] 受想は金剛剣の如く、[3] 行
識は如意宝の如し、[4] 只途路の遠きことを知りて覚えざるに又黄昏《たそがれ》[5]
他《か》の色受想行識を認めて　自家娟媿《けんき》の躬《きゅう》と作す[6]
譬えば浮漚《ふおう》の水上に留るに似たり　或いは閃電《せんでん》の長空を払うが如し

五蘊皆空というのはいいことばではあるが、霊験あらたかな亀でも泥の上に這った跡を残すように、五蘊と空とが別々になれば、それぞれ跡が残る。

色蘊（存在者）は鉄囲山のように厳然として在り、受蘊想蘊は金剛王宝剣のように色蘊を斬る。

行蘊識蘊は如意宝のように汝の世界を生み出す。

このような五蘊の機用《はたらき》そのものが空の機用なのだ。しかし、五蘊が空の妙用の場であることがわかるまでにはなかなか遠い修行の道程があって、気がつけば人生の黄昏になっているよ。

人はこの色受想行識をみずからの恥じらう体としている
（この五蘊が真実人体・仏そのものの機用と思わず、これ以外に何か真なるものがあると思っている）
五蘊は空の機用の場そのもので仏の活作用の場でもあるが、五蘊を固定して考えていると
それは水上の泡か　流れる電光に似て　あてにはならぬものだよ

1　霊亀尾を拽くに争でか其の蹤を免るることを得ん＝霊亀拽尾《れいきえいび》として知られるこの語は、霊験あらたかな亀が泥の中を這って跡を残すという意味で、優れた禅者が教化のため言葉を使ってあれこれ説くことをいう。「還って雪竇《せっちょう》為人《いにん》の処を見るや、也《また》是れ霊亀尾を曳く」〔碧巌録〕一七・頌評唱。しかし、白隠のここでの著語の文脈では、優れた禅者の示すところも、二見にわたる言語的表現によって間違われやすい蹤跡を残すという反語的表現と思われる。2　色蘊は鉄囲山の如く＝鉄囲山は娑婆世界を取り巻いている高い山のこと。切り崩せない障害のたとえという、また確固たる存在の意味。3　金剛剣＝金剛王の宝剣のことかと思われる。一切のものを自由自在に斬り破ることのできる極めて堅牢・鋭利の剣。転じて、よく一切の煩悩を破砕する般若の智恵にたとえる。「若し参透して孤危峭峻にして、金剛王宝剣の如くならしめんと要《ほっ》せば、文殊の言下に向《お》いて薦取せよ」〔碧巌録〕三五・本則評唱。「有時一喝如金剛王宝剣、有時一喝如踞地金毛獅子、有時一喝如探竿影草、有時一喝不作一喝用……」〔臨済録〕勘弁二一。「釈迦老子、一代時教を説くに、末後心印を単伝す、喚んで金剛王宝剣と作す、喚んで正位と作す」〔碧巌録〕七三・頌評唱。4　行識は如意宝の如し＝如意宝は如意宝珠のこと、求めるものを意のままに出す珠という。「但本《ただもと》を得て末を愁うること莫かれ、浄瑠璃に宝月を含むが如し、即ち能く此の如意珠を解《げ》して、自利利他終に竭《や》まず」〔証道歌〕。これらの句は、色受想行識の五蘊のはたらきが実は空の用であるといっているのである。5　只途路の遠きことを知りて覚えざるに又黄昏＝色受想行識の五蘊は空と不即不離であり、妙用の場であることを示したが、ここにいたるには、永い道程を要するという。6　他の色受想行識を認めて　自家娟媿の躬と作す＝他は三人称、彼の色受想行識をみずから恥じらう体とするという。次の転句（浮漚）と結句（閃電の長空を払う）からみると、五蘊は空の場所なのではあるが、これに執することを戒める文脈と思われる。

「五蘊」について少し説明を加えてみたい。教学的には先ず五蘊は色・受・想・行・識の積聚《しゃくじゅう》（あつまり）。第一が色蘊、有情の肉体・物質界を指し、地水火風の要素およびその合成からなるものとされる。二、受蘊は肉体的（感覚的）、精神的（知覚的）苦楽などの感受作用。苦・楽・不苦不楽の三受、また憂・喜・苦・楽・捨の五受に分類される。三、想蘊は取像すなわち心像をとること、又は心像そのものを指し、概念や表象のこと。四、行蘊は意志、広くは受・想・識の三蘊を除いたすべての精神作用を指す。第五の識蘊は、心の主体作用としての眼識乃至意識を指す。五蘊は五つの有為法《ういほう》。蘊は積聚《あつまり》の意味であるが、五蘊によってつくられる身心環境を指す。有為法は無為法に対する語で、人間のつくり上げた世界という意味。無為法は人間のつくり上げたものではない世界という意味。唯識学ではさらに第七末那識《まなしき》、第八阿頼耶《あらや》識（蔵識）を加える。五蘊は五つの有為法の意味。（有為法は無為法に対する語で、人間の作り上げた世界という意味。無為法は人間の作り上げたものでない世界という意味。）蘊は積聚の意味であるが、五蘊によって作られる身心環境を指す。

曹渓恵能の〔六祖檀経〕般若では「常に大智恵を用いて五蘊煩悩塵労を打破すべし」といっていることは、仏教教学中での禅の立場を示した言葉である。五蘊皆空すなわち仏教では五蘊が空であることにより、ここに自在底があるとする。精神・物質を含む五蘊は固定不変の存在ではなく、相互に関係し合った相対的相関的な縁起的存在である。これが空・無自性である。空・無自性であるから、これを常住不変の我として執着し既得すべきものではない。この空無所得であることによって、これを自由自在に駆使活用することができる。これを空無（罣）礙という。白隠の「心経毒語」は、この無罣礙に重点がおかれている。この無白性・無所得・無罣礙が空の三義といわれるものである。「凡そ人、命終わらんとするに臨む時、但五蘊皆空、四大無我、真心無相、不去不来、生時亦不生、死亦不去を観じ、湛然として円寂、心境一如なり」〔禅家亀鑑〕。

13　度一切苦厄

客盃弓影元非蛇、夢裏明明三世有、覺來空空大千無

後鬼推扃前鬼拄　兩頭奮力汗通身
終宵爭拒漸天曉　堪笑元惟相識人

一切の苦厄を度す
客盃の弓影元蛇《もと》に非ず、[1]　夢裏明明として三世有り、覚《さ》め来たれば空空として大千も無し[2]
後鬼扃《けい》を推し前鬼拄《ささ》う　両頭力を奮《ふる》って通身に汗す
終宵争い拒みて漸く天暁　笑うに堪えたり元惟《もとこ》れ相識の人[3]

一切の苦厄を解脱するというが、客人の盃に写っている弓の影（苦厄）は、もともと蛇なのではない。夢の中には、明々として過去・現在・未来の三世が有り、覚めてみれば空々として大千世界もない。うしろの鬼が出入り口のかんぬきを押さえ　前の鬼が開けようとして一生懸命になり二人が力いっぱい奮闘して全身汗びっしょりになっている
夜通し争ってやっと朝になり　お互いを見れば相識の間柄だった
（色と空とはお互い相識の仲なのだ。排斥し合うものではない）

1　客盃の弓影元蛇に非ず＝客人の盃に写っている弓の影はもともと蛇なのではない。2　夢裏明明として三世有

り、覚め来たれば空空として大千も無し＝永嘉玄覚〔証道歌〕の次の句からきている。「夢裡明明として六趣有り、覚めて後空空として大千も無し」[3] 後鬼扃を推し前鬼拄う　両頭力を奮って通身に汗す、終宵争い拒みて漸く天暁、笑うに堪えたり元惟れ相識の人＝扃はかんぬき、出入口、兵器庫の前にある戸の横木などの意味である。人間の死体を奪い合って、うしろの鬼がかんぬきを推し、前の鬼がこれを拄え（退げる、塞ぐ）、二匹が力いっぱい押し合っているうちに朝を迎えた。気がつけばなんと二匹はお互いに顔見知りの仲だったと笑い合った。これは五蘊は空と相識の間柄、顔見知りの友、不即不離の関係であり、二見相対の場所として排除されるものではないことを言っている。五蘊の作用によって苦厄が生まれるが、苦厄も空の場所であり、両者は不即不離である。

14

舎利子

咄、小果尊者有什麼長處、者裏佛祖乞命、內祕外現、著何處、淨名室內不能轉女身、七狂八顚忘卻麼

智是祇園第一枝　驚奔長爪托胎時
親參大士㽞此典　羅睺教師鶖女兒

舎利子

咄《とつ》、小果の尊者、什麼《なん》の長処《とるところ》か有らん、[1] 者裏《しゃり》は仏祖も命を乞い、内秘外現、何《いずれ》の処にか著けん、[2] 浄《じょう》名《みょう》室内にて女身《にょしん》を転ずること能《あた》わず、七狂八顚を忘却するや[3]

智は是れ祇園《ぎおん》の第一枝[4]　長爪《ちょうそう》を驚奔《きょうほん》す托胎《たくたい》の時[5]

親しく大士に参じて此の典を留む[6]　羅睺《らご》の教師鷲女《しゅうじょ》の児《こ》[7]

なんたることか、ちっぽけな証果の尊者よ。どこに長処があるのか。空の中では、仏祖も助けを求めるのだ。さて舎利弗《しゃりほつ》も内には空の力を持っているが、外は小乗の聖者のようだ。どっちに彼は落ち着くのだろう。舎利弗は維摩の部屋で天女と女身成仏について問答した。彼は女性への差別意識を持っていたので、女人成仏をみとめなかったが、逆に天女の神通力によって女身に変えられてしまった。彼は女身を脱することができず、見苦しく七転八倒した。まさかこのことを忘却してはいないだろうね。（性差別観念に束縛された舎利弗だった）

祇園精舎での釈尊のお弟子中　智慧第一の舎利弗
母のおなかにいた時すでに叔父の長爪梵志を驚かせた
そして親しく観自在菩薩に参じ　この心経を世に残した
ラーフラの師　鷲女の児舎利弗よ

1　咄、小果の尊者、什麼の長処か有らん＝咄は叱咤する語。白隠は舎利弗《しゃりほつ》を小乗の羅漢とする。彼は空の真義を解するにいたっていないという。2　者裏は仏祖も命を乞い、内秘外現、何の処にか著けん＝般若は仏母であるということから、仏祖が仏祖でありうるのは般若空が母胎であり、仏も祖もここで仏になり祖になる。このように空は仏・祖をも切り捨てること（仏祖と別ものではないこと）を「仏祖も命を乞い」と表現している。舎利弗は小乗の聖者であるが、内には空を秘め、外は小乗の比丘の姿をしている。いったい、どちらが舎利弗の真の姿だろう。３　浄名室内にて女身を転ずること能わず、七狂八顛忘却するや＝〔維摩経〕観衆生品の内容に依っている。この観衆生品には天女が女身であることを批判した舎利弗を、天女がその神通力によって逆に女身にしてしまう場面がある。舎利弗と天女との問答は次のようである。「われ十二年よりこのかた女人の相を求むるに、あきらかに不可得なり、まさに何の転ずべきところか有らん、たとえば幻師の幻女と化作《けさ》するが如し。若し人有りて何を以てか女身を転ぜざると問わば、この人正問と為すや否《いな》や」。舎利弗の言《いわ》く「不《いな》なり、幻には定相無し、まさに何の転ずる所かあるべき」。天（女）曰く「一切の諸法も亦復是《かく》の如く定相有ること無し、いかんぞ女身を転ぜざることを問うや」と。即時に天女神通力を以て舎利弗を変じて天女の如くならしめ、天みずから化身すること舎利弗の如くして、而して問うて曰く「何を以て女身を転ぜざるや」。舎利弗、天女の像《すがた》を以て而して答えて言《いわ》く「われ今如何《いか》んが転ずということを知らずして、而《しか》も変じて女身と為《な》る」。天曰く「舎利弗、若し能く此の女身を転ずれば、則ち一切の女人も亦まさに能く転ずべし、舎利弗の女《にょ》に非ずして而も女身を現ずる如く、一切の女人も亦復是《かく》の如し、女身を現ずと雖も、而も女に非ず、是の故に仏一切の諸法は男《なん》に非ず、女《にょ》に非ずと説きたまう」。即時に天女還《かえ》りて神力を摂むるに、舎利弗の身還復《けんぷく》すること故《もと》の如し。天（女）舎利弗に問う「女身の色相、今何《いずれ》の所にか在る」。舎利弗言く「女身の色相、在も無く不在も無し」。天曰く「一切の諸法も亦是の如し、在も無く不在も無し、夫れ在無く不在無くとは仏の説く所なり」。舎利弗天に問う「汝ここに於いて没して、まさに何れの所にか生ずべき」。天曰く「仏化《ぶつけ》の生ずる所、われ彼の生の如し（仏の衆生化度のところに私も生まれる）」。曰く「仏化の所生は没生《もつしょう》（死して生まれる）に非ざるなり」。天曰く「衆生猶然り、没生に非ざるなり」〔維摩経〕観衆生品第七。〔国訳大蔵経〕第十巻で、この〔維摩詰所説経〕の訓注をおこなった渡辺海旭は右の内容の脚注において「痛快甚し。男女の定相畢竟意不可得の理、徹底す」と述べ、「見よ天（女）の擒縦《きんしょう》自在（舎利弗を自在にとりこにする）、諸法皆空、無我の大道を説くことを」と、この天女の舎利弗への応答を賛嘆している。〔維摩経〕のこの箇所は、女人成仏を「変成男子《へんじょうなんし》」のかたちでしか論じていない他の大乗経典（法華経の竜女成仏、大無量寿経四十八願中にみられる変成男子の願など）とは大いに相違して、女人のままの成仏を説いているところに注目しなければならない。「女身に定相無し」ということは、女身という差別相《しゃべつそう》のままの光をみる、ということである。男子という差別相のまま光をみる、ということと変わらない。男は男のまま、女は女のまま成仏し、そこに高下、優劣はないということである。これは原始仏教での女性に対する差別《さべつ》思想へのアンチテーゼとして、仏教の新しい旗幟《きし》をかかげた〔維摩経〕の大きな特長である。「七狂八顛を忘却するや」の句は、やはり〔維摩経〕にみられるこの内容からきている。舎利弗が維摩や天女との問答によって七転八倒させられたことを忘却してはいないだろうという。4 智は是れ祇園の第一枝＝舎利弗が十大弟子中で、神通第一の目犍連と並んで智恵第一と称され、仏弟子中の双弟とされたことをいっている。5 長爪を驚奔す托胎の時＝長爪は長爪梵志ともいわれ、舎利弗の叔父・倶絺羅《くちら》を指す。この人は婆羅門経の十八種の経典（十八大経）をすべて読むまでは爪を剪らずと誓い、このことから世人は長爪梵志と称した。この人は舎利弗の母の弟であったが、舎利弗をおなかの中に宿している姉（鶖女）の言葉がことごとく真理にかなっていることに驚き、おなかの中の子がただ者ではないと感じたという。6 親しく大士に参じて此の典を留む＝舎利弗は親しく観音大士のもとで、この心経を残した。大士は菩薩の漢訳。7 羅睺の教師鶖女の児＝羅睺は羅睺羅《らごら》とも。釈尊が出家以前、悉達多《しっだるた》太子であった頃、その妃《きさき》であった耶輸陀羅《やしょだら》妃《ひ》との間に生まれた子・ラーフラ。後に釈尊について出家し、密行第一と称された。ここでは舎利弗が八歳で出家した羅睺羅の師となったことと、舎利弗のことを鶖子または鶖鷺子・鶖露子というのは、母Śāri（鶖女）の子であったことをいっている。

15

色不異空空不異色
好一釜羹、被両顆鼠糞汚卻、美食不當飽人喫、拂波求水波是水
色不遮空空體色　空非破色色身空
色空不二法門裏　跛鼈拂眉立晩風

色は空に異《こと》ならず　空は色に異ならず……
好一釜《こういっぷ》の羹《こう》、両顆《りょうか》の鼠糞《そふん》に汚却《おきゃく》せらる、[1]美食も飽人の喫するに当《あた》わず、[2]波を払《はら》って水を求むるも波は是れ水[3]
色は空を遮《さえぎ》らず空は色を体とす　空は色を破するに非ず色は空を身とす
色空不二《ふに》法門の裏《うち》　跛鼈《はべつ》眉を払って晩風に立つ[4]

色は空に異ならず、空は色に異ならず、というが、おいしく出来上がっている釜のお吸い物が、この「色」と「空」というふたつぶの鼠の糞で汚されてしまった。またこの上もなく良いお料理もおなかがいっぱいの人には、色・空のおしえは立派でも必要とされないのだ。波（色）を取り除いて水（空）を求めようとしても、波はもともと水なのだ。
色は空の障害なのではない　空は色がその本来の身体なのだ

空が色を否定するのではない　色は空をその本来の身体としている
色空不二のおしえとは　足の悪い大きな亀がお化粧をして
夕暮れの風に突っ立っているようなものだ（この変な風景に文句をつけてはいかんよ）

1 好一釜の羹、両顆の鼠糞に汚却せらる＝よくできあがった釜の中のあつもの（吸い物）が、色と空という二粒のネズミの糞によって汚染されてしまった。2 美食も飽人の喫するに当わず＝美味の吸い物もネズミの糞が浮かんでいては、食通の人には出せないだろう。〔碧巌録〕六一・風穴若立一塵・頌著語にこの句がある。3 波を払って水を求むるも波は是れ水＝色不異空　空不異色というが波を押しのけて水を求めるようなものだ。波は本来水そのものだ。色は波で、空は水である。別ではあるが別物ではない。色をのぞいて空を得ようとすることは、波をのぞいて水を得ようとするあやまりと同じというのである。4 色空不二法門の裏　跛鼈眉を払って晩風に立つ＝色と空とは不即不離・不二であるという仏法とは、足の悪い巨大な亀が、夕暮れの風の中に突っ立っているようなものだ。（眉を払うは化粧するという意味もある。）論理的には矛盾する色と空とを両手両足とする自在の機用《はたらき》を比喩で示している。

16

色卽是空空卽是色
是何閒家具、毋教猱升木、又是二千年滞貨、釣絲絞水謝郎舟
黄鳥風微希鼓瑟　紅桃日暖薄籠煙
蛾眉螓首一群女　各戴花枝錦繡肩

色は即ち是れ空　空は即ち是れ色
是れ何の閑家具《かんかぐ》ぞ、[1] 猱《どう》[2]に木を升《のぼ》ることを教うること毋《なか》れ、是れ二千年の滞貨[3]なり、釣糸水を絞る謝郎が舟[4]
　黄鳥風微《かすか》にして希《まれ》に瑟《しつ》を鼓す　紅桃日暖かくして薄く煙を籠《つつ》む
　蛾眉螓首《がびしんしゅ》一群の女　各《おのおの》花枝を戴く錦繍《きんしゅう》の肩[5]

色は即ち是れ空　空は即ち是れ色、という。

これはまあ、何という役立たずの家財道具ではないか。猿に木登りを教えてはいけないよ。（色即是空空即是色はことばに出せば、役立たずでおせっかいなことばだ）

しかし、これは二千年来の売れ残り、宝の山だ。謝郎が今、この金鱗の大魚を釣り上げようとしているよ。

おだやかな春風の中に時折鶯の声が聞こえ
あたたかな日射しの中で桃の花が咲いて　遠くまで春霞がたなびいている
眉や額の美しい女性たちが
それぞれ錦繍の着物姿で　花をかざして遊んでいる

１　是れ何の閑家具ぞ＝これは空き家の役立たずの家財道具ではないか。２　猱＝猿。３　是れ二千年の滞貨＝般若心経は二千年間もの売れ残り。この経が二千年にわたり今も目前にその真理を示していることへの逆説的表現。４　釣糸水を絞る謝郎が舟＝二千年来伝わってきた教えの中味が今釣り上げられようとしている。謝郎は前にみたように玄沙師備のこと。道元が「不釣自上の金鱗を不待にもありけん」という「不釣自上の金鱗」が謝郎の釣糸にかかっていた大魚であろう。５　黄鳥風微にして希に瑟を鼓す　紅桃日暖かくして薄く煙を籠む　蛾眉螓首一群の女　各花枝を戴く錦繍の肩＝この絶句は色即是空、空即是色をありのままの只今の現実に即して詠い上げている。鶯の声は穏やかな春風の中で時折聞こえてくる。桃の花が暖かな春の日射しの中で咲き、遠くまで春霞がたなびいている。蛾のような眉と額が美しい女たちが、錦の織物の着物姿で、花をかざして遊んでいる。蛾眉螓首は美人の形容。

17

受想行識亦復如是

荒草裏横身、見怪不怪其怪自壊、雪佛日出後一塲懡㦬、我者裏不見者般奇怪物

地風火水飛禽跡　色受想行眼裏花

石女擲梭張痩臂　泥牛蹴浪鼓瞋牙

受想行識も亦《また》復《かく》是の如し

荒草裏に身を横たう、[1]怪を見て怪とせざれば其の怪は自《おの》ずから壊《え》す、雪仏は日出でて後一塲の懡《も》㦬《ら》[2]、我が者裏《しゃり》に者般《しゃはん》の奇怪の物を見ず[3]

地風火水は飛禽の跡　色受想行は眼裏の花[4]
石女梭《ひ》を擲《なげう》ちて痩臂《そうひ》を張り　泥牛浪を蹴って瞋牙《しんが》を鼓《こ》す[5]

人は「受想行識」の認識作用によって「色（対象）」を認得する。これは又、妄想の只中に身を横たえているようなものだ。しかし、化け物を見て、化け物の正体がわかれば化け物は消え去ってしまう。雪だるまは、大陽が出ると融けてゆき、お笑いの場となる。私の中には、受想行識という化け物は住んでいないよ。

地水火風は鳥の飛んだ跡に同じ
色受想行は目の中にちらつく花
石の女がやせた腕を伸ばして機織《はたお》りを休み
泥の牛が牙をいからせ波を蹴って泳いでいる

1　荒草裏に身を横たう＝禅では「草」の語は妄想・迷妄を指すことが多い。色受想行識の五蘊はまさに荒草であるという。この五蘊は迷いそのものであり、そして、空はこの迷いの世界を離れるのではない。2　雪仏は日出でて後一場の懡儸＝雪の仏、これは雪ダルマでもよいが、日が照りつけると溶けてしまう。懡儸は恥じかき話、お笑い種といった意味。色受想行識の五蘊はそのようなものという。これを次の頌の起句承句の内容が受けている。3　我が者裏に者般の奇怪の物を見ず＝者裏・者般は這裏《しゃり》・這般《しゃはん》に同じ、この中、このような物。4　地風火

水は飛禽の跡　色受想行は眼裏の花＝かたちあるもの、則ち「色」は古代インド風にいえば地水火風空の五つの要素から成り立つというが、色に由来する五蘊は鳥の飛んだ跡と同じである。没縦跡《もっしょうせき》である。また色受想行識の五蘊は眼裏の花、すなわち空華《くうげ》である。空華は目の悪い人には幻の花が見えるということからきているが、禅ではこれを逆説的にこの空華こそを現実の用《はたらき》として肯定するのである。道元〔正法眼蔵〕空華の巻をみよ。ここにも「般若心経」の「色不異空」があらわれている。5　石女梭を擲ちて痩臂を張り　泥牛浪を蹴って瞋牙を鼓す＝石女が機織《はたおり》の梭《ひ》をなげうって、痩せた肘《ひじ》を張ってあくびし、一休みしている。泥の牛が波を泳ぎ牙を鳴らしている。石女・泥牛は現実の存在物ではない。空は存在する物ではなく、機用《はたらき》であることから、石女・泥牛の語をもってこれを表現している。

18

舎利子是諸法空相
捏目強生花、從來無諸法何求空相、淨地上撒屙
山河大地蜃樓涌　地獄天堂海市開
淨邦穢土龜毛筆　生死涅槃兎角杖

舎利子よ　是の諸法は空相にして……
目を捏《ひねり》て強いて花を生ず、1 従来諸法無し何ぞ空相を求めん、浄地上に屙《あ》を撒《さん》す2
山河《せんが》大地蜃楼《しんろう》涌《わ》き　地獄天堂海市《かいし》開く3

浄邦穢土《じょうほうえど》は亀毛《きもう》の筆　生死涅槃《しょうじねはん》は兎角《とかく》の杖《つえ》4

目を無理に見開いて「空相」という花があらわれてしまった。もともと独立した「諸法」いうものはない、どうしてその上に空相をもってくるのか。清浄《きれい》なお庭に汚物を撒《ま》くようなものだ。

山河大地という蜃気楼が現れ
地獄天国というのもこれ又海に浮かぶ幻なのだ
浄土とか穢土というのは　亀の毛で作ったという筆のようなものだ　もともとありはしない
生死涅槃というのは　兎の角で作られた杖のようなものだ　兎の角で作った杖が此の世にあるか

1　目を捏て強いて花を生ず＝「諸法は空相にして」というのは、目を凝らしているうちに空中で花が浮かぶようなものだ。「空相」などという相《かたち》は無い。2　従来諸法無し何ぞ空相を求めん、浄地上に屙を撒す＝独立した実体としての諸法はもともと無いのに、どうしてその上「空相」を求めるのか。美しい清らかなお庭に屙（排泄物）を撒くようなものだ。3　山河大地蜃楼涌き　地獄天堂海市開く＝蜃楼も海市も海に浮かぶ町のようなもので蜃気楼のこと。「涌き」は「湧き」に同じ。あらわれ出ること。山河大地、地獄天堂は形はあるが蜃気楼と同じ。4　浄邦穢土は亀毛の筆　生死涅槃は兎角の杖＝浄邦は浄土、穢土はこの娑婆、これは亀毛の筆というものがありえないのと同じであり、生死涅槃は兎の角で作られた杖と同じという。色即是空をこのように言い換えているのである。兎角亀毛は、もともと有りもしないものの喩。〔楞厳経〕にこの語がある。

19　不生不滅不垢不浄不増不滅

可煞新鮮、果恁麼否、何計諸法不生不滅、無譲人好、手臂不向外曲
眼裏童子期客出　谷神不死待人呼
衆生界畔不汚染　諸佛土中淨相無
分八萬門何缺少　容三千刹若隣虚
邯鄲枕上新尊貴　又入南柯納税租

不生にして不滅　不垢にして不浄　不増にして不滅
可煞《はなはだ》新鮮なり、[1]果して恁麼《いんも》なりや否や、[2]何ぞ計らん諸法は不生不滅ならんとは、人を譲ずること無くんば好し、[3]手臂《しゅひ》は外に向かって曲《まが》らず[4]
眼裏の童子　客に期《あ》うて出で[5]　谷神死せずして人を待ちて呼ぶ[6]
衆生界畔汚染せず　諸仏土中浄相無し[7]
八万の門を分かち何ぞ欠少せん[8]　三千の刹《せつ》を入れて隣虚の若《ごと》し[9]
邯鄲枕上新尊貴《かんたんちんじょうのしんそんき》　又南柯《なんか》に入りて税租を納む[10]

「不生不滅不垢不浄不増不滅」とは、はなはだ新鮮なことばではないか。しかし、はたして諸法は不

生不滅なのか。目前の諸法には生滅があるではないか。人をだましてはいけない。臂《ひじ》が外へ曲がらないように、生滅は厳然とあるではないか。

その姿が目に写って客を迎える
山彦はもともとないけれども人が呼べば現れる
娑婆国土は染汚されざる世界
諸仏の国土は浄相をもたぬ世界
仏陀のおしえに八万の門があるというが　それらはすべて凡夫にそなわって欠くるところがない
三千の仏国土も極小におさまっている
邯鄲は夢の中で出世し
淳于棼《じゅんうふん》は酒に酔って眠っている中で南柯郡の長官となって納税を受けた

1 可煞新鮮なり＝可煞は可殺とも使われる。煞は殺す、死ぬ、ほろぼす。可煞はかなり、相当に、大変な。この「不生にして不滅……」は、かなり新鮮な一句であるという。2 果して恁麼なりや否や＝「不生不滅……云々」というこの句は、新鮮な一句ではあるが、しかし目前の事実とは違うではないか。果たしてそのようなことがあるのか。3 人を謾ずること無くんば好し＝不生不滅云々などと言って人をだまそうとしてはならぬ。4 手臂は外に向かって曲らず＝ひじは内に曲がるが、反対に外へは曲がらないというのは自明なる事実だ。不生不滅ではなく、生滅は厳然としてあるではないか。5 眼裏の童子　客に期うて出で＝目の前に人が立つ時、相手の姿が目に映る。これが眼裏の童子といわれるもの。ここからは「不生不滅……」の句の真意を捉えんとする。生死、垢浄、増減は厳然たる事実として目前に在るが、ここから白隠は、その生死、垢浄、増減を造作・有為の存在としてみようとするのである。造作には無造作（無作）が、有為には無為が対応する。この二つを取り敢えず二つのままにして頌している。6 谷神死せずして人を待ちて呼ぶ＝山彦はそれ自身として存在しない。人の声を待って山が声を発する。生滅は不生不滅の機用《はたらき》の一面である。両者は不即不離である。7 衆生界畔汚染せず諸仏土中浄相無し＝衆生界畔すなわち娑婆世界は穢土ではあるが不染汚《ふぜんな》であり、諸仏の国は浄土の相《すがた》を示しているが浄相は造作されたものではない。浄相ありとすれば染汚となる。8 八万の門を分かち何ぞ欠少せん＝仏陀は八万四千の法門を説かれたが、これらはすべて凡夫にそなわっていて欠けることがない。9 三千の刹を入れて隣虚の若し＝隣虚は虚無の隣の意味。無に等しいくらい小さいこと。三千の仏国土は微小の一粒に入っている。仏の世界は大小の範疇に収まらないというのである。10 邯鄲枕上新尊貴　又南柯に入りて税租を納む＝唐代に盧生という名の青年が邯鄲の宿で、道士の呂翁に枕を借りて眠った。彼はその夢の中で出世し（新尊貴）、長い栄華の一生を送ったが、ふと目を覚ますと、宿の主人が黄粱（あわ）の飯を炊いているわずかの間の夢に過ぎなかった。唐の小説〔枕中記〕に書かれている話。黄粱一炊夢、黄粱夢、呂翁枕ともいう。南柯云々は、南柯夢ともいう。唐の淳于棼《じゅんうふん》という人が酒に酔って槐《えんじゅ》の木の下で眠った。その夢の中で大槐安国《だいかいあんこく》の王女と結婚して、南柯郡の長官（知事）となり、税を受け取る身分になって二十年を過ごした。夢覚めて槐の下を見たら蟻の国であったという。槐安夢とも。唐の李公佐〔南柯記〕にもとづく話。白隠は大徳寺・宗峰妙超の語録に評唱・著語を付して〔槐安国語〕をあらわしたが、この槐安国は右の話に由来する語である。

20　是故空中

狐窠鬼窟、陥墜多少行人、湛湛黒暗溌坑誠可怖畏
凍餒百餘僧鳳凰　各展臘扇賀新陽
壁懸碧目紫髯老　瓶入氷肌玉骨芳
寒銷琴唇黄鳥舌　暖浮禪榻赤鱗肓
編茅包贈自然蕷　封圏寄來養老糖

是の故に空中には……

狐窠鬼窟《こかきくつ》多少《おおく》の行人を陥墜す、湛湛たる黒暗の深坑《じんきょう》、誠に怖畏すべし[1]
凍餒《とうたい》百余僧の鳳凰　各各臘扇を展《の》べて新陽を賀す[2]
壁には懸《かか》ぐ碧目紫髯老《へきもくしぜんろう》　瓶には入《い》る氷肌玉骨《ひょうきぎょくこつ》の芳《かおり》
寒くして琴唇を銷《とざ》す黄鳥の舌　暖かくして禅榻《ぜんとう》に浮かぶ赤麟肓《せきりんもう》
編茅《へんぼう》包み贈る自然蕷《じねんよ》　封圏寄せ来たる養老糖

「是の故に空中には色も無く受想行識も無く」というこの一句は、人々を狐窠鬼窟に陥れる。ただ坐れとか、坐って無我になれと教える禅者がいる。坐禅がよどんで真っ暗な深い穴ぐらと勘違いされて

いることは誠に恐ろしいことだ。

寒さや飢えに耐えて求道にはげむ百余のすぐれた禅僧たち
ひとりひとりが松蔭寺の私の所にやってきて古い扇をひろげ新年の祝辞を陳《の》べる
壁には碧目紫髯の達磨図を懸け
瓶には美しく香る梅の花がある
まだ寒いので鶯の声も無く
禅堂を暖めている炭が真っ赤に燃えて鹿の角のようだ
村の人たちが藁に包んだ自然薯や
紙に包んだ養老糖を供えてくれる

1　狐窠鬼窟多少の行人を陥墜す、湛湛たる黒暗の深坑、誠に怖畏すべし＝狐窠鬼窟は迷妄暗黒の穴ぐら。ただすわる、ただ坐禅しておれば、それがすべてとして、そこに坐著している修行者はこの暗い穴ぐらに落ち込んでいて、禅者としての機用《はたらき》をそなえていない。底の知れない暗い深坑に陥ったまま、これが禅と勘違いしている者がいるのは誠に恐ろしいことだ。2　凍餒百余僧の鳳凰　各各朧扇を展べて新陽を賀す＝凍餒は凍飢とも。凍え飢えること。百余人の修行僧が白隠の寺（原の松蔭寺）に寒さや飢えに耐えて求道の日々を送っているが、これらの僧こそ鳳凰というべき人々である。各々の僧が私のところへ来て古い扇子を前に新年のお祝いを述べる。元旦を迎える禅家の常として祖師達磨大師のお姿を床の間に掛け、梅の花の香りを供える。まだ寒く鶯もその可憐な声ををとざし、あたたかい禅堂の単は真っ赤に燃えている炭が鹿の角のようだ。近隣の人々が自然薯の包みの贈り物を持参し、紙袋に入れた養老糖を達磨大師にお供えする。白隠はここで、「是故空中」の著語に、黒暗深坑裡を空として、これを第一義とする修行の誤りを指摘し、頌において松蔭寺の元旦の風光を述べ、日常底にこそ空のはたらきをみよというのである。

21

無色無受想行識

夢幻空花何勞把捉、得失是非須放過、事起叮嚀、用空無去爲什麼

寥廓虛凝寂滅場　山河大地只是名
開心爲四合色一　心色從來空谷聲

色も無く受想行識も無し[1]

夢幻空花何ぞ把捉に労せん、得失是非須らく放過すべし、事は丁寧より起こる、[2]空無に去《ゆ》くことを用いて什麼《なに》をか為《な》さん[3]

寥廓《りょうかく》虚凝《こぎ》の寂滅場　山河大地は只是れ名のみ[4]
心《しん》を開けば四と為《な》り色を合すれば一　心色は従来空谷の声[5]

無色無受想行識というが、五蘊はまさに無幻空華である。どうして、わざわざ「無し」などと言って、

五蘊を皆空といって捉えることに苦労するのか。得失や是非は放下すべきだ。あまり叮嚀に空の道理を説くと混乱が生まれてくる。諸法を空無にくっつけることによって、君は何を為そうとするのか。

何も無い虚の涅槃場　山河大地はただ名のみ
心がはたらけば受想行識の四となり　色を加えてひとつのかたちとなる
この心色の機用《はたらき》はもともと山彦のようなものだ
(山彦は君が呼びかければ虚の涅槃場だからこそ応《こた》えて現れるのだ)

1　色も無く受想行識も無し＝ここは無の色あり無の受想行識あり、と読んでもよい。生《なま》の色、生《なま》の受想行識という意味である。2　夢幻空花何ぞ把捉に労せん、得失是非須らく放過すべし、事は丁寧より起こる＝現実の事物は夢幻空花であるというが、空花と現実とは二つではないから、ここに特別な工夫を労することはすべきではない。是非得失は本来汝自身のものではない。汝は失うものはひとつもない。「無色無受想行識」などと丁寧に説明し過ぎると修行者の頭を混乱させる。3　空無に去くことを用いて什麼をか為さん＝空というが、実体化された空におもむいて君に何の機用《はたらき》があるか。4　寥廓虚凝の寂滅場　山河大地は只是れ名のみ＝何も無い虚の中に寂滅場、すなわち涅槃の境地があるといい、山河大地は実在ではなく「造作《ぞうさ》」であるという。5　心を開けば四と為り色を合すれば一　心色は従来空谷の声＝心のはたらきが受想行識であり、色を加えて一《ひとつ》になる。機用の両手両足でもある主観・客観の心・色の関係は空谷の声すなわち山彦のようなものだ。二つでありながら、切り離せない。

22

無眼耳鼻舌身意無色聲香味觸法無眼界乃至無意識界

有眼耳鼻舌身意、有色聲香味觸法、秋天曠野行人斷、馬𦣻西來、知是誰

六識纔生六境浮　意根休處六塵休

根境識爲十八界　譬如滄溟發一漚

眼《げん》耳《に》鼻《び》舌《ぜっ》身《しん》意《い》無く、色《しき》声《しょう》香《こう》味《み》触《そく》法《ほう》無し、眼界《げんかい》無く乃至意識界無し[1]

眼耳鼻舌身意有り、色声香味触法有り、秋天曠野行人《こうじん》断《た》え、馬首西来す、知んぬ是れは誰そ[2]

六識纔《わず》かに生じて六境浮かぶ[3]　意根休する処六塵休す

根境識十八界と為《な》る[4]　譬えば滄溟《そうめい》の一漚《いちおう》を発するが如し[5]

心経は眼耳鼻舌身意無く、色声香味触法無し、眼界無く乃至意識界無し、という。これに私（白隠）は著語する。眼耳鼻舌身意が有り、色声香味触法が有る、と。

晴れ渡った広い野原は行く人の姿も絶えている。そこへ馬に乗った人がやってくるのが見える。さて、この人は誰であるか。このように眼界も意識界もあるではないか。

六識が少しでも動けば　六境が同時に浮かぶ

意根が休めば　同時に六塵（境）も消える

分析すれば根・境・識で十八界となる
たとえて言えば　大海のひとつの泡のようなものだ

1 眼耳鼻舌身意無く、色声香味触法無し、眼界無く乃至意識界無し＝白隠は心経のこの句に著語して「眼耳鼻舌身意有り、色声香味触法有り」とする。心経は「無し」、白隠は「有り」という。ここから心経に「無し」といわれているものは「有り」に相対する分別智の次元での有無の「無し」ではないことが分かる。心経が根（眼耳鼻舌身意）、境（色声香味触法）、識（眼界乃至意識界）の十八界を「無」とするのは、「有」の否定としての「無」ではないといえる。秋天曠野行人断え……以下の句、そして、次の頌は根・境すなわち主・客の両者の作用《はたらき》（六識）が世界を創《つく》ることを述べるのである。六識は固定的実体ではなく作用・機用である。2 秋天曠野行人断え、馬首西来す、知んぬ是れは誰ぞ＝晴れ渡った秋の野を行く旅人の姿もないところを、馬に乗って西へやって来る人のすぐ誰かが分かる。根境識の機用が三つに分けられることなく、ひとつになってはたらいている光景を述べている。3 六識纔かに生じて六境浮かぶ＝六識がはたらく時は六境が生まれる時だ。しかし、ひとつの機用《はたらき》があって、あとから六識・六境に分けられるだけである。六根・六境・六識がひとつになって機用が生まれるのではなく、逆である。4 根境識十八界と為る＝六根・六境・六識と三次元に分けるのは認識という作用を分析して言うだけだ。三つの次元があるわけではない。5 譬えば滄溟の一漚を発するが如し＝十八界と分析的に言うけれども、これが用として生きてはたらく時に、大海一粒の泡のように汝の世界が現成する。大海があって泡が生じる。泡から大海が生じるのではない。分別智の次元で分析的に言われる六根・六境・六識はこの泡のようなものだ。

23　無無明亦無無明盡乃至無老死亦無老死盡
紫羅帳裏撒眞珠破布囊裏眞珠、知者正知是寶、牛飲水成乳、蛇飲水成毒、五雲常擁人不到、蕭索仙家十二樓
十二緣生十二滅　生名凡夫滅聖人
此維獨覺所觀境　空裏浮飛眼裏塵
眼裏飛塵誰見得　可貴圓頓大法輪
法輪影裏親薦取　超過疥癩野干身

無明も無く亦《また》無明の尽くることも無く、乃至《ないし》老死も無く亦老死の尽くることも無し
紫羅帳裏に真珠を撒ず[1]、破布囊裏の真珠、知者は正に知る是れ宝なることを[2]、牛の飲む水は乳と成り、蛇の飲む水は毒と成る[3]、五雲常に擁して人到らず、蕭索《しょうさく》たり仙家《せんけ》の十二楼[4]
十二縁生じ十二滅す　生《しょう》を凡夫と名づけ滅は聖人[5]
此れは維《こ》れ独覚所観の境[6]　空裏浮かび飛ぶ眼裏の塵
眼裏の飛塵誰か見得せん[7]　貴ぶ可し円頓《えんどん》の大法輪[8]
法輪影裏に親しく薦取《せんしゅ》せば　疥癩野干《かいらいやかん》の身を超過せん[9]

無明も無く亦無明の尽くることもなく、乃至老死も無く亦老死の尽くることも無し、という。まことにいいことばだ。しかし、紫のうすぎぬのとばりに真珠を散りばめても、あでやかで美しすぎる。みすぼらしい破れ袋の中の真珠こそ、まさしく宝であることを知者は知っている。無明や生老病死を離れた処で説かれる空や無はかえって毒となり、無明や四苦の只中で空や無を体得すれば乳となる。五雲（蘊）を常に使用しているが、人は五雲の只中に安住できていない。不老不死の人の住む処には、静寂な十二因縁の世界がある。

凡夫の生老病死の世界は十二の縁で生まれ　十二の縁で滅する
この十二因縁によって生まれるのが凡夫であり　この十二因縁の滅したところに生きる人を聖人という
しかしこのおしえを実践するのは「独り覚《さと》る修行者」の境地だ
「空」の中で浮かぶ妄想や執着は眼に浮かぶ染汚された塵と想われるけれども
これを仏の光であると誰が見抜くだろうか
尊ぶべきは円《まどか》で頓《とみ》に仏法が現れる仏の偉大な説法だ
この説法の只中で　空を体得すれば
汝はみにくい野獣の身を超え出るであろう

1　紫羅帳裏に真珠を撒ず＝紫羅帳裏の紫羅は紫のうすぎぬ、あやぎぬのこと、帳裏はとばり、たれぎぬの意。紫のあやぎぬのとばりの中に散りばめられた真珠。誰が見てもあでやかである。それと同じく、心経の「無明もなく亦無明の尽くることも無く、老死も無く……」の句は、誰の目にも美しく映ずる。しかし、これでは老病死に縛られている無明長夜の凡夫は取り残される。2　知者は正に知る是れ宝なることを＝破れた袋の中の真珠にこそ、本当の美しさが現れる。老病死に縛られている凡夫の中の般若の智慧こそ真の宝であるというのである。3　牛の飲む水は乳と成り、蛇の飲む水は毒と成る＝空とか無を心経は説いているが、無明や老病死を離れたところで空や無があると考えるならば、それはかえって毒となり、無明や老病死の中に心経が説く空や無を見つける人にはそれは薬となり、病をいやすのである。4　五雲常に擁して人到らず、蕭索たり仙家の十二楼＝五雲は色受想行識の五蘊のこと、すなわち生きている人のはたらきは、分析すれば五つの要素がある。「人到らず」の意味は解しにくいが、五蘊があるといわれる時は、主体である「人」はそこにかくれる、ということか、あるいは凡夫の五蘊が問題なのだ、と言っているのか。十二因縁の中に空があり無があり、ここに静寂な仙家すなわち不老不死の人がいるという。十二楼は十二因縁のこと、次の頌の冒頭の一句がこれである。5　十二縁生じ十二滅す　生を凡夫と名づけ滅は聖人＝十二因縁の動きによって凡夫の生がかたちづくられ、十二因縁が滅することによって聖人すなわち仏と成るという。十二因縁とは四諦とともに原始仏教の基本の教えと言われるもの。一、無明《むみょう》。この語は無明長夜の闇などと、悟りの反対語としても使われるが、迷いの根本としての無智で、四諦・縁起の道理に昏《くら》いこと。二、行《ぎょう》。行業のことで、無明による誤った自己中心的な行為を繰り返し、それが習慣となって人格がつくられること。三、識《しき》。無明・行によってつくられた誤った認識。また無明・行によってつくられた習慣力とその主体ともなっているもの。四、名色《みょうしき》。名は誤った認識の主体としての精神のはたらき、色はその客体で仏教的に言えば色・声・香・味・触・法の五境。五、六処《ろくしょ》。眼・耳・鼻・舌・身・意の六根のこと。これは色界がこれによって人とかかわる器官であるので六入ともいわれる。六、触《そく》。六根（六処）と六境（名色）

が「識」において相交わること。これによって認識作用が生まれる。七、受《じゅ》。触から生じる苦楽、悲喜などの感受作用。これによって人と対象との価値的選択がなされる。八、愛《あい》。苦を厭い楽を渇望する人の内部的エネルギー。九、取《しゅ》。愛の対象を取り入れようとし、嫌悪の対象を遠ざけようとする取捨選択の行為。十、有《う》。取捨選択の繰り返しによって固定される人間性。十一、生《しょう》。以上の自己形成の各要素をそなえた生き方が生まれること。十二、老死《ろうし》。以上の自己形成によって、人は生老病死という避け難い苦しみの中に在ること。これら十二の自己形成のプロセスの中心には「業《ごう》」のはたらきがあることから「業感縁起」ともいわれる。すなわち、業の人生という意味である。十二因縁説では「無明」によって「生死」があるとされるが、「無明」の消滅は同時に「生老病死」の四苦の消滅ということになる。十二因縁は時間的プロセスとして人間性を形成するのではなく、仏道の修行においては、たとえば「無明」と「生老病死」とは表裏の関係というべきであろう。頌の冒頭にいう「十二縁生じ十二滅す」の句の意味は一枚の紙の表裏の関係を持つと言っているのである。6　此れは維れ独覚所観の境＝十二因縁のプロセスを順逆に諦観し修行するのは「独覚《どくかく》」といわれる仏弟子のことであり、この十二因縁の道理によって「独り覚る人」という意味で独覚といわれ、釈尊の説法を直接聞いて悟った「声聞《しょうもん》」とともに小乗の聖者といわれる。7　空裏浮かび飛ぶ眼裏の塵　眼裏の飛塵誰か見得せん＝声聞・独覚の悟りは空寂の境に安らうところにあると思われる。その空のうちには空花《くうげ》が乱れ飛んでいるが、この空花・眼裏の塵は迷妄の塵であるのか、それとも仏の光なのか。8　貴ぶ可し円頓の大法輪＝円頓は完全にして欠けるところ無く、只今の自身にそれが備わっていること。いわば仏そのものの在り様、大法輪はその仏の説法。9　法輪影裏に親しく薦取せば疥癩野干の身を超過せん＝仏の説法に示されるものを親しく会得すれば、疥癩野干といわれるみにくい野獣の身を脱することができるであろう。「疥癩野干の身を受くるとも、二乗声聞の身を受くるなかれ」という語がある。空に安らう声聞縁覚はほんものの仏者ではないというのである。大法輪とは仏の説法のことであるが、仏の説く「法《ダルマ》」には三つの内容があるといわれている。ひとつには真理の意味、二つには、真理とは現実に在るものを超越したものではなく、現実の一つ一つの中にそれがあるという意味、三つには仏によって示される教え、この三つである。右のうち第二の意味が特に重要である。現実の事物を否定し超越したところに真理があるということではなく、現実の事物に真理があるということである。「諸法実相」がこの意味である。ならば「空」の意味も超越的・否定的なプロセスの結果到達される究極の真理というものではないことになる。

24

無苦集滅道

夜明簾外珠、癡人按劔立、水中鹽味色裏膠青、白鷺下田千點雪、黄鸝上樹一枝花
通紅四箇鐵崑崙　夜半著鞋雲外奔
集諦苦諦道滅諦　非終非始非圓頓
陳如跋提及拘利　不覺自燎卻面門
莫謂鹿園擁蝦蜆　金仙密待大乗根

苦集滅道も無く……[1]
夜明簾外の珠、痴人剣を按じて立つ、[2] 水中の塩味色裏の膠青《こうせい》、[3] 白鷺《はくろ》田に下《くだ》る千点の雪、黄鸝《こうおう》樹に上《のぼ》る一枝の花[4]
通紅四箇の鉄崑崙《てつこんろん》　夜半鞋《あい》を著けて雲外に奔《はし》る[5]
集諦《じったい》と苦諦《くたい》と道滅諦《どうめつたい》と　終《しゅう》に非ず始《し》に非ず円頓《えんどん》に非ず[6]

陳如跋提《じんにょばっだい》及び拘利《くり》　覚えざるに自《みずか》ら面門を燎却《りょうきゃく》す[7]
謂うこと莫《なか》れ鹿苑《ろくおん》蝦蜆《かげん》を攎《ろく》すと　金仙《こんせん》密《ひそか》に待つ大乗の根[8]

夜明簾外の珠のように「無苦集滅道」の語は美しい。しかし、痴人はこれを怪しいものと思い、剣を手にして立ち上がる。海中の塩味は目でわからないし、絵の色彩中に使われている膠は識別できない。千羽の白鷺が田に降り立てば千点の雪となり、早春のうぐいすは樹上に鳴いて一枝の梅の花と調和している。

真っ赤な四箇の鉄の玉（苦集滅道）が
真夜に草鞋をつけて雲の外へ走り去る
集諦と苦諦と道滅諦とは
滅諦が終わりで苦諦が始めなのではなく円頓のおしえであるのでもない
この無苦集滅道の一語を聞けば
釈尊最初の説法で弟子となった
あの陳如・跋提・頞鞞《あび》・迦葉《かしょう》・拘利の五比丘は
自己の顔面を焼かれたような衝撃を受けるだろう
鹿野苑でも釈尊最初の説法は

小乗の五人の比丘だけをえらんで救い上げられたといってはならぬ
釈尊は大乗の機根を持つ修行者を
ひそかに待っておられるのだ

1 苦集滅道も無く＝白隠がこの「毒語心経」において説くのは、色を否定して空があるということではなかった。原始仏教の教え「四諦」がこの苦集滅道であったが、この四諦は無いのではなく、人生の現実として厳然としてあるという。しかし、この四諦を苦→集→滅→道（八正道）と段階的に見ているのではない。四つのプロセスのひとつひとつに般若空の用《はたらき》があるというのである。これが「無苦集滅道」であり、これを「無苦集滅道あり」とも代語できるのである。2 夜明簾外の珠、痴人剣を按じて立つ＝夜明簾外の珠は「無苦集滅道」を指すと思われる。この語は般若空の力強い用《ゆう》を示す語であり、真夜中、簾の外に光る珠の如く美しい。しかし、この語が理解できぬ愚かな人々は、これを怪しいもののように警戒し剣を手にとって立ち上がる。即ち、そのまま受け取ることができない。3 水中の塩味色裏の膠青＝海水中の塩味は目で見ても分からないし、絵の色彩中に膠が使われているが、これは目で見ても分からない。苦の中に般若がはたらいていることもこれと同じという。四苦（生老病死）という人生の景色には、必ず般若空の用《ゆう》があるのだ。4 白鷺田に下る千点の雪、黄鸝樹に上る一枝の花＝千羽の白鷺が田に降り立つ時、そのまま千点の白雪となる。鶯が樹上で啼く時、梅の花とやさしく調和する。人生の四苦の風光と般若空は別物でありながら融け合っていて切り離しえないのだ。5 通紅四箇の鉄崑崙　夜半鞋を著けて雲外に奔る＝紅に燃えた四つの鉄の玉（苦集滅道）が、夜半にわらじを履いて遥か彼方の雲の外へ行ってしまって行方が分からない。これは、原始仏教の四諦の論理的なプロセスとは違う般若空の用《ゆう》を示す句である。6 集諦と苦諦と道滅諦と　終に非ず始に非ず円頓に非ず＝集→苦→道→滅は原始仏教の教える人生の苦についての克服の過程でもある。般若空の立場では、四諦のこのような始め終わりのプロセスは存在しない。苦諦・集諦を否定しないのである。この句は別の見方がもうひとつある。即ち、仏教経典の判釈《はんじゃく》から、釈尊が成道の眼で見られた世界をそのまま説かれた華厳経を大乗頓教、法華経・涅槃経を終教、または大乗円教、方等経・般若経を大乗始教などと分類する場合の用語をここへ持ってきたとも考えられる。そのようであれば、集諦と苦諦と道滅諦とは大乗の教えに入らない、という意味になる。7 陳如跋提及び拘利　覚えざるに自ら面門を燎却す＝釈尊の四諦の説法を聞いたのは、釈尊出家の時から随侍していた五比丘、即ち陳如・跋提・頞鞞《あび》・迦葉《かしょう》・拘利の五名であったが、今この般若心経の「無苦集滅道」の一句を聞いて、彼らは思わず自己の顔面を焼かれたような衝撃を受けるであろう。心経のこの一句は四諦を「無し」と道破しているからだ。8 謂うこと莫れ鹿園蝦蜆を摝すと　金仙密に待つ大乗の根＝釈尊初転法輪の地・鹿野苑《ろくやおん》で、仏陀釈尊は蝦《えび》や蜆《しじみ》のような小乗の徒だけを救い上げられたと言ってはならない。仏陀はひそかに大乗の根機を持つ弟子を待っておられるのだ。

25

無智亦無得

又是鬼家活計、此語錯會底甚多、棺木裏瞠眼、分明紙上張公子、盡力高聲喚不膺

黒火洞然黒暗光　茫茫天地失玄黄

山河不在鏡中観　百億須彌空斷腸

智も無く亦得も無し[1]

又是れ鬼家《きか》の活計なり、此の語を錯りて会《え》する底《てい》甚だ多し、[2]棺木裏《かんぼくり》に瞠眼《どうげん》す、[3]分明なり紙上の張公

子、力を尽くして高声喚べども応《こた》えず[4]
黒《こく》火《か》洞然《とうねん》たり、黒暗光　茫茫たる天地、玄黄を失す[5]
山河《せんが》鏡中に在りて観《み》ず　百億の須弥《しゅみ》、空しく断腸[6]

「智も無く亦得も無し」というが、是れも又死人の家財道具である。この語をまちがって理解していることが甚だ多い。観念の次元で、空・無を口にしている人は棺桶の中で目をパチパチやっているのと同じである。紙に画かれた張さんに力いっぱい呼びかけても応えることはない。棺木裏の人も紙上の張さんも生きた機用《はたらき》を持っていない。

空や無を否定とのみ解する虚無の考えは
実は何も無い黒闇の火のようなものだ　これによって
天地がその姿を失ってしまっている
空・無を否定の語と解し虚無の黒闇に陥ってしまえば
目前の山河や国土を視ることはできず
百億の須弥山が腸をよじって悲しむことだろう

1　智も無く亦得も無し＝ここでは智無しというのは、用としての智ありということであり、得も無しというのは、用として得はあるということである。「しるべし、諸仏の仏道にある、覚を待たざるなり、仏向上の道に行履《あんり》を通達せること、唯行仏のみなり、自性仏等、夢也未見在《むやみけんざい》なるところなり」と道元は〔正法眼蔵〕行仏威儀《ぎょうぶついいぎ》の巻〕で述べている。諸仏といわれる人々の大用は「覚」という所得を持たない、という。行仏が真の仏の大用であるというのである。自性仏は自性身仏すなわち法身仏のことであるが、普遍的な真理を指すこの語を道元は仏のはたらきとみていない。両者を切り離すことはできないが、法身仏そのものは行仏すなわち人のはたらきとしての場から超越したものであってはならないというのである。２　又是れ鬼家の活計なり、此の語を錯りて会する底甚だ多し＝鬼家は死人の家の意。「無苦集滅道」「無智亦無得」とか「空中には色無く受想行識も無く、眼身鼻舌身意も無く……」そしてこの「智も無く亦得も無し」などの句を二元相対での「無し」と受けとる人は「死人の家の活計《やりくり》（観念の次元での受容）」であって、そのようにこの空・無を間違って会得してしまっていることが甚だ多い。３　棺木裏に瞠眼す＝観念の次元で空・無をやりくりしている人は、棺の中に入れられている死人と変わらない。目を開いていても死人と同じだ。４　分明なり紙上の張公子、力を尽くして高声喚べども応えず＝紙に描かれている張さんに、精一杯の声を張り上げ呼びかけても、応答がないのは当たり前だ。生きた張さんではなく、棺木裏の人であるからだ。５　黒火洞然たり、黒暗光　茫茫たる天地、玄黄を失す＝真っ黒の火が燃え盛っている黒闇の光は実は何も無い虚無を指す句であり、すべてを空の活計《やりくり》に陥れることを意味している。現実に存在するものや問題そのものが見えなくなり、天地がその姿を失ってしまっている。（玄黄は黒い天の色と黄色の地の色という。）６　山河鏡中に在りて観ず　百億の須弥、空しく断腸＝玄黄を失すと言ったから、同様の趣意を山河・百億の須弥によって示している。すなわち、心経にいう空・無を二元的意味の「空」として「無」と受け取るならば、現実の山河や、国土に聳える須弥山のような目前の自明の存在を観ることができず、このため、須弥山が腸をよじって悲しむことだろう。すなわち誤った理解をしている学人は、空と無の語によって、自身の立つ現実を見失うことになり、対象認識をあやまるというのである。

26

以無所得故菩提薩埵

放下著、抱贓叫屈、随縁赴感靡不周、而常處此菩提座、不明三八九、對境多所思

菩提薩埵摩訶薩　唐飜道大心衆生
入三途代衆生苦　遊戲十方不待請
誓不取偏眞小果　上求菩提化有情
虚空直饒消殞盡　永鞭願輪利群氓

所得無きを以ての故に菩提薩埵[1]……

放下著《ほうげじゃく》、贓《ぞう》を抱きて屈と叫ぶ[2]、縁に随い感に赴いて周《あま》ねからざる靡し、而も常に此の菩提座に処したまう[3]、三八九を明らめざれば、境に対して所思多し[4]

菩提薩埵摩訶薩[5]　唐には飜して大心衆生と道う[6]
三途《さんず》に入りて衆生の苦を代わり　十方に遊戯《ゆげ》して請を待たず[7]
誓って偏真の小果を取らず　上求菩提化有情[8]
虚空は直饒《たとい》消殞《しょういん》し尽くすとも　永く願輪に鞭《むち》って群氓《ぐんもう》を利せん

「無所得を以ての故に菩提薩埵は……」という。

棄て去るがよい（放下著）。君は盗品を隠しながらはいはいと従順な態度をとっている。所得という盗品を持っていると菩薩の用《はたらき》はとどこおる。菩薩はさまざまな縁に随い、同悲によってそのはたらきの場に生きる。そのはたらきは無限である。けれども、菩提座（菩薩の心のかたち）は不変である。念《おもい》を明白にもたなければ、外境への対応に迷うことが多いのだ。

菩提薩埵摩訶薩
唐では大心の衆生と訳す
地獄の三悪道に入って衆生苦の代受者として生き
十方に自由なはたらきをあらわし
他者からの要請を待つことが無い
自分ひとりの証果に閉じこもることなく
菩提（覚）を求めて高きにすすみ
苦しんでいる人々と共に生きる
虚空がたとえ消滅し尽くすとも
永く四弘《しぐ》の誓願に生き
衆生のしあわせに身を捧げん

1　所得無きを以ての故に菩提薩埵＝前句の「無智亦無得」を受けて、ここで「所得無きを以ての故に」と言って、次の句で「般若波羅蜜多に依るが故に」と受けてゆく。すなわち、無智にして無所得なることが「般若波羅蜜多に依る」ということであるというのである。般若は空の智であり、波羅蜜多とは悟りの彼岸に到る・到彼岸の意味である。菩薩は到彼岸の人でありながら、彼岸に到り得たという所得を持たない。この26節と次の27節とはこの菩薩の用《はたらき》について述べるのである。2　贓を抱きて屈と叫ぶ＝贓は盗品を隠すという意味。盗品を隠しておいて、はいはいと人々に従順に仕えているという。ここにいう盗品とは「般若の智」と「悟得」を指すと思われる。この盗品は大切な宝物であるが、有所得として自己を飾るものになると菩薩の用《はたらき》の罣礙となる。したがってこの節の著語の冒頭で「放下著（棄てろ）」というのである。3　縁に随い感に赴いて周ねからざる靡し、而も常に此の菩提座に処したまう＝娑婆の縁は出逢いの縁であり絆《きずな》である。親・子であり、師・弟であり、夫・婦であり、恋人でもある。血縁・地縁・社縁（仕事の仲間）という縁の中に、熱い心の絆が生まれる。菩薩もこのような日常底の中に生きている。しかも、常に此の菩提の座に処す、とは日常底に在って、無所得・無所悟の般若の智そのものである大用《だいゆう》を失うことはない、という。「仏身は法界に充満し、あまねく群生《ぐんじょう》の前に現ず、縁に随い感に赴いて周ねからざるなし、しかも常に此の菩提座に処したまう」〈法華経〉方便品の句。4　三八九を明らめざれば、境に対して所思多し＝三八九は足して二十になるが、中国では二十は念の意味である。八正道のひとつに「正念」があるが、縁や感にどのような思いを持つかをここで問うている。人は境すなわち生活の場で出逢うことに特別の念・思いを持つ。偏愛、自己愛、肉親愛、所有欲、名誉欲などに由来する念に縛られて生きている。ここを解脱できないのが人間である。菩薩はこの人間の次元に生きる仏であると言ってよい。5　菩提薩埵摩訶薩＝菩提は道、覚、智と訳される。薩埵は有情・衆生・生あるものすべてを指す語。菩提薩埵摩訶薩は菩提摩訶薩とも略され、大士、開士と意訳される。菩提は真如実相に目覚めること、悟りの智慧の意。菩提薩埵は悟った人、覚者とも訳され仏陀を指すこともある。摩訶薩は大士、大有情と訳され、仏に次いで偉大なる人の意味。6 唐には飜して大心衆生と道う＝唐では飜訳して菩薩を大心の人という。大心の人の「大心」について〔永平典座教訓〕に喜心・老心・大心の三心が示されている。そのうち大心とは、不動なること山の如く、寛大なること海の如き心という。海はすべてを受け入れる。山の不動なることは、動かざること山の如し、の意ではなく、どのような事態にも柔軟に対応しうる大きさをいうのである。7 三途に入りて衆生の苦を代わり 十方に遊戯して請を待たず＝三途は三悪趣、三悪道ともいわれ、火途（地獄）、血途（餓鬼）、刀途（畜生）をいう。これらは娑婆の人々の現実にみられる在り様にほかならない。菩薩は三途の中に在って人々の苦を代わる代受苦に生き、求められ要請されることなしに、十方世界の衆生のところにみずから赴くという。遊戯とは他者から強制されることなく、他者から縛られることなしの意。8 誓って偏真の小果を取らず 上求菩提化有情＝偏真の小果とは、自分ひとりの悟りに安住すること。先に「自性仏等夢也未見在なり」という道元の説示を引用したが、自性仏とは法身仏のことである。「身心脱落」とか「父母未生以前の自己」などの禅語は法身仏を悟った語である。しかし、これにとどまると仏の機用は窒息する。この法身仏への住著を偏真の小果というのである。仏がさらに仏であるということ（仏向上の道）は、上求菩提下化衆生であるという。菩薩は常により高い真理の在り様を求め、衆生と共に生きることの中にある。〔維摩経〕問疾品で文殊の「あなたには、本来病むことはないのに、なぜ病気になったのか」との問いに、維摩が「衆生病む、是の故に我れ病む」と応《こた》えたのは、菩薩のこの在り様を示した語であった。9 虚空は直饒消殞し尽くすとも 永く願輪に鞭って群氓を利せん＝虚空がたとえ消滅し尽くすとも、永く四弘誓願《しぐせいがん》に生き抜き、衆生の利益《しあわせ》に身を捧げよう。

27 依般若波羅蜜多故

苦屈苦屈、若見一法可依怙、驀地須吐卻、幽州猶自可、最苦是江南

可談羅漢有貪嗔　莫説菩薩依般若
若見一法有所依　非無罣礙卽繫縛
菩薩般若體無殊　如珠走盤瀟洒落
非愚非智非聖凡　只恨畫蛇添雙腳

般若波羅蜜多に依るが故に……[1]
苦屈苦屈《くくつくくつ》[2]、若し一法の依怙《えこ》すべきあるを見るは、驀地《まくち》に須らく吐却すべし[3]、幽州は猶自《なお》可なり、最も苦しきは是れ江南[4]

羅漢に貪瞋有りと談ずべくも　菩薩は般若に依ると説くこと莫れ[5]
若し一法の所依有ると見るは　罣礙無きに非ず　即ち繫縛《けばく》[6]
菩薩と般若と体殊《こと》なる無し　珠の盤に走るが如く瀟洒落《しょうしゃらく》[7]
愚に非ず　智に非ず聖凡に非ず　只恨むらくは蛇を画きて双脚を添うることを[8]

「般若波羅蜜に依るが故に」というが、苦なるかな、苦なるかな……、若し一法でも依るべきもののあるを見るならば、そのようなものはただちに吐き棄てるがよい。寒く貧しくとも幽州をやはりよしとする。もっとも苦しいのはゆたかで温暖な江南である。

羅漢に貪瞋痴の三毒有りと語るとしても
菩薩が般若に依り　般若を持つとは語るな
もし　一法でも依る所ありとするのは
障害が無いというにとどまらず
これはそのまま束縛なのだ
菩薩と般若（仏智）とは別ものではない
このふたつは玉と盤のように
自在に大用《だいゆう》を現し　とどまるところがない
そのはたらきは　人間界の二元的分別を越えており
愚者と智者　聖者と凡夫などの範囲の中にあるのではない
般若を尊きものとするのは　蛇の絵に二本の足をくっつけるようなものだ

1　般若波羅蜜多に依るが故に＝25節と26節では「無智亦無得以無所得故菩提薩埵……智もなく亦得も無し、所得無きを以ての故」という。ここは「智無く」は「所得無し」と同義同格同内容と読むべきである。すなわち智無きことと所得無きことが般若の用《はたらき》であり、それが般若の智であるということだ。そして「所得無きを以ての故に」と「般若波羅蜜多に依るが故に」とは同内容の語であり、さらにこの27節頌では「菩薩と般若と体殊なること無し」というのである。所得無きことが般若波羅蜜多に依ることであるので、「菩薩、般若に依ると説くこと莫れ、若し一法の所依有ると見るは、罣礙無きに非ず　即ち繋縛」と頌に述べて、重ねて無所得の用《ゆう》を説いている。曹山本寂には、「四禁の偈」があって、般若心経に直接言及するものではないが、この白隠の心経についての見解に共通するものがあると思われるので引用してみたい。「師、四禁の偈を作りて曰く、心処《しんじょ》の路を行くこと莫れ、本来の衣を挂《か》けざれ、何ぞ須《もち》いん正恁麼《しょういんも》、切に忌む未生《みしょう》の時」〔撫州曹山本寂禅師語録〕〔『曹洞二師録』山喜房佛書林〕68節。ここで曹山は学人の心すべき四つの問題を指摘するのである。四禁の偈とは四つの否定・禁戒の偈の意である。莫行、不挂、何須、切忌の四禁といわれるものである。一、心処の路を行くこと莫れ、とは二辺にわたる思慮・分別の路をあゆむなかれのいましめである。白隠は15節で「色不異空、空不異色」の著語に「好一釜の羹、両顆《ふたつぶ》の鼠糞に汚却せらる」といっているが、色と空とは二辺に分別されるものではないということである。また「一法の依怙すべきを見れば、驀地に須らく吐却すべし……羅漢に貪瞋有りと談ずべくも、菩薩般若に依ると説くこと莫れ」と説くのは、般若を依怙しうるものとし、菩薩は般若に依るとする二分法の思考を退けるからである。二、本来の衣を挂《か》けざれ、とは禅者のよく言う自己本来の面目、自己本分の事などの衣を身につけるな、の意である。この「衣〔所得〕」によって、汝の自己は喪身失命し、活きた真人の用を失うというのである。三、何ぞ須いん正恁麼、とは禅者は正当恁麼の時ということをよく口にする。これは「まさにこの時、法身が如是〔恁麼〕に現前している」という意味であるが、このようなものを担いではならないと曹山はいうのである。正当恁麼を「而今《にこん》」に限定してはならないのである。四、切に忌む未生の時、とはこれも禅者がよく口にする「父母未生以前の自己」あるいは「一念不生の時」のような語について曹山は「切に忌む未生の時」というのである。心経の空とは用であって観念の所造ではない。白隠はこれを徹底させるため〔心経著語頌〕を提唱し、曹山はこの用を重要視する故に「四禁の偈」を学人に示したのであった。?　苦屈苦屈＝苦しいかな、苦しいかな。菩薩が般若波羅蜜多に依る、という語を聞くのは、実に苦しく辛いことだ。3　若し一法の依怙すべきあるを見るは、驀地に須らく吐却すべし＝もし空とか般若波羅蜜多というひとつの真理〔一法〕を汝の拠り所と見ているのであれば、汝のその一法を驀地《まっしぐら》に体から吐き棄てるべきである。4 幽州は猶自可なり、最も苦しきは是れ江南＝幽州は中国の昔の地域の名、今の河北省遼寧省周辺である。この地方はとても寒い所で貧しいといわれた。江南は揚子江南部で唐代の道名。今の浙江・福建・江西・湖南省の全域と、江蘇・安徽省の揚子江以南、および四川・貴州省の北東部。この地方は幽州と違って気候温暖で豊かである。「般若波羅蜜多」を心強く豊かな所有物とすることを白隠は避け、幽州は可とすべきとしても、豊かな江南は苦々しい、という。般若・空を所有物とすることへの批判である。この句は〔碧巌録〕二一・本則著語にもみられる。5 羅漢に貪瞋有りと談ずべくも　菩薩は般若に依ると説くこと莫れ＝羅漢には人間の業である貪瞋はあっても、菩薩は仏の母とまでいわれる般若に拠り所を持つと説いてはならぬ。6 若し一法の所依有ると見るは　罣礙無きに非ず　即ち繋縛＝もし般若という一法が拠り所とされるに足ると見ているならば、それは「罣礙（さしさわり、妨げ）」が無いどころか、汝を繋縛するものになる。罣礙については、心経に「所得無きを以ての故に菩提薩埵は般若波羅蜜多に依る、故に心に罣礙無し」という。繋縛は棒杭に繋がれ縛られるの意である。船子徳誠《せんすとくじょう》は夾山善会《かっさんぜんね》との相見《しょうけん》において、頑空すなわち法身仏を固定観念で捉えていた夾山の未到を衝いて「一句合頭《がっとう》の語、万劫《まんごう》の繋驢橛《けろけつ》となる」と拶著した。繋驢橛とは驢馬を繋ぐ棒杭のこと。これは〔虚堂集〕第四則の本則の問答にみられる。7 菩薩と般若と体殊なる無し　珠の盤に走るが如く瀟洒落＝菩薩と般若とは本体は別ものではない。玉と盥とのように、玉は盥の上を自由自在に動く。般若と菩薩とが二つとされつつ自在に離れることない大用を言っている。瀟洒はすっきりと清らかな様子、落には「落空」などのように虚無の穴に落ち込む、空見に落ち込む、のようなマイナスの用法もあるが、「落落」すなわち独脱して自在であるという用法があり、瀟洒落の落は後者の意味である。8 愚に非ず　智に非ず聖凡に非ず　只恨むらくは蛇を画きて双脚を添うることを＝般若は用《はたらき》であって存在者《あるもの》ではない。愚、智、聖（仏）・凡という存在者に閉じ込められない。したがって、般若を菩薩のはたらきとするのは間違いではないが、愚者や凡夫には無いとするのは、あやまりである。また般若を菩薩の依り所として固定することもあやまりである。蛇の絵に二つの足を付け加えるのと同じというのである。

28

心無罣礙無罣礙故無有恐怖遠離一切顚倒夢想

不是分外事、神通竝妙用荷水也搬柴、擧頭殘照在、元是住居西

非心非性非涅槃　非佛非祖非般若
十界無孔熱鐵鎚　虛空擊碎常寥廓
纔開口獅子嚬呻　狐兎狸貉盡驚戄
應物現身如幻師　隨機轉變無造作
見他李母患左肩　數壯灸張婆右腳
顚倒夢想恐懼憂　宛如一滴投巨壑
赤使齊時被輕裘　鯉逝時有棺無椁
喚起庵中午眠僧　告山童折蘺偸擇

心に罣礙《けいげ》無し、罣礙無きが故に恐怖《くふ》有ること無し、一切の顚倒夢想《てんどうむそう》を遠離《おんり》し[1]
是れ分外《ぶんがい》の事《じ》にあらず、[2] 神通並びに妙用《みょうゆう》は水を荷《にな》い也《また》柴を搬《はこ》ぶ、[3] 頭《こうべ》を挙《あ》ぐれば残照あり、元是れ
住居《すまい》の西[4]

心《しん》に非ず性《しょう》に非ず涅槃に非ず　仏に非ず祖に非ず般若に非ず[5]
十界無孔《じっかいむく》の熱鉄鎚《ねってっつい》　虚空《こくう》を撃砕《げきさい》して常に寥廓《りょうかく》[6]
纔《わず》かに口を開けば獅子嚬呻《ひんしん》し　狐兎狸貉《ことりかく》尽《ことごと》く驚懼《きょうく》す[7]
物に応じて身を現わすこと幻師の如く　機に随いて転変して造作《ぞうさ》無し[8]
他《か》の李母《りぼ》が左肩を患《わずら》うを見て　数壮張婆《すうそうちょうば》が右脚に灸す
顛倒夢想し恐懼《きょうく》し憂《うれ》う　宛《あた》かも一滴を巨壑《こがく》に投ずるが如し[9]
赤《せき》の斉《せい》に使《つかい》する時は軽裘《けいきゅう》を被《かぶ》り　鯉《り》の逝く時は棺有るも槨《かく》無し
庵中午眠の僧を喚び起こし　山童の薙《まがき》を折って籜《たく》を偸《ぬす》むと告ぐ[10]

心に罣礙《さわり》が無い、罣礙《さわり》が無いから恐れるものを持たない、一切の顛倒夢想《あやまったかんがえ》から離れて……という。
これは特別な世界のことをいっているのではない。龐居士《ほうこじ》がいうように「神通妙用」の機用《はたらき》は水を汲み柴を運ぶ日常を離れてはいない。手を休めて仰げば美しい夕日の輝くのが見える。もともとこの美しい風光は私の住居《すまい》の西にあったのだ。

心《しん》ではなく（仏）性ではなく涅槃ではない
仏ではなく祖ではなく般若ではない
（心経のこの一句が「心無罣礙」というのは　仏法の金句に居着くことではない）

十界をつらぬく灼熱の鉄槌が
からっぽの「空」を粉々に砕いて常にさわやか
獅子が少し口を開いて咆哮すれば
狐や兎、狸、貉《むじな》どもは尽く恐れふるえあがる
状況に応じて　これを転じ
しかも常に自己がそこへ住著することが無い
あの李のばあさんが左肩を病むのを治そうとして
男たちが張のばあさんの右足に灸をしたように
ひっくり返った考えで恐れたり憂えたりしているが
水一滴を底知れない深い谷に投ずるに似て　状況には何の変化も生まれない
孔子の弟子で富豪であった赤は　沢山の餞別をもらい馬に乗り、きれいで軽やかな服装で出かけた
孔子の子供の鯉が亡くなった時は　お棺のほかに置かれる美しい椁はなかった
寺の僧が昼寝をしていたら
村の餓鬼どもが垣根を破って筍を盗んでいるぞと　叩き起こされた

1　一切の顚倒夢想を遠離し＝顚倒は妄想・煩悩・邪見をいう。顚倒には凡夫の四倒と、二乗の四倒がある。前

者は生死の無常・無楽・無我・無浄において常楽我浄（世間は常住不変、感受は楽、一切諸法は我《が》＝動かざるもの、この肉身は清浄である）と執着すること。後者の二乗の四倒とは、涅槃の常楽我浄において、無常・無楽・無我・無浄に執着すること。前者を有為《うい》の四倒、後者は無為の四倒である。頑空や落空はこの無為の四倒に近い。禅者の陥りやすい病である。すなわち「無為」の在り方にもやはり顛倒の可能性があるというのである。有為の四倒を断ずるのを二乗といい、有為無為の八倒を断ずるのを菩薩という。〔倶舎論〕十九。２ 是れ分外の事にあらず＝これは特別のことではない。ごく当たり前のことだ。分外は並外れて、格別にの意。３ 神通並びに妙用は水を荷い也柴を搬ぶ＝神通妙用は神変不可思議の働きであると考えられている。いわゆる超能力とか奇蹟である。近頃のどこかの教祖のように坐禅したまま三尺の浮揚を実現したとか、人の過去・未来を見通すとか。しかし、禅における神通妙用とはこのような子供だましの次元のことではない。悟りに達した人の何ものにもとらわれない勝れたはたらきを神通妙用というのである。「石頭問曰……復呈二一偈一。云、日用事無レ別、唯吾自偶諧、頭頭非二取捨一、処処勿二張乖一（さからう）、朱紫《しゅし》（正と邪）誰為レ号、丘山絶二点埃一、神通並妙用、運水及搬柴」〔景徳伝灯録〕八・龐居士《ほうこじ》章。４ 頭を挙ぐれば残照あり、元是れ住居の西＝水を荷い柴を搬ぶのが禅者の神通妙用の場である。そして木を荷い柴を搬ぶ作務の手を休めて、頭を上げて見れば、夕日の美しい輝きがある。もともとこれは住居の西の空の美しさであった。この日常底の美しさと深さに眼を開かねばならない。これは法眼文益《ほうげんもんえき》（八八五〜九五八）の「円成実性《えんじょうじっしょう》の頌《じゅ》」の句であり、〔碧巌録〕三四・頌評唱、同九十・頌評唱に引用されている。「理極まりて情謂《じょうい》を忘る、如何《いかん》ぞ喩《たとえ》斉有らん。到頭霜夜の月、任運として前渓に落つ。菓熟して猿の重きを兼ね、山長くして路迷うに似たり。頭《こうべ》を挙ぐれば残照在り、元是れ住居の西」。５ 心に非ず性に非ず涅槃に非ず 仏に非ず祖に非ず般若に非ず＝ここにいう心・性・涅槃・仏・祖・般若は尊いけれども所得という持ち物になれば、すべて罣礙となる。したがって、これをすべて「……非ず」と否定するのである。しかし、これら六つの語の示すところは本来否定されるべきものではなく、いわば仏法の第一義諦を示す語ではある。たとえば三祖鑑智僧璨の〔信心銘〕では「心」の語を次のように使っている。「わずかに是非有れば、紛然として心を失す、二は一に由って有るも、一も亦守ること莫《なか》れ、一心不生なれば万法に咎無し」。一心不生の語は不生の一心とも考えられる。つまり、心は不生なるもの、かたち有るものではなく、機用であるというのである。白隠がここで、心・性・涅槃・仏・祖・般若を非とするのは、分別・計較によってつくられたものとしてそれらを非とするのである。道元のいう「身心脱落」の語はよく知られているが、この身心脱落の語は二分法による身・心を非とし、両者を機用に転換せしめる意味をもつ。また〔典座教訓〕にいう喜心・老心・大心の三心は三界唯心とか心外無別法などの禅語にいう心とは違う次元での用法である。「性」は「相」との対語で相すなわち現象＝あらわれに対して、本質・本体の意味をもつ。いずれも概念の所産であるから、道元は「諸法みな寂滅なり。性と相とをわくことなし」と〔辨道話〕に述べている。涅槃・仏・祖・般若が「非ず」とされるのは、以上と同じ論理からである。

6　十界無孔の熱鉄鎚　虚空を撃砕して常に寥廓＝十界は六趣または六道といわれる地獄・餓鬼・畜生・修羅・人間・天上の六界、これに声聞・縁覚・菩薩・仏の四つの世界、この六つの迷界と四つの悟りの世界が十界。いずれも人の在り様をいったものである。この十界という無孔の熱鉄鎚（機用）は虚空というものさえも撃砕して、静かな澄み渡った世界を現出させるという。十界無孔の熱鉄鎚で虚空を撃砕することが虚空の機用そのものであるともいえる。7　纔かに口を開けば獅子嚬呻し　狐兎狸貉尽く驚懼す＝少し口を開いて獅子が一声をあげれば、狐や兎、狸や貉《むじな》の類《たぐい》は恐れ震える。獅子嚬呻は仏の説法のことである。禅寺の仏間の正面両脇に阿吽一対の獅子を安置するのは、この百獣の王である獅子でさえも、仏の説法には耳を垂れて聞くという意味があるといわれる。

8　物に応じて身を現わすこと幻師の如く　機に随いて転変して造作無し＝この二句をみると、般若・空を機用として位置づけていることがよく分かる。物に応じて状況を作り上げ、機すなわち或る状況が発する時に、これを主《つかさ》どるが、状況に応じ、これを転じてしかもそこに住著することがない。造作《ぞうさ》はそれにはまってしまうことで、禅ではこれを住著といっている。機は用《はたらき》に通じる語で、機関、機縁、対機、機用と熟語される。武道特に剣道では「機先」などの語があり、状況を先に自ら制するという意味をもつ。これの反対語が「後の先」である。これは相手の攻撃を受けて、これを制する剣技のことである。9 他の李母が……巨壑に投ずるが如し＝あの李のおっかさんの左肩の患いを聞いた男たちが、張の婆さんの右足に灸をして李のおっかさんの左肩の痛みを取ってやろうとした。多くの人は、このような顛倒しひっくり返った考えや、夢想すなわち現実を見失った夢の世界の判断に陥っている。ちょうど水一滴を底知れぬ深い谷に投ずるに似て、状況には何の変化もない。10 赤の斉に使する時は……籜を偸むと告ぐ＝赤は孔子の弟子中で富裕な人であったが、斉に使する時に弟子たちが多くの餞別・旅費を与えたので、孔子はこのことを戒めたといわれる。軽裘は軽い絹のような着物のこと。富める者の着衣の意味である。鯉は孔子の子であったが、亡くなった時にお棺の他に置く美しい椁という桶はなかったという。赤の旅と鯉のとむらいとを対比させて顛倒の例としているようである。さいごの二句は、昼寝していた僧を呼び起こして、村の餓鬼どもが垣根を破って、籜《たけのこ》を盗んでいるぞ、と告げる。これは、どうでもよいことに騒ぎ立てることを言っていると思われる。

29　究竟涅槃

陥人杭子年年滿、又是鬼家活計、充什麼臭皮韈、吾黨之直者異於是、父爲子隱子爲父隱
　一切衆生生滅心　直維諸佛大涅槃
　木雞含卵立棺木　瓦馬逐風歸本貫

涅槃を究竟《くぎょう》す 1

人を陥れる杭子《きょうす》年年に満つ、又是れ鬼家《きか》の活計、[2] 什麼《なん》の臭皮韈《しゅうひべつ》にか充《あ》てん、[3] 吾党《わがとう》の直《なお》きは是れとは異《ことな》れり、父は子の為に隠《かく》し子は父の為に隠《かく》す[4]

一切衆生の生滅心　直《ただち》に維《こ》れ諸仏の大涅槃[5]

木鶏《もっけい》卵を含みて棺木に立ち　瓦馬《がば》風を逐うて本貫に帰る[6]

涅槃を究竟す……という。

人々を陥れる穴ぐらが年毎にあちこちに満ちている。これらも死人の住居《すまい》である。これらは悪臭を放つ皮製の破れ足袋にでもたとえようか。私たちの素直な生き方は、これらとは違う。父は子の犯した罪をかくし、子は父の罪をかくすのである。

一切の生きとし生ける者の生滅の心が
そのままが諸仏の大涅槃なのだ
木鶏が卵をはらんでお棺の上に立ち
土の馬が風を追って生まれ故郷に帰る

1　涅槃を究竟す＝般若の智が徹底し、その智がはたらきがある時、それがそのまま涅槃すなわち妄想・煩悩の火が消えた世界である。2　人を陥れる杭子年年に満つ、又是れ鬼家の活計＝人々を陥れる穴蔵が年とともに世界中いっぱいになった。この穴蔵とは何か。ただ坐れ、無我になるのが禅だ。無所得無所悟であれ、世間の五欲を離れ良寛のように悠々の人生を送ることこそ仏法者の道だ、などこれらは間違いではないが、間違われ易い「陥人杭子」ともなる。根底に断無の見がひそんでいるからである。白隠はこれを鬼家の活計という。死人の考えることという意味である。死人の活計であるから、生きることとは大いなる距離がある。3 什麼の臭皮韈にか充てん＝これらの死人の考えの無価値であることはたとえるものがない。悪臭を放つ皮製の破れた足袋《たび》にでもたとえようか。4 吾党の直きは是れとは異れり、父は子の為に隠し子は父の為に隠す＝私たちにとっての正直であることは、これら死人の言うこととは違っている。父と子がそれぞれの犯罪を告発することはしない。父・子の情を重んじ、お互いの罪を隠すのである。これが生きた人間の人間であるゆえんである。般若の智は一切皆空というが、ここには「春は花、夏ほととぎす、秋は月、冬雪さえてすずしかりけり」という美しい現実の風光がある。しかし自殺者が三万人、そして無縁死も三万人以上という日本の病める社会の中で、ともに病む我を生の原点に据えるのである。維摩居士は「衆生病む、是の故に我れ病む」といっているではないか。5 一切衆生の生滅心　直に維れ諸仏の大涅槃＝一切衆生の生滅心とは、すべての人々の変転極まりない心すなわち涅槃とか仏性とかとは異質とみられる凡夫の心が、そのまま諸仏の大涅槃であるという。これは間違われやすい言い方である。いわゆる自然外道《じねんげどう》に陥りやすい表現である。自然外道とは、もともと人は仏であり悟りの中に生死している、とする見解《けんげ》である。「あるがまま」「よりごのみしない」生き方という表現もある。では白隠のこの句は自然外道の見なのか。6 木鶏卵を含みて棺木に立ち　瓦馬風を逐うて本貫に帰る＝木鶏は荘子・外篇・達生篇十九・八に由来する。「紀渻子《きせいし》、王の為《た》めに闘鶏を養う。十日にして問う、鶏《とり》、已《な》（成）れるかと（鶏が闘う力を身につけたか）、曰く、未《いま》だし。方《まさ》に虚憍《きょきょう》して気を恃《たの》むと（まだだめです。今はむやみに威張って気力に頼っています）。十日にして又問う。曰く、未だし。猶お嚮（響）影に応ずと（まだだめです。音がしたり影がさしたりすると、まだそれに向かっていきます）。十日にして又問う。曰く、未だし。猶お疾《しっ》視して気を盛んにすと（まだだめです。

相手を睨み付けて気勢を張ります）。十日にして又問う。曰く、幾《つく》せり。鶏鳴く者ありと雖も、已《すで》に変ずることなし（じゅうぶんになりました。他の鶏の鳴くことがあっても、この鶏はもう何の反応も示しません）。これを望むに木鶏に似たり（これを見ていると、木で作った鶏のようです）。其の徳や全《まった》し。異鶏敢えて応ずる者なく、反《かえ》り走《に》げんと（この鶏のはたらきは完全です。他の鶏で立ち向かう者は無く、背を向けて逃げてしまいます）。」この話は日本でも武道家や横綱（双葉山や曙）たちの間でよく知られており、彼らは達人の域に到っても、なおこの自己の在り様を鍛え上げていた。白隠が頌の起句・承句の「一切衆生の生滅心　直に維れ諸仏の大涅槃」に続いて、木鶏が卵を持って棺の上に立つとか、瓦馬（泥牛に同じ）風を追って生まれた所に帰る、などのという不可解な句をもってきたのはなぜか。彼はこの転・結の二句によって、仏と衆生、生滅心と涅槃という二分法を撃砕したのである。木鶏、瓦馬はいのちのないものであるが、〔荘子〕の闘鶏を育てる名人であった紀渻了の言葉のように、いのちの全きはたらきは木鶏の如しというのである。人生の達人の在り様がここに示されている。勝ち負けの世界に在るのではない達人の精神の領域を言っている。

30

三世諸佛依般若波羅蜜多故

壓良爲賤、大抵還他肌骨好、不塗紅粉自風流、鑊湯無冷處

般若生三世諸佛　三世諸佛演般若

主伴無盡唵穐魯　舊巣受風鳴宿雀

三世の諸仏は般若波羅蜜多に依るが故に[1]……

良を圧《おさ》えて賎と為す、[2] 大抵は他の肌骨《きこつ》の好《よろし》きに還《かえ》す、[3] 紅粉を塗らずして自《おの》ずから風流、[4] 鑊湯《かくとう》に冷処無し [5]

般若は三世の諸仏を生じ　三世の諸仏は般若を演《の》ぶ [6]
主伴尽くること無し唵蘇魯《おんそろ》[7]　旧巣風を受けて宿雀《しゅくかく》鳴く [8]

三世の諸仏は般若波羅蜜を依り所にするというが、三世の諸仏をおとしめて賎民とするようなもの。三世の諸仏は般若波羅蜜多などを必要としないのだ。

ほめるときはその人のありのままをほめるがよい。般若波羅蜜多などというお化粧なしの「三世の諸仏」と申し上げるだけですばらしいのだ。「般若波羅蜜多に依る」というのは余計なことだ。熱いお湯はそれだけで充分である。熱湯中に冷たい処などはないのだ。

般若（仏智）は三世の諸仏を生みだし
三世の諸仏は般若を陳べ伝える
主と客との関係は尽きることがない　唵蘇魯
住み慣れた巣に風が吹き
仏と般若波羅蜜が親しいのだ

1 三世の諸仏は般若波羅蜜多に依るが故に＝三世の諸仏は般若を仏母とし、一体不離であるという。白隠は心経のこの句を次の著語と頌で批判し、重説する。三世の諸仏は三世の諸仏というだけでよい。般若波羅蜜多でお化粧せんでよい、という。2 良を圧えて賎と為す＝中国でも良民と賎民というように人を区別する見方があったらしい。三世の諸仏は三世の諸仏でよろしい、般若波羅蜜多をくっつけることは仏をいやしめることだというのである。「……南泉云く、此の子後生なりと雖も、甚だ雕琢《ちょうたく》するに堪ゆ。師（洞山）云く、和尚、良を圧えて賎と為す莫れ」〔瑞州洞山良价禅師語録〕3。3 大抵は他の肌骨の好きに還す＝人の良いところをほめる時は、その人のありのままのすばらしさをほめるのである。4 紅粉を塗らずして自ずから風流＝般若波羅蜜多というおしろいを塗らなくても、諸仏はおのずからみやびやかである。5 鑊湯に冷処無し＝熱湯中に冷水は無い。諸仏の中に般若波羅蜜多の入る余地は無い。ただし、これは二分法の論理においては諸仏と般若は二つの語になるが、仏の機用では諸仏と般若とは分けられないと言っているのである。6 般若は三世の諸仏を生じ 三世の諸仏は般若を演ぶ＝仏母である般若から諸仏が生まれ、諸仏の説法は般若を演べ伝える。般若が諸仏であり、諸仏が般若である。どちらが主とも伴とも定め難い。7 主伴尽くること無し唵蘇嚕＝主（仏）伴（般若）とは切り離しえず二にして一である。般若が主で仏が伴であるともいえる。唵蘇嚕は空の論理を説く〔金剛経〕の真言という。8 旧巣風を受けて宿雀鳴く＝住み慣れた巣に風が吹いて、其の主《あるじ》である鶴が鳴くように、般若と仏とは一体不離の風流のはたらきをする。

31

得阿耨多羅三藐三菩提

不可向虚空裏釘橛去、犢牛縦可生兒、諸佛終不依般若得菩提、何故、般若菩提體無二故、若又、要有一法可得、卽非如來、譬如大火聚、近傍則佛祖亦喪身失命

白獺可緣木得魚　佛不依法得菩提
道如來有一法得　如道應眞各有妻

阿耨多羅三藐三菩提を得[1]
虚空裏に向かって釘橛《ていけつ》し去るべからず、犢牛《とくぎゅう》縦《たと》い児を生むべくとも、諸仏は終に般若に依りて菩提を得べからず、何が故ぞ、般若と菩提とは体無二の故なり、若し又、更に一法の得《う》可《べ》く有らば、即ち如来には非ず、譬えば大火聚《だいかじゅ》の如し、近傍すれば則ち仏祖も亦喪身失命す。

白獺《はくだつ》の木に縁《よ》りて魚を得べくとも　仏は法に依りて菩提を得ざるなり
如来の一法の得べき有りと道うは　応真《おうしん》各《おのおの》妻有りと道うが如し[2]

あのくたらさんみゃくさんぼだいを得る、というが、空中に向かって釘を打つことはできない。牡牛が子を生むとしても、諸仏は絶対に般若に依って覚《さとり》を得ることはない。なぜならば、般若と菩提（覚）とは同じものであるからだ。もし、ひとつでも法（真理）を得ることができるとするならば、それは如来ではない。たとえば燃え盛る大火のようなものだ。近寄れば仏祖も焼け死んでしまってかたちもない。

水中で活動するかわうそが木に登って魚をとるとしても

仏は法によって菩提を得ることはない
如来に一法の所得が有るというのは
羅漢さんがそれぞれ妻があるというようなものだ

1 阿耨多羅三藐三菩提を得＝旧意訳では無上正遍（編）智、無上正遍（編）道。新意訳では無上正等正覚。略して阿耨三菩提・阿耨菩提などと用いられる。その内容を的確に表せないところから、経典では多くは原音のまま用いている。「諸仏如来ともに妙法を単伝して、阿耨菩提を証するに最上無為の妙術あり……」道元〈辨道話〉。仏は迷いを離れて覚智円満し、平等の真理において知らないところがなく、世間において無上であるとの意味である。道元が主著に〈正法眼蔵〉の語を付したのはこれと同じ内容と思われる。正法が仏の眼になっており、それがそのまま生きる場所をつくっているという意味である。白隠は続いて以下の著語で、殊更に阿耨多羅三藐三菩提を得、などというのは、虚空に釘を打ちつけようとするものだという。阿耨多羅三藐三菩提は、諸仏の機用であって概念や知的所有物ではないからだ。概念とか名辞のように或るものを指して表現された次元にあらわれるものではないというのである。概念ならば固定されうる。文字・言語になる。すなわち釘を打つことができる。けれども、般若とか菩提とかは、そのような概念ではない。犢牛（牡牛）が子を生むとしても、諸仏は般若によって（その結果）、菩提《さとり》を得るのではない。それは、ありえないことだ。般若と菩提と諸仏とは「体無二の故」であるからだ。如来には、所有する一法もない。法（真理）は機用なのだから。機用を仏とか如来とかいうのである。燃え盛る火に近づけば、諸仏も法も菩提も般若も、熱火に焼けて区別が消滅する。「三世の諸仏、火焔裏にありて大法輪を転ず」〈圜悟《えんご》録〉十九。「すなわち火焔は諸仏の転大法輪の大道場なり、これを界量・時量・人量・凡聖量等をもて、測量《しきりょう》するはあたらざるなり」〈正法眼蔵〉行仏威儀の巻。2 白獺の木に縁りて……応真各妻有りと道うが如し＝この偈は著語の内容を更にまとめたものである。かわうそが木に登って魚を獲るということはありえないことであり、羅漢にそれぞれ妻がいるということもありえないことだ。同様に、仏・如来なるものが法《ダルマ》（真理）に依って菩提《さとり》を得るとか、そのような法を得るということはありえない。仏・如来と法と菩提とは般若の機用において分かつことができぬからだ。

32

故知般若波羅蜜多是大神呪

擔水河頭賣、何樓漆器莫拈出、字經三寫烏焉成馬、又是小賣弄、夜行莫蹈白、非水多是石

　可貴自性大神呪　轉熱鐵丸作醍醐
　地獄閻浮天上界　雪花一片落紅爐

故に知る般若波羅蜜多は是れ大神呪[1]

水を担《にな》いて河頭《かとう》に売る、[2] 何楼《かろう》の漆器《しっき》を拈出すること莫れ、[3] 字は三写を経て烏焉馬《うえんば》と成る、[4] 又是れ小売弄[5]、夜行して白きを踏むこと莫れ、水に非ざれば多くは是れ石[6]

　貴《とうと》ぶ可《べ》し自性《じしょう》の大神呪　熱鉄丸《ねってつがん》を転じて醍醐《だいご》と作《な》す[7]
　地獄閻浮《えんぶ》天上界　雪花一片紅爐に落つ[8]

故に般若波羅蜜多は偉大な仏祖のことばであると知る……

こんなことを言うのは、水をかついで川岸で売ろうとするようなものだ。水は川に溢れているではないか。どこかの料亭の漆器を安っぽく売り出すようになったら、その料亭の名が泣くだろう。般若波羅蜜多を安売りしてはいけないよ。烏という字を書き写しているうちに、焉になり、ついに馬になってしまったという中国の故事がある。般若波羅蜜多も夜店の安売り商品になっているね。夜道を歩いていて、白いものを踏んではいかんよ。水でなければたいていは石だろう。ほんものと偽物を見分けなければいけないよ。

尊ぶべきは汝自身にそなわっている般若波羅蜜多という仏の智（大神呪）なのだ
辛い人生の苦しみ（熱鉄丸）がこの大神呪によってこの上もない美味になる
地獄・閻浮（娑婆）・天上界などという区別はこの大神呪によって
真っ赤に燃える爐上一片の雪のようにたちまち消えるのだ

1　故に知る般若波羅蜜多は是れ大神呪＝神呪は陀羅尼のこと。総持、能持と意訳される。一般的に、善法を散ぜしめず、悪法を起こらしめないはたらきという。〔正法眼蔵〕には「陀羅尼の巻」があり、礼拝陀羅尼の趣旨を述べている。仏祖正伝の仏法を伝えた本師を礼拝供養することが、釈迦牟尼仏を礼拝供養することであるとする。ここに般若波羅蜜多は大神呪であるとするのは、伊勢神宮や豊川稲荷のおふだに神秘的な力や御利益があるとする通俗信仰とは無縁の話である。大神呪は仏祖の機用の別名である。2　水を担いで河頭に売る＝ここで般若波羅蜜多は大神呪などと言い出すのは、河岸で水を売るようなものだ。水は河に溢れている。3　何楼の漆器を拈出すること莫れ＝どこそこの料亭の漆器を売り出すようになったら、高級料亭の名が泣くことだろう。般若波羅蜜多という尊い名を安っぽく売り出すな、というのだ。4 字は三写を経て烏焉馬と成る＝釈尊が般若波羅蜜多という尊いはたらきを教えたのはよいが、転々と教えが伝えられ二千年になるうちに、内容がおかしくなってしまうのが心配だ。中国の格言にあるように、鳥の字を書き写してゆくと、間違って焉になり、ついに馬になってしまうことがある。5 又是れ小売弄＝般若波羅蜜多の神機《はたらき》を、夜店の安売り商品にしてたたき売りしているね。心経を読むこと自身に神秘的な霊力があるとする愚かな信心が横行している。6 夜行して……多くは是れ石＝真っ暗なところを歩いていて白く光るものの上を歩いてはいけない。川かも知れないが、大抵は石だろう。本物と偽物とを見分けなければならない。7 貴ぶ可し自性の大神呪　熱鉄丸を転じて醍醐と作す＝自性とは自己に備わっている妙用のこと、これが大神呪なのだ。熱鉄丸という飲み込むのも辛い人生の苦しみや不安が、この大神呪の妙用によって、この上もなく美味になるのだ。醍醐は牛乳を精製して作られる酪、生酥《そ》、熟酥、醍醐の五段階（五味）の最高のもの醍醐味などと熟語されるが、仏性、涅槃《さとり》の妙法を醍醐にたとえる。8 地獄閻浮天上界　雪花一片紅爐に落つ＝地獄や娑婆（閻浮）、そして天上界という迷妄の世界は、この摩訶般若波羅蜜多という大神呪において、雪のひとひらが紅爐に落ちて直ちに消えるように、その迷妄が醍醐になるのだ。道元が「仏家の風は大地の黄金なるを現成せしめ、長河の酥酪を参熟せり」〔正法眼蔵〕現成公按の巻というのも、この紅爐上一片の雪と同じ調《しら》べである。

33　是大明呪

莫謂大明呪、拗折山形拄杖子、従來大地黒漫漫、乾坤失色、日月呑輝、黒漆桶裏盛墨汁

本有圓成大明呪　光明寂照盡山河

無量曠劫罪障海　水上浮漚眼裏花

是れ大明呪なり[1]

謂うこと莫《なか》れ大明呪と、[2] 山形《さんぎょう》の拄杖子《しゅじょうす》を拗折《ようせつ》して、従来大地黒漫漫、乾坤色《しき》を失い、日月は輝《ひかり》を呑む、黒漆桶裏《こくしっつうり》に墨汁を盛る[3]

本有円成《ほんぬえんじょう》の大明呪　光明寂照して山河を尽くす[4]

無量曠劫の罪障海　水上の浮漚《ふおう》　眼裏の花[5]

是れは光明に満ちた真言（大神呪）である……

しかし、この語を偉大な明るい真理のことばなどと言ってはならぬ。山形の拄杖子をへし折って、今までの大地は黒一色となり、天地はかたちを失い、日月は光を呑みこむ（真っ暗になる）。それは黒いうるしの桶に墨汁を入れたようなもので、全く差別の相を失うのだ。

人々にもともとそなわっている機用こそがこの偉大な光明に満ちた真言なのだ

この機用は天地を真っ暗にして差別相を無にするだけでなく

光が行き渡って天地の形が輝くのである

人類永劫の過去世からの罪障の海が

水上に浮かぶ泡のように　あるいは眼中の花のようになって消えてゆく

1　是れ大明呪なり＝これは光明に満ちた真言である。2　謂うこと莫れ大明呪と＝光明に満ちた真言と言うな。なぜなら、光明とは明るい光というようなものではないからだ（光明は一般的に差別《しゃべつ》的・個別的存在を指していわれる。白隠は光明の対語《ついご》として「黒漆桶裏」の語を対比させる）。3　山形の拄杖子を拗折して……墨汁を盛る＝山形の拄杖子は山で切り出してきた拄杖のこと、禅ではこれを自己本来の面目の意味に使う。この本来の面目に坐著して居すわる自己を折り砕いて、の意。従来大地黒漫漫、乾坤色を失い、日月輝を呑む、これは大地の差別相《しゃべつそう》が払拭され、天地の色すなわち差別相が失われる、の意。それは真っ黒に塗られた漆《うるし》の桶に墨汁をいっぱいにするようなものだ。ここでは、漆の桶と墨汁との差別はぬぐい去られている。白隠は大明呪の語に対し、ここで差別相（光明）と平等相との回互を説くのである。4　本有円成の大明呪　光明寂照して山河を尽くす＝人にもともと備わっている機用がこの大明呪であって、これが自在にはたらく時、光明すなわちひとつひとつの存在を的確にとらえるはたらきが地上の山河を山河たらしめ、山河と人との回互のはたらきが現れる。5　無量曠劫の罪障海　水上の浮漚　眼裏の花＝人類の計り知れない過去世からの罪障は、水上の泡のように又白内障の目に写る花のように、その固定的実体が消滅してゆく。これが大明呪のはたらきというのである。白隠が「大明呪」の著語に右のような「大地の黒漫漫」とか「黒漆桶裏の墨汁」などのように差別相を無視する句を持ち出したのはなぜか。又つづく頌では大明呪は「光明寂照にして山河を尽くす」と述べて、著語の「暗」に対して「明」を対比させている。暗と明とは機用の両手両足というべきである。機用すなわち「神通妙用」は「明暗回互」をその内容としている。道元は「生死《しょうじ》を頭尾《ちょうび》として、尽十方界真実人体はよく翻身回脳するなり」という〔正法眼蔵〕身心学道の巻。尽十方界は神通妙用の空間的表現である。十方界を尽くすことが神通妙用であり、この妙用は生死を頭とし尾っぽとするという。すなわち「光明寂照にして山河を尽くす」と同義であり、相対的現象である生と死が光明そのものであるというのである。また石頭希遷（七〇〇～七九〇）の〔参同契〕では「明中に当《あた》って暗あり。暗相をもって遇うことなかれ。暗中に当って明あり、明相をもって観ることなかれ。明暗おの〻〻相対《あいたい》して、比するに前後の歩《あゆみ》のごとし」の句々をみることができる。明と暗とは対立語であると同時に、同義語であり、歩みに前後があるように、この二つは切り離しえないというのである。右足と左足が二つ別々に前と後に動いて「歩み」があるが、生命という暗の妙用においては、右足と左足という二つに別れ対立しているものはないともいえるのである。

34

是無上呪

腳跟下又作麼生、爲我拈將最下底來、墜葉雖憐疎雨感、黃梁爭似暮雲親

最上最尊最第一　釋迦彌勒猶伊奴

此是人人本具物　唯要當人絕後蘇

是れ無上呪なり[1]

脚跟下は又作麼生、我が為に最下底を拈じ将《も》ち来《きた》れ[2]、墜葉疎雨《ついようそう》の感を憐れむ雖も、黄梁争《こうりょういか》でか暮雲親しきに似ん[3]

最上最尊最第一　釈迦弥勒は猶伊《なおかれ》が奴《ぬ》[4]

此れは是れ人人本具の物　唯《た》だ当人絶後に蘇《よみが》えることを要す[5]

是れは此の上もない真言である……
此の上もないというが、では脚跟下《あしもと》は尊くないのか。此の上もないというが、私にとって最も低い処を問題にしてほしい。この低い処に立って私は自在を得るのである。落葉の中の静かな雨の音にもあわれを感じるが、黄金の田に夕日が雲に映える美しさもすばらしい。
人々が般若の智の神通妙用自在にあらわすことが最上最尊第一の機用《はたらき》だ
ここから釈迦が釈迦になり弥勒が弥勒になる
これはとりもなおさず人々にもともとそなわっているもの
ただ凡夫が絶命して息を吹き返した時にはじめてこのようになるのだよ

1　是れ無上呪なり＝是は此の上もない真言である。2　脚跟下は又作麼生、我が為に最下底を拈じ将ち来れ＝是れ無上呪なり、すなわち此の上もないくらい尊いというが、脚下《あしもと》は尊くないのか。私は両足で動いている。この最も低い場所がなければ私は自由を喪《うしな》う。最下底への眼を喪ってはならない。「是無上呪」の語には、上・下の意味があるのではないと警告するのである。3　墜葉疎雨の……親しきに似ん＝これは現実の光景を述べている。落葉の中の雨の音に憐れを思うのであるが、黄梁すなわち黄金の田に夕日が雲に映えている光も誠にすばらしい。人々が生きる大地の風光を述べて「無上呪」の語の著語としている。4　最上最尊最第一　釈迦弥勒は猶伊が奴

＝人々が般若の智を有し、仏の神通妙用を自在に現すということを最上最尊最第一という。ここから釈迦が釈迦になり、弥勒が弥勒になることを「奴」の語で表している。釈迦、弥勒という存在は、般若を母として生まれるということである。[5] 此れは是れ……蘇えることを要す＝この般若の智はすべての人々にもともと備わっているが、凡夫のままではだめだよというのである。凡夫にとっては生と死との境界がひときわ高く聳えており、生死が仏であるとは容易には受けとられえない。絶後（凡夫が消えること）に生き返る（蘇る）ことがなければならない。

35

是無等等呪

話作兩橛、那一橛著何處、誰道上下四維無等匹、七花八裂、徳雲閒古錐、幾卜妙峯頂、傭他癡聖人、擔雪共塡井

舊年寒苦梅　得雨一時開
踈影月移去　暗香風送來
昨是埋雪樹　今復帶花枝
喫困寒多少　可貴百卉魁

是れ無等等呪《むとうどうしゅ》なり[1]

話は両橛《りょうけつ》と作《な》る、那一橛《ないっけつ》は何処《いずこ》にか著《つ》けん、[2] 誰か道う上下《じょうげ》四維《しゆい》等匹《とうひつ》無しと、[3] 七花八裂《しちげはちれつ》、[4] 徳雲《とくうん》の閑《かん》

古錐《こすい》、幾《いく》たびか妙峯頂《みょうぶちょう》を下り、他《か》の痴聖人《ちせいじん》を傭《やと》って、雪を担って共に井《せい》を塡《うず》む[5]

旧年寒苦の梅　雨を得て一時に開く
疎影月移り去り　暗香風送り来《きた》る
昨は是れ雪に埋《うず》む樹　今復《また》花を帯ぶる枝
困寒《こんかん》を喫するは多少ぞ　貴《とうと》ぶべし百卉《ひゃくき》の魁《かい》[6]

摩訶般若波羅蜜というこの語にくらべうるものはない。

だがくらべ合いを絶したものというならば、くらべ合いの娑婆を超越したところにあるものなのか。そうならば、二つの棒杭ということになる。だから、この語は厄介だ。この厄介な一本の棒杭は、どこへくっつけたらよいのか。誰かが東西南北思維上下にくらべるものがない、と言ったらしいが、そんなものは、木っ端微塵に打ち砕け。此の上もない般若の智は、一人のものではなく、万人にゆき渡っているからだ。

善財童子が求道の旅にたずねた五十三人の善智識のひとり徳雲比丘は、幾度も妙峯山を下《くだ》って、あの痴聖人と共に、雪を運んで井戸を埋めようとしたが、このような徒労とも言える行為こそが、「無等等呪」の機用なのだ。

　昨年からの辛い寒さの中にあって

梅が雨に逢って一度に花がひらいた
まばらの枝に月が移ってうごき
どこからともなく漂う香りが風と共にやってくる
昨日は雪にうずもれていた樹に
今は再び花をつけた枝が現れた
どれほどの辛い寒さを経てきたことであろうか
百花にさきがけて咲く梅の花が今目前にある

1 是れ無等等呪なり＝摩訶般若波羅蜜多の語は等しいものがない仏の声である。2 話は両橛と作る、那一橛は何処にか著けん＝等しいものがないというが、これがひとつの橛《くい》になるぞ。「無等等呪」すなわち「くらべるものがないというもの」があれば、くらべ合いを超越したものとなって、それ自身「万劫の繋《け》驢《ろ》橛《けつ》」となる。この厄介な一橛はどこへ落ち着かせたらよいか。3 誰か道う上下四維等匹無しと＝この句は釈尊降誕の第一声を指しているらしい。一体どこの誰が天上天下唯我独尊（天にも地にも我に等匹《ひとし》い者は無い、我れ独り尊し）などと言ったのか。4 七花八裂＝最上最尊最第一の人などというが、そんな者はばらばらにしたらいい。百億の人が摩訶般若波羅蜜多のなかに生きているのだから。5 徳雲の閑古錐、幾たびか妙峯頂を下り、他の痴聖人を傭って、雪を担って共に井を塡む＝徳雲比丘は〔華厳経〕の入法界品《にゅうほっかいぼん》のなかで、善財童子が道を求めて尋ねた五三人の比丘のひとり。文殊菩薩の指示により善財童子は妙峯山の徳雲比丘を訪ね、その教えにより念仏三昧をさとったといわれる。閑古錐は先の丸くなった役立たずの古い錐《きり》の意味であるが、世事俗情にしばられない真の道者、真実の仏者への尊称。「三十年前曾到此、如今楼閣碧参差、善財参処真消息、誰識徳雲閑古錐、還有識得底麼」〔圜悟録〕六。この徳雲比丘はちょっとおろかな聖人と共に、妙峯頂の雪を担いで井戸を埋めようとした。雪は井戸の水に溶けて、努力は徒労になるが、この徳雲比丘の結果を問わない生き方が摩訶般若波羅蜜多の無等等呪の大きな妙用なのだ。妙峯山は、みょうぶさん、みょうほうさん。須弥山を指すともいわれる。妙峯頂とは、言語二辺を絶した本分安住の境界。孤峰頂上、妙峯孤頂ともいう。仏の境界ともいえるが、妙峯頂上にとどまらない「担雪塡井」の菩薩行と妙峯頂上に安坐することは一般《おなじ》であると禅家では説く。文献的には〔華厳経〕入法界品の徳雲比丘と、この「担雪塡井」とは無関係。両者を結びつけたのは雪竇《せっちょう》重顕の〔祖英集〕からである。〔華厳経〕入法界品では、徳雲比丘は「念仏三昧門」を得たとしるしてはいるが、妙峯山を降りたとは述べていない。

6　旧年寒苦の梅……貴ぶべし百卉の魁＝この五言の頌古は、雪に耐えて咲く梅の風光をうたったもの。禅語に「梅は寒苦を経て清香を発す」とか「瞿雲《くどん》（釈尊）打失眼睛時、雪裡梅花只一枝」〔如浄録〕上、「梅花春を開く」などがあり、凡夫が仏に或る辛苦、そして梅花が開いた時、春という世界がそこに現成することなどを述べたものである。この梅花のことを白隠は「尊ぶべし、百卉の魁」すなわち百の花にさきがけ雪中に咲いて春を開く尊い花というのである。

36

能除一切苦

劈百合求中心、削圓方竹杖、鞔卻紫茸氈、九九元來八十一、一九與二九相逢不出手

儞若心空及第來　五陰四大一時灰

天堂地獄閒家具　佛界魔宮百雜摧

黄鳥張聲和白雪　烏龜帶劔上燈臺
若人欲得此三昧　白汗通身須一回

能く一切の苦を除く[1]

百合を劈《ひら》きて中心を求む、方竹《ほうちく》の杖を削円《さくえん》し、紫茸氈《しじょうせん》を鞔却す、[2]九九元来八十一、一九は二九と相逢うて手を出さず[3]

你《なんじ》若し心空に及第し来たらば　五陰四大《ごおんしだい》は一時に灰ならん
天堂地獄、閙家具　仏界魔宮、百雑摧《ひゃくざっさい》[4]
黄鳥《こうちょう》声を張って白雪に和し　烏亀《うき》は剣を帯びて灯台に上る[5]
若し人この三昧を得んと欲せば　白汗通身《びゃくかんつうしん》須らく一回すべし[6]

能く一切の苦を除く……というが

苦を除いて、どうなるのか。百合の花の美しさを求めて、花びらを開きむしってその中心に百合の美があると思ったり、竹の杖が四角であるのはおかしいと言って、丸く削ったり、絨毯の毛足が目障りだからと、わざわざむしり取ってしまうようなものだ。九九はもとから八十一である。苦苦八十一は現実の姿だ。苦は、限りない。苦をひとつのみと限ってはならない。

君がもし、心の機用《はたらき》に滞《とどこお》りが無ければ
五陰（色・受・想・行・識）も四大（地・水・火・風）もたちまち消えるだろう
天堂・地獄などというくらべ合いの世界は空き家の家財道具のように見向きもされぬ
仏界・魔界を粉々に砕くのだ
うぐいすが春雪にとけこんでうたって春を開き
真っ黒の亀が剣のような尻尾をふるって一心に灯籠によじのぼっている
人が若し苦の中に束縛されない自在の機用を得ようと思うならば
精進の白い汗を体中にかく時がなければならぬだろう

1 能く一切の苦を除く＝先に「三世の諸仏は般若波羅蜜多に依るが故に阿耨多羅三藐三菩提を得」の句があったが、これは四苦を除いて、その結果の彼岸の消息ではない。このことを次の著語が述べる。2 百合を劈きて……紫茸氈を輓却す＝「能除一切苦」というが、百合の花をひらいて中心を求めても何も無い。また四角の竹の杖は変であると、わざわざ削って円い普通の竹にしたり、美しい模様の絨毯の毛足が目障りであると毟り取ってしまうようなものだ。3 九九元来八十一、一九は二九と相逢うて手を出さず＝「九九」の九は苦の意味か。九九元来八十一とは人生の苦とされるものは無数であって単純ではないという意味かと思われる。一九と二九と相逢うて手を出さずとは、苦と一口にいうが苦はひとつひとつ違ったものだという意味か。4 你若し心空に……仏界魔宮、百雑摧＝般若心経のタイトルに「心」の字があり、これについての白隠の著語「歴劫名無し、錯って名字を安著す」が付されていた。頌では「分明なり三世不可得」と述べて、〔金剛経〕の心不可得を敷衍《ふえん》している。

28節には「心無罣礙」の原句があり、頌では「心に非ず、性に非ず、涅槃に非ず」とも述べて「心」を否定している。しかし、これは「心」が仏の機用であることから、概念・名辞として固定されたものを「心に非ず」と否定したに過ぎない。「心不可得」とは「心」は所有されるものではなく、有所得のものではないということである。頌にいう「心空に及第し来たらば」はこの次元の言表であって、名辞をいっているのではない。五陰は五蘊すなわち「色・受・想・行・識」の精神作用、四大は「地・水・火・風」である。これらが心空の機用において自在にはたらく（一時に灰ならん）というのである。天堂地獄、閒家具すなわち無苦の天上とか苦ばかりの地獄とかはどうでもよいもの（閒家具）となり、仏界魔宮はこわれてその形は無くなるのだという。百雑摧は百雑砕《ひゃくざっすい》ともいう。5　黄烏声を張って白雪に和し　烏亀は剣を帯びて灯台に上る＝うぐいすが雪の中で懸命に鳴いて春を開き、しっぽが剣のように尖っている黒い亀が一心に灯籠によじ登っている。ここで目前の世界の風光を頌するのである。次の「三昧」の別表現であろう。6　若し人この三昧を得んと欲せば　白汗通身須らく一回すべし＝このような三昧すなわち仏の機用を得んと思うならば、全身に白汗を流して弁道すべきである。白汗は純粋で混じり気のない汗の意味。須らく一回すべし、は生涯に一度の白汗を流せということではないと思う。白汗百千万発が人生なのではないだろうか。

37

眞實不虚

者箇是大小大虛妄、箭過新羅、終日交肩我何似生

齊晏殺三士　蜀維敗兩將

假雞聲避虎　賣狗肉懸羊

指鹿見人伏　著蜂斷父望
陶朱攜越女　紀信降楚王
呑炭伏橋下　投簪泣井傍
戴主屍兼魴　折父齒咬耳
明中修桟道　暗裏度陳倉
若是親見徹　匣中三尺霜

真実にして虚ならず[1]
者箇《しゃこ》は是れ大小大の虚妄《こもう》[2]、箭《や》は新羅《しんら》を過ぐ[3]、終日肩を交《まじ》ゆ、我れ何似生《かじせい》[4]
斉晏《せいあん》は三士を殺し[5]　蜀維《しょくい》は両将を敗《やぶ》る[6]
鶏声《けいせい》を仮りて虎を避け[7]　狗肉《くにく》を売りて羊を懸く[8]
鹿を指して人の伏するを見る[9]　蜂を著けて父の望を断つ[10]
陶朱は越女を携え[11]　紀信は楚王に降る[12]
炭を呑んで橋下に伏し[13]　簪《せん》を投じて井傍《せいぼう》に泣く[14]
主の屍を戴せて魴《ほう》を兼ね[15]　父の歯を折りて耳を咬む[16]
明中に桟道を修し　暗裏に陳倉を度《わた》る[17]

若し是れ親しく見徹せば　匣中《こうちゅう》三尺の霜[18]

般若波羅蜜多というこの語は、まことの語であり虚妄ではないという……これは大小大《かなり》の虚妄《うそ》である。心経のこの語をそのまま鵜呑みにすれば、一瞬にして般若は遠くへ逃げ去るだろう。しかし、君は心経のこの語を終日離れることなく生きているのだよ。そのような私たちとは、いったい何者なのだろう。

斉晏は有能な三人の武将を死なせた。蜀維は虚言をもって二人の将軍を殺した

斉の国の大臣・孟嘗君はいつわりの鶏の声で夜明けの時刻をつくり、関所を開けさせて秦の国から逃げて斉に帰った

羊の頭を懸け、実際は犬の肉を売るということもある

鹿を指して馬であると言わせてしまい、蜂の針を使い、奸計を用いて先妻の子を殺したということもある

越の功臣・陶朱（勾践）は美女西施を呉王夫差に献上してこれに溺れさせ、その隙に呉を滅ぼした

漢の高祖に仕えていた紀信が、漢王から義に反して楚王の許へ走った

趙襄子のため主君予備を殺された予譲は、仇を討たんとして炭を呑んで姿を変えて、その機会を待って橋の下に潜んでいた時に捕らえられ殺された

候白という大泥棒が通りかかった井戸の傍《かたわ》らでさめざめと泣く女性がいた。母からもらった高価な銀の簪《かんざし》をこの井戸に落としてしまいました。候白は、では私が井戸へ入ってその簪を探してあげよう。候白はその簪を見つけて持ち逃げしてやろうと裸になって井戸へ入っていった。その隙に女は候白の脱いだ着物と候白が盗んできた物すべてを持ち逃げした。その女は候黒という女泥棒だった

秦の始皇帝が亡くなった時、皇帝の死を隠すために駕籠で遺骸を運んだが、死臭を隠すため干した魴を一緒に運んでごまかした

父に叱られた息子が怒って父を棒で殴り、父の歯が折れた。息子の友達がその息子の耳を喰い切り、お前の耳を父親が喰い千切って歯が折れた、そう言えばお前は死罪を免れる、とした

漢の張良が、漢の国への攻撃を防ぐため山道を壊して木を植えて通れなくした。このため楚の国は、漢の攻撃は無いと安心していた。しかし、一方の漢は張良の戦略によって船による攻撃で陳倉で河を渡り楚を滅ぼした

このように歴史上多くの虚実があることを我々は親しく見ることができるが、これらの何処に真実があるのか。箱の中の三尺の剣（般若）がその真実を明らかにするだろう

1　真実にして虚ならず＝般若波羅蜜多というこの語は、まことの語であり、虚妄の語ではない。2　者箇は是れ大小大の虚妄＝「真実にして虚ならず」の心経の原句に、者箇《これ》は大小大《かなり》の虚妄である、と著語する。恐れ入った

白隠の毒語である。者箇は這箇に同じ。「這」は遠称の「那（あの）」に対して、近称の「この」の意。現代の中国語では「這」一字で「これ」の意味になるが、禅語録では用法が異なり「這箇」と使う。禅宗寺院の法戦式《ほっせんしき》などでは、首座《しゅそ》が竹篦《しっぺい》を立てて「這箇《しゃこ》は是れ三尺の黒蚖蛇《くろがんじゃ》、霊山《りょうぜん》に在りては金波羅華《こんばらげ》となり、少林に在りては五葉《ごよう》となる」などと言う句を最初に述べる。3　箭は新羅を過ぐ＝新羅は朝鮮を指す。矢はとっくに遠い新羅の国を通り過ぎてしまったという意味。極めて迅速で、その落処《おちどころ》が分からぬたとえという。「已過新羅」「鶏子《ようし(す)》過新羅」などと使われる。「（達）磨云く、廓然無聖。（多少《かなり》の奇特と将謂《おも》いしに、箭、新羅を過ぐること、可煞《はなは》だ明日）」。達磨が武帝の「如何なるか是れ聖諦第一義」との問いに「廓然無聖」と応《こた》えたのは、なかなかのよい応答と思ったが、この達磨のすぐれた応答《こたえ》は武帝の境界から遙か遠く隔たっているので、その行方も分からぬのは明白である、と著語が圜悟によって付された。〔碧巌録〕一。この句を白隠が心経原句の著語として使うのは、「真実にして虚ならず」という句は、虚言ではなく、ほんものであるが、人々がこれを我がものとせんとしても、一瞬にして遠くへ飛び去るぞ、と言いたいからであろう。4　終日肩を交ゆ、我れ何似生＝箭は新羅を過ぐるごとく落処は遠いようだが、本当は人々が終日この句の中味と顔を付き合わせ肩を組むくらい親しいのだ。では、その親しい自己とは一体どこの誰か。この「何似生」の語は紫野大徳寺開山の大灯国師宗峰妙超（一二八二～一三三七）の「あしたに眉をむすび夕に肩を交ゆ、我れ何似生」の句という。以下、白隠はおよそ十三の中国の故事を頌に用いて、相対的真実の諸相を示している。この中に般若波羅蜜多の機用が果たしてあるのか、と問うているようだ。さらに人生の現実は、白黒決め難く極めて複雑多岐であって、一義的に利断を下しえないことを以下の故事によって示しているとも思われる。5　斉晏は三士を殺し＝斉晏は中国の戦国時代の斉の国の大臣であった晏《あん》平仲《へいちゅう》のこと。「三士を殺し」の話は蜀漢《しょっかん》宰相諸葛亮《しょかつりょう》（字《あざな》・孔明）の「梁父の吟」にみられる。斉の国に公孫捷何《こうそんしょうか》、田開彊《でんかいちょう》、顧治子《こちこ》の三人の武将がいて、いずれも優れた軍略家であった。諸葛亮はこれらの武将は有能ではあるが、このままではやがて国の災いの元になると考えて、三人に二つの桃を与えた。二つの桃を受けとった三人の一人は「二つの桃を三人で分けるわけにはいかぬ。自分がいなければ、他の二人に分け与えられるだろう」と自分の首を斬って死んでいった。残った二人は、桃は二つあるが、友が死んでいったのに自分たち二人がもらうわけにはいかぬ、と腹を切って果てたという。友への信を尽くしたこの三人の武将の死に方をどう考えたらよいか。６ 蜀維は両将を敗る＝蜀の大臣姜維《きょうい》は蜀の若い王劉禅に仕えていたが、隣の魏の国の捕虜になった。姜維は魏の国王に重用されるまでになった。魏には鄧艾《とうがい》と鐘会《しょうかい》という二人の将軍がいたが、鄧艾が姜維を妬んで王から遠ざけようとした。姜維は鐘会に対して、鄧艾に魏王への謀反の企てありと訴え、この虚言によって鄧艾は投獄された。今度は、鐘会に王を殺して王位を奪えと唆し、魏王がこれを知って逆に鐘会と獄中の鄧艾を殺してしまった。魏の国の捕虜になった姜維が、この国の二人の将軍を殺してしまったという故事である。斉晏（晏平仲）の企みで死んだ斉の三人の武将は信義に死したことであるが、魏の国の二人の武将は謀反・裏切りがあるとの虚言によって死んだ。ともに真実の言葉は見当たらない。７ 鶏声を仮りて虎を避け＝戦国時代の斉の国の大臣孟嘗君《もうしょうくん》の故事。彼は一時、秦の王にかわいがられたが、故国の斉の国に帰ろうとしても許可がもらえなかった。止むを得ず国境を無断で越えて逃れようとしたが、関所が閉じられていて出ることができなかった。一計を案じて、家来で鶏の鳴き声のうまい男に鳴き真似させたところ、本物の鶏たちも一斉に鳴いたので、関所の役人が朝が来たと思って門を開けてくれた。こうして孟嘗君たちは秦王の追っ手に捕まる前に逃げることができた。「虎を避け」というのは、秦が虎狼国と呼ばれたことによる。８ 狗肉を売りて羊を懸く＝「羊頭を懸けて狗肉を売る」という句が〈無門関〉にもあるが、羊の肉を売っていると称して、実は犬の肉を売ること。これも中国の〈恒言録〉に由来している。日本でも二、三年前から続発した食品偽装はまさにこれである。嘘をもって商売をすることで、真実にして虚ならず、とは言い難いが、白隠は何故このような「虚」の故事を羅列するのだろうか。９ 鹿を指して人の伏するを見る＝秦の大臣・趙高は若い国王の故亥に仕えていたが、自ら王位を奪わんとする下心を持っていた。或る時、鹿を連れてきて、王に「馬を献上いたします」と申し出たところ、王が「それは鹿ではないか」と言った。趙高はまわりの家来たちに「皆のものこれは鹿にあらず、馬である」と言ったところ、家来たちは趙高の権力を恐れて「馬でございます」と賛同してしまったので、王もついに「馬である」と言ったという故事。これは政治の権力による言論歪曲と抑圧ということであろう。10 蜂を著けて父の望を断つ＝或る家の後妻が自分の生んだ娘を家の跡取りにしようと思い、尻の針を抜いた蜂を胸のところへ入れて、「蜂が私のふところに入った。刺されたら大変だから蜂を取っておくれ」と先妻の娘に言った。娘が言われたとおり後妻の胸元に手を入れているところを、父親が見て、非常に怒って先妻の娘を殺してしまったという故事。人を奸計に陥れて破滅させるという話である。11 陶朱は越女を携え＝陶朱は春秋時代の越の功臣。勾践《こうせん》を助けて呉王夫差《ふさ》を討って会稽の恥をそそいだ。（会稽は浙江省《せっこう》紹興市の南にある山、または紹興市を指すこともある。会稽の恥とは、春秋時代に越王勾践が呉王夫差に会稽山で敗れた故事をいう。）陶朱は越王勾践を助けて夫差を敗ってのち、姓名を改めて鴟夷子革《しいしひ》といい、更に陶（山東省）に移って陶朱公と自称し、巨万の財をたくわえたという。「陶朱は越女を携え」の越女は有名な美女西施《せいし》のこと。陶朱は越の国からこの美女西施を呉王夫差に献上した。西施を溺愛するようになった夫差に呉の忠臣伍子胥《ごししょ》は西施を退けるよう忠告したが、夫差は聞き入れず、まつりごとを怠った為に越に滅ぼされた。美女の西施を呉王に近づけたということは、呉王を陥れるためであった。12 紀信は楚王に降る＝漢の高祖の家来紀信は漢をすてて楚王の許にはしったという故事。義に反する行為といえる。13 炭を呑んで橋下に伏し＝戦国時代の晋の忠臣予譲《よじょう》は、自分を優遇してくれた知伯を趙襄子《ちょうじょうじ》が滅ぼしたため、これに復讐するため炭を呑んでひどい姿の病者となって、橋の下に隠れ、機会を待っていた。趙襄子が橋の上を通った時、乗っていた馬がただならぬ様子で暴れたので、橋の下が調べられ、隠れていた予譲が捕らえられた。予譲は「あなたを殺そうと待っていたが、今はやむをえない。あなたの着物に復讐の一太刀を加えたい」と言って、着物を突いたのち自殺したという故事。14 簪を投じて井傍に泣く＝かんざしを井戸に落として泣く。これは禅語録にも時折登場する侯白侯黒という二人の奸知にたけた盗賊の話で、秦少游の〔淮海集〕（二五）にみられる。井戸のそばで泣いている女性に泥棒の侯白が「どうしたのか」とたずねた。女性は「母からもらった大切な銀のかんざしを井戸に落とし、途方にくれているのです」という。侯白はその銀のかんざしを拾い逃げてしまおうと考え、着物を脱いで井戸へ入った。そのすきに女性は侯白の着物や持ち物を全部持って逃げてしまった。この女は侯黒という女泥棒だった。禅では侯白侯黒という話は、上には上がある、あるいはどちらもどちら甲乙つけ難いという意味で使うことが多い。「趙州問う、死中に活を得る時如何ん。師曰、夜行を許さず、明るきに投じて須らく到るべし、趙州曰く、我れ早くも侯白、伊《か》れ更に侯黒」〈伝灯録〉五・投子大同章。趙州が「死中に生きるとは、どういうことか」と投子大同に問う。投子がいう「夜（平等一如で差別《しゃべつ》なしのところ）を行くのはだめです。ひとつひとつの現実の様々な在り様（これが「明るきに投じて」の意味）の中で生きねばなりません」。趙州はいう、「わしは大泥棒の侯白と思ったが、こいつも侯黒のようなかなりの泥棒だ」。禅では侯白侯黒と同じ意味で「胡鬚《こしゅ》赤《しゃく》 赤鬚胡《しゃくしゅこ》」ともいう。15 主の屍を戴せて鮑を兼ね＝秦の始皇帝が死んだ時に、このことが天下に知れ渡ると敵国の乗ずるところになるからと、皇帝の死を隠し通し、駕籠の中に屍体を隠して運んだ。ところが死臭がするので鮑の干し魚を駕籠に入れて、臭いをごまかして皇帝の屍を運んだという。天下に始皇帝の死がいつわられたという故事。16 父の歯を折りて耳を咬む＝息子が父に叱られ、腹いせに父を棒で殴ったところ、父の歯が折れてしまった。父が息子を役人に訴えたので、息子は、父の歯を折った私は死刑になるかもしれない、と友人に泣きつくと、その友人が息子の耳をいきなり噛み切って言った。「父が私の耳を無理に噛み切ったので、父の歯が折れました。私が折ったのではありません」と役人に告げよと。17 明中に桟道を修し 暗裏に陳倉を度る＝これは漢と楚との戦いの故事である。漢の高祖劉邦の家来張良は、漢の国から楚の国へ抜ける桟道（山道）は、戦いの時に楚の軍が漢へ攻め入る道になるので、これを使えなくしようと木を植えて通れないようにした。楚の項羽は漢が桟道を通行できぬようにしたから、その山道を越えて楚に攻め込んでくることはないだろう、と安心していたら、張良は謀略をめぐらし、軍船を使って陳倉というところへ兵士を上陸させて楚を攻撃し、これを滅ぼした。表と裏との二面作戦という謀略の故事。18 若し是れ親しく見徹せば　匣中三尺の霜＝以上みたような歴史上の故事を見抜くことができれば、箱の中にしまってある三尺の名刀の切れ味が分かるだろうよ。では白隠のこの最後の句は何を言おうとしているのだろうか。右にみた故事は、みな嘘と虚言で、誠がなく真実がない。これは禅の機用のもつ論理を示すためではないか、と思われる。「真実にして虚ならず」という心経の原句への頌に、虚の故事を羅列したのは、般若の機用は「全体作用」であることを示すためと思われる。禅家のいう日常底は現実の世界の中にある。現実の世界に現れる問題の中で生きるには「全体作用」がなければならない。「全体作用」とは、自己の思い込みのとおりには動かない現実と自己との関わりの場での機用ということだ。沢庵が柳生但馬守に与えて剣と禅との在り様を教えた「不動智神妙録」の論理もこの「全体作用」の論理である。日常的現実においても歴史的現実においても、その「場」を変えてゆくのは現実の論理を内包する機用である。

38

故説般若波羅蜜多呪

前頭是什麼、如憎醉進酒、酒濃元不在多盃、十年歸不得、忘卻來時道

一回擧了又一回　積雪堆頭積雪堆

只是叟無廻避處　爲誰醉後添多盃

故に般若波羅蜜多の呪《じゅ》を説かん[1]

前頭は是れ什麼《なん》ぞ、[2] 酔《すい》を憎みて酒を進むるが如し、[3] 酒の濃《こまや》かなるは元《もと》多《た》盃《はい》には在らず、[4] 十年帰ることを得ざれば、来時の道を忘却す[5]

一回挙《こ》し了《おわ》って又一回　積雪堆頭し雪を積みて堆《うずたか》し[6]
只是れ更に廻避の処無し[7]　誰《た》が為にか酔後に多盃を添う[8]

そういうわけでここに般若波羅蜜多の呪を説く……
では今まで説いてきたことは、いったい何であったのか。酔っ払いの介抱に困って更に酒をすめるようなものではないか。酒のこまやかな趣きは、たくさん呑むことにあるのではない。十年も故郷へ帰らなければ、元の道が思い出せない。般若波羅蜜多の功徳を言語で語られると、肝心の般若波羅蜜多を忘れてしまうね。

一回説いて、又一回と重ねて説かれた
積もった雪のその上に又雪が積もったようなものだ
これだけ雪でいっぱいになると　もう逃げるところが無い
(天地が般若波羅蜜多に満ち満ちている)
さあ、このように老婆親切に説かれたのは、誰のためなのか

1　故に般若波羅蜜多の呪を説かん＝今まで述べきたって、般若波羅蜜多すなわち仏の智の妙用で彼岸に到ることを説いてきたが、いよいよその呪を説くことにしよう。2　前頭は是れ什麼ぞ＝般若波羅蜜多の呪を説かん、

などと改まって言うが、すでに今まで繰り返して説いてきたではないか。今までの話は一体何だったのか。3　酔を憎みて酒を進むるが如し＝酒に酔ってしまった人に困り果てて、さらに酒をすすめて呑ませようとするようなものだ。4　酒の濃かなるは元多盃には在らず＝酒をたしなむ道を酒道というが、酒道は酒のこまやかな味わいを尊ぶ。多盃すなわち何杯も盃を重ねてたくさん呑めばよいのではない。般若心経の説き方は諄《くど》いということらしい。5　十年帰ることを得ざれば、来時の道を忘却す＝十年も帰らなければ、来た道を忘れるものだ。酔酒の言葉とつながらないように思われるが、酔い続けて十年も過ごせば、自分がどこから来たかを忘れてしまう、ということか。または心経の説く道を十年も歩けば、もはや凡夫の自分の家を忘れてしまう、ということか。これは「寒山詩」中の一節。6　一回挙し了って又一回　積雪堆頭し雪を積みて堆し＝心経原文はひとつのことを多角的にくり返し説示している。雪が積もって山になっているところに、さらに積雪でうずたかくなっている如くである。7　只是れ更に廻避の処無し＝これだけ多盃をすすめられ、雪上さらに雪を加えるように「空」の活作略《すばらしさ》を示されたら、もうそこへはまってしまって、他の処に安住の地は見当たらない。8　誰が為にか酔後に多盃を添う＝これだけ老婆心をもって説かれるのは、酔ったあと、さらに盃をすすめられようなものだが、一体これは誰のためにかくも親切なのか。

39

即説呪曰

第二重亦在、漁唱薪歌、著何處、鷺吟燕語作麼生、莫入海擇浮漚

七字荒唐二十四　又添四沓五字城

不是呈高明諸老　慰住庵飢寒弟兄

君若無轉身一路　葛藤無底大滾坑
莫言吾偈甚難解　須知自家無眼睛
者裏若看難會處　爛咬急切著神睛
一回白汗親咬著　和千七百拔根莖
吾曾辛苦窺涯際　折此無星等子秤
無星秤子若拗折　宛如獅子長威獰
禪門幸有此靈驗　何不參究盡至誠
此道今人棄如土　懸絲慧命誰相賡
我今非老好文術　勸發諸方傑出英
上士一見知落處　庸流還論他韻聲
宋朝司馬文正子　可惜斯人眼未明
每見祖師難透話　道成隱語惱後生
五無間業應懺悔　謗法罪障甚不輕
世上今多此邪黨　禪園荒落寔可驚
若君了佛祖心地　於佛祖言豈如盲
辨自家得力眞僞　祖師言教似鏡清

今時學道盡莽鹵　或以口傳或識情
紙授口傳以爲足　祖庭遙隔萬里程
大丈夫願忘軀命　回轉一花五葉榮

即ち呪を説きて曰く

第二重も亦在り、[1]漁唱薪歌《ぎょしょうしんか》、何《いず》れの処にか著《つ》く、鶯吟燕語《おうぎんえんご》は作麼生《そもさん》、海に入りて浮漚《ふおう》を擇《えら》ぶこと莫《なか》れ

七字の荒唐《こうとう》二十四　又添う四首の五字城
是れ高明の諸老に呈するにあらず　住庵飢寒の弟兄《ていひん》を慰《なぐさ》めんとなり[2]
君、若し転身《てんじん》の一路無くんば　葛藤《かっとう》無底《むてい》の大深坑《だいじんきょう》
言うこと莫かれ、吾が偈甚だ解《げ》し難しと　須らく知るべし、自家の眼睛《がんせい》無きことを
者裏《しゃり》に若し会《え》し難き処を看《み》んには　爛咬急切《らんこうきゅうせつ》にして神精を著《つ》けよ
一回白汗《いっかいびゃくかん》し親しく咬著《こうじゃく》せば　千七百[3]に和して根茎《こんきょう》を抜かん
吾曾《われかつ》て辛苦して涯際《がいさい》を窺《うかが》いて　此の無星《むせい》の等子秤《てんすびん》を折る[4]
無星の秤子《びんす》、若し拗折《ようせつ》せば　宛《あたか》も獅子の威獰《いどう》を長ずるが如し[5]
禅門幸いに此の霊験有り　何《なん》ぞ参究して至誠《しじょう》を尽くさざる
此の道を今人棄てて土の如し　懸糸《けんし》の慧命《えみょう》を誰か相賡《あいつ》がん

我れ今老いて文術《もんじゅつ》を好むに非ず　諸方傑出の英を勧発《かんほつ》せんとなり
上士は一見して落処を知る　庸流《ようる》は還《かえ》って他の韻声《いんせい》を論ず
宋朝《そうちょう》の司馬文正子《しばぶんせいし》[6]　惜しむべし斯《こ》の人眼《まなこ》未《いま》だ明らかならず
祖師の難透の話《わ》を見る毎《ごと》に　道う、隠語《いんご》[7]を成《な》して後生《ごしょう》[8]を悩ますと
五無間《ごむげん》の業《ごう》[9]は応《まさ》に懺悔《さんげ》すべし　謗法《ぼうほう》の罪障《ざいしょう》[10]は甚だ軽からず
世上今此の邪党多し　禅園の荒落、寔《まこと》に驚くべし
若し君、仏祖の心地《しんじ》を了《りょう》せば　仏祖の言に於ける、豈《な》んぞ盲の如くならんや
自家得力の真偽を弁ぜんとならば　祖師の言教は鏡似《より》も清し
今時《こんじ》の学道、尽《ことごと》く莽鹵《ぼうろ》[11]　或いは口伝《くでん》を以てし、或いは識情
紙授《しじゅ》口伝、以て足れりと為すは[12]　祖庭《そてい》遥に隔つこと万里《ばんり》の程《てい》
大丈夫、願わくは躯命《くみょう》を忘れ　一花五葉《いちげごよう》の栄《さかえ》を回転せよ[13]

即ち呪を説きて言う……

呪を説くというが呪を説くというのは二段重ねになり親切なことだ。前節で「般若波羅蜜多の呪を説く」ということだったが、ここでさらに再び呪を説くと言う。呪とは何であるか。漁師たちが海で歌う声、樵《きこり》たちが山で歌う声、鶯の声、燕の声、これらは般若波羅蜜の呪ではないのか。天地の声なの

ではないか。海に入って、浮かんでいる泡のどれが真の海のかたちであるかというような選択をして
はならない。
七字の殺風景な詩を二十四首
その上さらに五言の詩を四首
私のこれらの詩偈は　高い見識を持った老宿（見識を持ち円熟した僧）のためにつくったのではない
駿河にある原の松蔭寺のまわりで庵に住み、飢えに耐えて私のところへ参師問法に通っている仏道
修行の兄弟《ひんでい》たちのためなのだ
君たち、若し迷・悟の境から跳出した自己を持つことがなければ
迷妄の葛藤に縛られ、底のない暗闇の深坑《じんきょう》に落ちるのだよ
私の偈が難しいなどと言うべきではない
これらの偈を看破する眼が　君に無いことを知らねばならぬ
私の偈に若し理解し難い処があったら
その難透の語を咬んで咬んで真剣に向き合ってみよ
一度、まじりけのない汗を全身にかいて　自身で親しく咬みくだいてみるならば
祖師たちの千七百の公案に透徹し禅の根本をわがものにできるだろう
かつて私は辛苦を重ね　私の在るべき境涯を探し求め

目盛りもない凡夫の計較測度《けぎょうそくたく》の秤をへし折った
この無星の秤をへし折ってしまえば
あたかも獅子が威獰を増すのに似ている
禅門には幸いに此の貴い体験が今に到るまで伝えられている
どうして参師問法・工夫坐禅を真剣に精進しないのか
此の坐禅の仏法を　現今の人々は棄て去ること泥の如しである
わずかに糸ひとすじのように続いているこの仏の命を誰が継承するのであろうか
私が今、年老いて文を綴ることを好んでいるのではない
諸方にかくれている傑出した僧を育て上げたいからだ
すぐれた人物は、私のこの「心経・著語頌」を一目見て、言わんとする処を知る
凡庸な人物は偈の韻の正否をあげつらう
宋の司馬温公は儒教の大学者ではあるが
惜しいかな、眼がまだ開けていない
祖師たちの難透の語を見ては
禅家はわけのわからぬ語を持ち出して若い人たちを悩ますと言っている
五つの罪は懺悔で立ち直ることができる

しかし、仏法を非難する罪は軽くない
世の中には、このような邪《よこしま》なひとびとが多い
また、禅道場の荒廃は驚くばかりである
若し君が仏祖釈尊の境涯をわがものとするならば
釈尊の言句を目前《まのあたり》に見ることができるのだ
みずからの到りえた境涯の真偽を知ろうとしたいならば
祖師たちの残された言葉やおしえは鏡のような清らかさで君の今の境涯を照らし出す
今時の人々の仏道修行は　尽《ことごと》くいい加減である
或いは師匠の言葉を後生大事に守ったり　又は自分勝手な尺度で修行を考えている
紙に書かれた印可や師匠の言葉をお守りにすることで満足しているならば
祖師たちの境涯からは万里のへだたりがある
志の高い修行者よ　身命を惜しむことなく　達磨大師より伝わった仏法が
五つの禅風に花開いたように　この禅の命脈を世界に弘めようではないか

1　第二重も亦在り＝同じことばを二度も繰り返しているぞ。 2　住庵飢寒の弟兄を慰めんとなり＝白隠の松蔭寺は小院であったらしい。全国から集まってくる求道の雲水を迎え入れることができなかったので、彼らは周辺の

寺院や民家に止宿して、飢えや寒さに耐えて白隠に参禅し、その提撕《ていぜい》を受けていた。3 千七百に＝これは宋の永安道原撰・景徳元年（一〇〇四）成立の〔景徳伝灯録〕中にみられる千七百一人の祖師たちの機語を指す。いわゆる「千七百則の公案」である。4 此の無星の等子秤を折る＝目盛りの無いはかりのこと。目盛りが無いから軽重をはかりえない。この無星のはかりを折るということは、般若の妙用が、仏・凡、迷・悟などの二辺の一方にあるのではないということである。5 宛も獅子の威獰を長ずるが如し＝釈尊御降誕の第一声「天上天下唯我独尊」を降誕の獅子吼ともいうが、「無量の秤子を拗折せば」この釈尊の獅子吼を長ずる・大きくするようなものだ、という。6 宋朝の司馬文正子＝北宋の仁宗、英宗、神宗に仕えた司馬温公（司馬光（一〇一九～一〇八六）。字《あざな》は君実、現在の山西省夏県の人。王安石の新法に反対して争った。太子温国公の称号を贈られている。〔資治通鑑〕の著書あり）。7 隠語＝謎の言語。8 後生＝後輩、未熟者。9 五無間の業＝無間地獄に堕《お》ちる五悪業（五逆罪）。五無間とは八大地獄の第八阿鼻地獄のこと。この五逆罪については〔臨済録〕示衆に次の文がみられる。「問、如何是五無間業、師云、殺父害母、出仏身血、破和合僧、焚焼経像等、此是五無間業」10 謗法の罪障＝仏法を謗《そし》る罪。十重禁戒の第十の不謗三宝戒はこれをいましめたもの。11 尽く莽鹵＝すべてがさつ、でたらめ。もうろとも読む。12 紙授口伝、以て足れりと為す＝紙に書いた師匠の印可証明とか、ことばで伝えられた真理などで満足して、そこから進歩できないのは、般若の機用を未だ身につけていないからだ。船子徳誠は、住持の位を棄ててまで参じて来た夾山善会《かっさんぜんね》の法身の句を退け、「一句合頭《いっくがっとう》の語、万劫《ばんごう》の繫驢橛《けろけつ》となる」と喝破した。これについては〔虚堂集〕第四則を参照せられたい。近代のエセ禅僧の多くは、祖師やカリスマ的師家の言行を金科玉条として、これら先人の言句を繰り返している。あたかも繫がれて、ぐるぐる杭のまわりを歩き回っている驢馬に似ている。13 一花五葉の栄を回転せよ＝達磨の禅が中国において所謂五家七宗といわれる家風に発展し栄えたことをいう。そして、白隠はこの家風が益々栄え、仏陀が法輪を転じ（説法して）法を広めたように、道心ある禅者がこの家風をゆたかに展転して継承してもらいたいとの熱い願いを述べるのである。

40
羯諦羯諦波羅羯諦波羅僧羯諦菩提娑婆訶
君子易事而難説也、落霞與孤鶩齊飛、秋水共長天一色、南村北村雨一犂、新婦餉姑翁哺兒
延享甲子改元冬　諸子合心造活字
一字應放十孔方　總數既垂二千字
其志畱我睡餘言　我心匪石豈不喜
於此豫還述此偈　欲謝諸子親切情
頌終合掌祈祝曰　虚空盡我願無窮
稱讃般若功德聚　普回向眞如法界
歸命三世諸佛陀　及十方賢聖祖師
護法諸天龍夜叉　扶桑國裏諸神祇
願我住庵諸兄弟　道情勇健如金剛
向上玄關速透過　心性戒珠常圓明
諸魔撓盡掃除去　利益群生無休期

羯諦《ぎゃてい》羯諦《ぎゃてい》波羅《はら》羯諦《ぎゃてい》波羅《はら》僧羯諦《そうぎゃてい》菩提《ぼーじ》娑婆訶《そわか》[1]
君子は事《つか》え易《やす》くして説《よろこ》ばしめ難し、[2] 落霞《らくか》は孤鶩《こぼく》とともに斉《ひと》しく飛び、秋水は長天と共に一色《いっしき》、南村

北村雨一犂《いちり》、新婦は姑《はは》に餉《おく》り、翁は児《こ》を哺《ほ》す[3]
延享甲子《えんきょうきのえね》改元の冬[4]　諸子心を合わせて活字《うえじ》を造る
一字まさに十孔方《じっくほう》を放つべし[5]　総数既に二千字に垂《なんなん》とす
其の志我が睡余の言を留めんとなり[6]　我が心は石に匪《あら》ず、豈《な》んぞ喜ばざらんや
此に於いて予還《また》此の偈《げ》を述べて　諸子が親切の情《こころ》を謝せんと欲す
頌《じゅ》し終わり合掌祈祝して曰く　虚空《こくう》は尽くるとも我が願いは窮《きわま》り無し
称讃す般若の功徳聚《くどくじゅ》　普《あまね》く真如法界《しんにょほっかい》に回向《えこう》す
帰命《きみょう》す三世《さんぜ》の諸仏陀《しょぶっだ》　及び十方賢聖《じっぽうけんしょう》の祖師
護法《ごほう》の諸天竜夜叉《しょてんりゅうやしゃ》　扶桑国裏《ふそうこくり》の諸神祇《しょじんぎ》
願わくは我が住庵の諸兄弟《しょひんでい》　道情勇健《どうじょうゆうけん》、金剛の如くにして
向上《こうじょう》の玄関《げんかん》を速やかに透過《とうか》し[7]　心性戒珠《しんしょうかいじゅ》、常に円明《えんみょう》[8]
諸《もろもろ》の魔撓《まとう》を尽《ことごと》く掃除《そうじょ》し去り[9]　群生《ぐんじょう》を利益《りやく》して休期《きゅうき》の無からんことを[10]

渡ろう渡ろう、さあ彼岸へ渡ろうではないか、すべての人々と共に彼岸へ渡ろう、円《まど》かなる覚《さとり》の成就よ。

君子といわれる人は、欠点や失敗を叱責しないから、近くにあって仕えるのは難しいことではないが、仕えている者の言葉や所行がすぐれていなければ喜んでもらうことは難しい。般若心経とひとつに

なって、心経の声を聴くことは難しいことだ。しかし、心経の示す空の機用においては、雲の一片と一羽の白鷺とはお互いの存在が障害にはなることなく、大空を自在に飛び回り、秋の澄んだ水と天空とが澄んだ一色につながっている。南村北村に雨が降り、嫁は姑に食事をつくり、爺さんは孫に口うつしで食べさせている。

延享甲子改元の冬
参学の弟子たちが協力して活字《うえじ》を造った
一字を彫るために十文が必要である
字数は既に二千字になろうとしている
弟子たちが志すのは　私の寝言のような言葉を残そうとすることだ
私の心は石ではない　どうしてこれを喜ばないことがあろうか
このような時、私は再びこの偈をつくって
弟子たちの労苦をいとわない情《おもい》に謝意を述べんとするのである
この偈を書き終わって合掌し祈って曰く
宇宙が消滅することがあっても私の願いは尽きることがない
称讃す、般若の功徳の集積よ
普くこの世界の人々に私の積んだ善根功徳を手向けたい

私の生命《いのち》のすべてを三世の諸仏陀や菩薩
十方世界の賢聖・祖師たち
そして、仏法を守護する神々と鬼神たち
日本国の神々に捧げたい
庵に住み学道に励む道友の兄弟たちよ
求道心の勇健なること金剛の如くあって
向上の玄関を速やかに透過し
心は常に戒を融和して珠の如くまろやかに光を放ち
もろもろの魔撓を尽く除き去って
迷妄の人々を救い　とどまること無からんことを

1　羯諦羯諦波羅羯諦波羅僧羯諦菩提娑婆訶＝「羯諦」は度の意味の梵語。「波羅羯諦」は度彼岸。迷・悟、仏・凡の二元的世界である此岸から、般若の妙用の彼岸へ渡る。「波羅僧羯諦」の僧はすべての人、みんなの意。「菩提娑婆訶」の菩提は「覚」の意。「娑婆訶」は成就・完成・究竟・円満などの意。菩提娑婆訶は「覚の円満成就」という意味になる。以上の心経さいごの句はすべて梵語《サンスクリット》であるが、正規のサンスクリットではなく、俗語的用法。中国・日本ではブラフマン（梵天）が造った言葉という伝説から梵語と呼ばれている。インドへのイスラム教の侵入とともに梵語は実際的な勢力を失ったが、古典語としての存在意義をとどめている。2　君子は事え易くして説ばしめ難し＝これは〔論語〕巻第七子路第十三・二五の言葉。君子といわれる高潔で高い人格の方に仕えるのは、難しくはない。とても包容力がある方であるからだ。しかし、大きなこのような方に私たちの思想・人格・行為を認めてよろこんでもらうことは難しい。道義によって喜ばせるのでなければ喜んでもらえない。次に「小人は事之難くして説《よろこ》ばしめ易し」とつづく。小人は道義に反したことでも喜ぶからだ。般若心経もこれと同じだ。仕えること、すなわち声に出して唱えることは易く、その真の中味を消化し体得して、菩薩や仏によろこんで頂くことは難しい。３　落霞は孤鶩とともに斉しく飛び、秋水は長天と共に一色、南村北村雨一犂、新婦は姑に餉り、翁は児を哺す＝白隠がこの文を心経の著語・頌の最後にもってきたのは、心経にみられる仏教の専門語を離れて、この現実の風光を示し、般若の妙用がこの場所に在ることを教えるためであると思われる。落霞はひとひらの霞、孤鶩は一羽のさぎ。このふたつはお互いになんらの罣礙《けいげ》もなく、静かで動的な風光をつくり出している。秋水はひろびろとした天に透り、ひとつづきのようだ（初唐・王勃《おうぼつ》〈六四八～六七六〉の詩）。南の村・北の村に雨がひと降りし、昼時にお嫁さんが姑に食事を与え、おじいさんが孫に口移しで食べさせている（北宋・黄山谷〈一〇四五～一一〇五〉の詩、本名は黄庭堅、山谷はその号、北宋の代表的詩人、書家）。これは自然の風光と、人々の日常性を述べたもの。この場所すなわち此岸に般若波羅蜜多の妙用があるというのである。しかし、般若の妙用の場は無限である。芸術、武道そして政治など仏法の隣接領域にも般若波羅蜜の機用《はたらき》がある。君子を説ばしめ難しと言われるのは、これらの領域なのである。４　延享甲子改元の冬＝延享元年は一七四四年、桜町天皇の時代であるが、元号が変わったこの年に白隠の『心経著語頌』が完成し、弟子たちが浄財を集めて、版木（板）が造られ始めたようである。以下は、その労苦への白隠の感謝の言葉と心経への称賛、そして誓願の言葉である。５　一字まさに十孔方を放つべし＝版木の一字を彫るのに十孔方の費用が必要。孔方は穴のあいた一文銭硬貨。十孔方は十文。６　睡余の言＝寝言《ねごと》。７　向上の玄関を速やかに透過し＝向上の玄関とは、悟りに到る大切な関門・場所。「當機敲点、撃砕金鎖玄関」〔碧巌録〕八八。垂示。相手の核心を突いて問題点を指摘し、黄金の錠前と奥深い所にあるかんぬきを打ち砕く、という意味である。この「玄関」を透過していない者は真の禅者とは言えない。8　心性戒珠、常に円明＝心の在り様が仏戒のままに輝き、常にまろやかで光に満ちており。9　諸の魔撓を尽く掃除し去り＝修行の障害となる悪魔の誘惑をことごとく退けて。10　群生を利益して休期の無からんことを＝まだ此岸に迷う人々の中にあって、衆生との同苦の利行の中で仏向上の玄関を休みなく共に歩まんことを。

付巻　洞上五位偏正口訣――荊叢毒蘂　巻之三より

洞上五位偏正口訣

侍者　禪恕集

洞上五位偏正

寶鏡三昧曰重離六爻偏正回互疊而爲三變盡成五

䷝　重離之象

寶鏡三昧不知誰人之所述石頭和尚藥山和尚及雲巖和尚祖祖相傳密室相承未嘗容易漏泄之者也傳至洞山和尚始著五位階漸每位安著即有偈曰自性具三身發明成四智身偏之性圓滿報身偏之智百億化身偏之行

洞山良价和尚五位頌

正中偏三更初夜月明前莫怪相逢不相識隱隱猶懷舊日妍

正中偏一位者損大死一番因地一下見道入理之正位也眞正行者密參功積潛修力充忽然打發則虛空消殞鐵山摧上無片瓦蓋頭下無寸土立足無煩惱無菩提無生死無涅槃一片虛凝無

洞上五位偏正口訣

侍者　禪恕集

一　洞上五位偏正

寶鏡三昧曰重離六爻偏正回互疊而爲三變盡成五

宝鏡《ほうきょう》三昧《ざんまい》[1]に曰く、重離《じゅうり》六爻《りくこう》偏正《へんしょう》回互《えご》、畳んで三と為《な》り変じ尽きて五と成《な》る。[2]

重離之象

寶鏡三昧不知誰人之所述石頭和尚藥山和尚及雲巖和尚祖祖相傳密室相承未嘗容易漏泄之者也傳至洞山

和尚始著五位階漸毎位安著一偈以提佛道大綱可謂夜途玉炬迷津船筏悲哉近代禪苑荒蕪以無智昏愚稱向上直指禪以寶鏡三昧五位偏正等無上大法財爲老屋裡破古器總不顧恰似瞽者抛擲杖子言閑具自顚墜小果見泥裡到不能出離

宝鏡三昧は誰人《たれ》の所述たるかを知らず、石頭和尚《せきとうおしょう》[3] 薬山《やくさん》和尚[4]及び雲巌《うんがん》和尚、[5] 祖祖相伝《そうでん》し、密密相承《そうじょう》す、未だ嘗《かつ》て容易にこれを漏泄《ろうせつ》せざるものなり、[6] 伝えて洞山和尚に至りて始めて五位の階漸[7]を著《あら》わす、位毎に一偈を安著《あんじゃく》して以て仏道の大綱を提《しめ》す、謂《い》いつ可《べ》し、夜途《やと》の玉炬《ぎょくこ》、迷津《めいしん》の船筏《せんばつ》[8]と、悲しいかな、近代の禅苑荒蕪《こうぶ》して無智昏愚《むちこんぐ》を以て向上直指《じきし》の禅と称し、宝鏡三昧五位偏正等の無上の大法財を以て、老屋裡《ろうおくり》の破古器《はこき》と為《な》して総《す》べて顧みず、恰かも瞽者《こしゃ》の杖子《じょうす》を抛擲《ほうてき》して閑具《かんぐ》と言うに似たり、[9] 自ら小果《しょうか》の見《けん》泥裡に顚墜《てんつい》して[10]死に到るまで出離すること能わず。

宝鏡三昧は誰の作であるかはわからない。石頭希遷《せきとうきせん》和尚、その法嗣《はっす》・薬山惟儼《やくさんいげん》和尚、薬山の法嗣・雲《うん》巌曇晟《がんどんじょう》和尚と祖師から祖師へ親しく室内において伝承されてきた。これはいまだ嘗て容易には世に示されることはなかったのである。雲巌の嗣・洞山良价《とうざんりょうかい》和尚にいたり、その「五位君臣頌」によって、五位の階梯（論理構造）が示され、その各々の階の位毎に一偈を付して仏道の大綱が提示された。これは、深夜の明るいともし火とも、そしてわかりにくい港へ案内してくれる船とも筏《いかだ》ともいうべきものである。しかし、悲しいことに、近代の禅界は荒れ果て、智の開発もないままに空無の暗窟をもってただちに大悟にいたる向上の禅と称し、この仏法の無上の宝ともいうべき宝鏡三昧や五位偏正等をもって、古い家の壊れかけた家財道具と見て一向に顧みることがない。ちょうど目の見えない人が、たよりの杖を棄てて、これをつまらない道具であると言うのに似ている。そのような狭い見方に陥って、死を迎えるまでこの見解から逃れ出ることができていない。

1 宝鏡三昧＝〔洞山録〕では「師（洞山）、曹山の辞する因みに、遂に嘱して云く、吾雲巌先師《うんがんせんじ》の処に在りて、親しく宝鏡三昧を印せらる（許された）、事は的要を窮む、今汝（曹山）に付す」とあって、つづいて「如是の法、仏祖密に付す。……」と〔宝鏡三昧〕の本文が始まっている。一般にこの〔宝鏡三昧〕は洞山良价（八〇七～八六九）の作とされ、内容的にこの洞山の五位説がみられることから、洞山作とみるのが妥当と思われる。しかし、白隠が次にしるしているように、石頭、薬山、雲巌と伝承され、洞山によって「五位の階漸」をえて完成したという見方もある。宝鏡三昧とは「人々本具の仏性の用《はたらき》をする」ことであるという意味である。2 重離六爻偏正回互、畳んで三と為り変じ尽きて五と成る＝この句は〔宝鏡三昧〕にみられるが、五位思想を「易《えき》」の語によって説明展開したものである。中国曹洞禅の祖である洞山良价の禅思想の先蹤をなす偏正回互の思想はすでに石頭希遷の〔参同契〕にあらわれている。「回互、不回互」の語の示すものがそれであり、やがて洞山の禅思想の要約というべきものになる「五位君臣頌」には「偏正」の語がみられるが、洞山の五位を易の用語で説いたのが「重離六爻偏正回互……」のこの句である。〔宝鏡三昧〕ではこの句の前に「世の嬰児の五相完具するが如し。不去不来。不起不住。婆婆和和、有句無句。終に物を得ず、語未だ正しからざるが故に」の句があり、これに続いて「重離六爻偏正回互」の句がある。すなわち世間の赤ん坊、乳飲み子を仏にたとえるのであるが、この嬰児は、仏と同じく自他の意識や妄想妄情はなく五相もそなえてはいる。しかし、仏はこの五相（起・住・来・去・語言）を完全にそなえ、欠くるところがない。そして、仏は正位（不）を離れずして、五相（偏位）の機用をもつ。これを「重離六爻偏正回互、畳んで三と為り変じ尽きて五と成る」の易の語句であらわす。陰陽それぞれ六本の算木のうち三本の組み合わせで偏正回互の用を示すのである。ここのところは、洞山の五位の論理の別表現であるといってよい。五位の禅思想では、正・偏の円融回互の用《はたらき》は、本来五つに分けることはできないが、論理的には五つの相をもつというのである。ここでは「易」の詳しい説明はおこなわないので、『曹洞二師録』（山喜房佛書林）一一六～一一七頁の注を御覧いただきたい。3　石頭和尚＝大鑑慧能（六祖）―青原行思《せいげんぎょうし》―石頭希遷（七〇〇～七九〇）とつづく中国禅の青原下第二祖である。石頭は六祖慧能に得度したが、慧能の示寂後、青原行思に師事した。天宝（七四二～七五六）の初めに衡山《こうざん》の南寺に行き、寺東の石上に庵を結び常に坐禅していたので、時人は石頭和尚と呼んだ。〔参同契〕〔草庵歌〕がある。4　薬山和尚＝石頭の法嗣《はっす》・薬山惟儼。石頭のもとで修行し悟境をえた。石頭に待すること十三年、やがて薬山（湖南省）に住し、四、五十人の学人を接化した。道元〔普勧坐禅儀〕の中核となっているのはこの薬山の「不思量底如何んが思量せん、非思量」の句である。雲巌曇晟、船子徳誠《せんすとくじょう》は薬山の嗣子である。5　雲巌和尚＝薬山の嗣、そして洞山の本師である雲巌曇晟《うんがんどんじょう》（七八二～八四一）。法嗣の洞山に大きな影響を与え、若き洞山の禅思想の最初の形成点ともなった「過水の偈」は、師雲巌のもとにあった洞山の到達点がどういうものであったかをよく示しており、後年、洞山五位として知られる正偏円融の機用の萌芽と思われる句があらわれている。先の注1にもしるしたように〔宝鏡三昧〕は洞山が本師・雲巌からの継承したものであるかのような表現が本文に先んじて冒頭に見られるので、白隠もここから〔宝鏡三昧〕は石頭、薬山、雲巌、洞山と相伝されたとみるのであるが、易の語を使って「重離六爻偏正回互、畳んで三と為り変じ尽きて五と成る」と五位の論理を示す箇所があることを考えれば、〔宝鏡三昧〕は洞山良价の作とみるのが妥当であろう。ただ偏・正の回互といわれるところの「回互」の語は、すでに石頭に始まるものである。6　未だ嘗て容易にこれを漏泄せざるものなり＝祖祖相伝し密室相承してきたので、この〔宝鏡三昧〕はたやすくは世に知られないものであった。７　五位の階漸＝これは洞山の「五位君臣頌」のことで、白隠によってこのあと「洞山良价和尚五位頌」の小題で扱われている。８　夜途の玉炬、迷津の船筏＝夜中の明るいともし火、たいまつであり、行き先のわかりにくい港へ連れていってくれる船や筏《いかだ》である。９　悲しいかな近代の禅苑荒蕪して無智昏愚を以て向上直指の禅と称し、宝鏡三昧五位偏正等の無上の大法財を以て、老屋裡の破古器と為して総べて顧みず、恰かも瞽者の杖子を拋擲して閑具と言うに似たり＝悲しいことである。近代の禅家の修行は荒れ果て、無智昏愚を以て、直接仏の境涯にいたる禅と称し、この宝鏡三昧、五位偏正のような無上の大法財を以て、古ぼけた家の壊れた家具としてすべて顧みることがない。あたかも目の見えない者が、頼りとすべき杖を投げ棄てて、無用の道具というのに似ている。10　自ら小果の見泥裡に顚墜して＝自分のちっぽけな見解に躓《つまず》いて、黒闇の穴に陥《お》ち込んでいる。

殊不知五位是驀過正位雜毒海之舟航輾破二空堅牢獄之寶輪不知進修要路不諳者般祕訣是故陷溺聲聞辟支死水裡顚沒焦芽敗種黑暗坑遂至佛手難救

殊に知らず、五位は是れ正位の雑毒海を驀過《まくか》するの舟航《しゅうこう》、二空の堅牢獄《けんろうごく》を輾破《てんぱ》するの宝輪なることを、[11]進修の要路を知らず、[12]者般《しゃはん》の秘訣を諳《そら》んぜず、[13]是の故に声聞辟支《しょうもんびゃくし》の死水裡《しすいり》に陥溺《かんでき》し、[14]焦芽敗種《しょうがはいしゅ》の黒暗《こくあん》坑《きょう》に顚没《てんぼつ》して[15]遂に仏手も救い難きに至る。

特に知られていないのは、洞山の五位こそは正位に安住坐著する雑毒海をまっしぐらに通り抜ける舟とも航程ともいうべきものであり、人も法（存在）も空無であるとする堅牢の獄舎を打ち破る宝輪（仏のおしえ）であるということである。この二空の獄舎に縛られている修行者は、重要な修行の進め方もわからず、この大切な秘訣（親しいおしえ）も理解できていない。このため、声聞・縁覚（辟支）の境涯にとどまって死水に溺れ沈み、禅者として菩薩としての機用を生み出す芽や種子のはたらきを失った黒暗坑（正位への坐著・安住）にころげ落ちている。もはや仏の手によっても救うことが困難となるのだ。

11　殊に知らず、五位は是れ正位の雑毒海を驀過するの舟航、二空の堅牢獄を輾破するの宝輪なることを＝洞山の五位こそは、修行者がそこに安住し居著いてしまうと雑毒海になる「正位」をまっしぐらに通り過ぎる舟であり、航程である。そして人・法二空という汝を閉じ込める堅牢な獄舎を破壊してしまう宝輪であることを汝等には特にわかっていない。12　進修の要路を知らず＝修行を進める重要な道筋を知らず。13　者般の秘訣を諳んぜず＝この大切な方法を心得ず。14　是の故に声聞辟支の死水裡に陥溺し＝このため自己ひとりの悟りをもってよしとする声聞や縁覚のように、仏菩薩の機用を失った死人たちの仲間に陥っておぼれている。声聞は仏陀の説法（四聖諦）を直接聞くことによって悟境にいたった弟子、縁覚は仏陀のおしえ（十二因縁）を辿って悟境にいたった弟子のことで、いずれも小乗の仏弟子とされる。15　焦芽敗種の黒暗坑に顚没して＝仏菩薩の機用を生み出す芽や種子を奪う「正位への安住坐著」という黒暗坑の中へ足を踏み外して落ち込むのだ。

予四十年前在正受室内嘗所信受将當法施得眞正參玄大死一番底上士宜蜜付非爲中下機所以設者謹勿輕忽矣

予四十年前、正受の室内に在りて[16]嘗て信受する所を将《まさ》に法施《ほっせ》に当てんとす、真正参玄大死一番底《しんしょうさんげんたいしいちばんてい》の上士《じょうし》[17]を得て、宜《よろ》しく蜜付《みつぷ》すべし、[18]中下《ちゅうげ》の機の為に設くる所以《ゆえん》には非ず、[19]謹んで軽忽《きょうこつ》すること勿《な》かれ。

私が四十年前、かつて正受老人の室内で親しく信受したところのものを法施しようと思う。ほんものの求道心を持ち、仏の真のおしえを悟らんとする不借身命《ふしゃくしんみょう》のすぐれた上根の修行者を得て、これを親しく伝えてゆくべきであると思う。中根・下根の人物のためにこれを説くのではない。謹んでこれを軽んじたりおろそかにしてはならない。

16 予四十年前、正受の室内に在りて＝正受は正受庵の道鏡慧端を指す。慧端（正受老人）は至道無難の法嗣。享保年間（一七一六〜一七三六）に信濃（長野県）飯山市飯山町の地に草庵を結び正受庵と称した。若き日の白隠がここで慧端に参じ、峻烈な提撕《ていぜい》を受けたことは有名。17 真正参玄大死一番底の上士＝ほんものの志で仏道に参じ、自己の凡夫身への執着を断つことのできるすぐれた仏法者。18 宜しく蜜付すべし＝よく考えて親しく伝えるがよい。19 中下の機の為に設くる所以には非ず＝（上士に伝付すべきであって）中根、下根の人（機）に与えるためではない。

嗚夫敎海浩渺法門無量其中間有祕授有口訣未曾見如五位之壞亂者重離煩評疊變鑿説枝上添枝蔓上結蔓畢竟不知五位者爲何爲法理所以施設者也於此卻令學者轉增迷悶似雖鶖子慶喜亦離了別者嗚又我祖出此荒唐之語虛累後昆者乎我怪之久矣及入正受室從上疑兒乍斃矣學者依之進修大有利益莫爲非洞上知識口授疑惑須知正受專參究洞山頌而後判斷將來勿爲非洞上知識口授輕忽矣

嗚《ああ》夫れ教海浩渺法門無量《きょうかいこうびょうほうもんむりょう》、[20]其の中間《ちゅうげん》秘授《ひじゅ》有り口訣《くけつ》有るも未《いま》だ曾《かつ》て五位之壊乱《ごいのえらん》の如き者を見ず。[21]重離《じゅうり》の煩評《はんぴょう》、畳変《じょうへん》の鑿説《さくせつ》、枝上に枝を添え蔓上《まんじょう》に蔓《まん》を結ぶ、[22]畢竟五位は何為《いずれ》の法理の為に施設《せせつ》する所以《ゆえん》の者なるかを知らざるなり、此に於いて却《かえ》って学者をして転《うたた》迷悶《めいもん》を増さ令《し》む、[23]鶖子慶喜《しゅうしけいき》と雖も亦了別し離き者に似たり、[24]嗚《ああ》又我が祖、此の荒唐の語を出だして、虚しく後昆《こうこん》を累《まど》わす者ならんや、[25]我れこれを怪しむこと久し、[26]正受の室に入るに及んで従上《じゅじょう》の疑児《ぎじ》乍《たちま》ち斃《たお》る。[27]学者これに依りて進修《しんしゅ》せば大いに利益《りやく》有らん、洞上知識の口授《くじゅ》に非ずと為して疑惑すること莫かれ、[28]須らく知るべし、正受は専ら洞山の頌を参究して、而《しか》る後判断し将《も》ち来たる、洞上知識の口授に非ずと軽忽《きょうこつ》すること勿《な》かれ。[29]

あゝ、仏のおしえの広きことは限りが無い。仏法参学の途上にあっては、師から弟子へと親しく伝える内容があり、口伝といって口うつしのように教えることもあるが、今までこの洞山の五位についての伝授のように乱れているものはみたことがない。宝鏡三昧中の「重離六爻」についての煩雑な評説や、「畳変」のすなわち「畳んで三と為り変じ尽きて五と成る」の句の真意を探り当てんとする説明は、あたかも枝の上に枝をそえ、蔓の上に蔓を加えたような感がある。結局、洞山の五位が、仏法のどのような道理を示すためのものであるかについての帰結を知っていないのだ。このようなわけで、法を求める修行者をしてますます迷いを深くさせているのである。洞山の五位は、あの鷲子（舎利弗）や慶喜（阿難）であっても、やはり理解できぬもののようだ。嗚《ああ》、やはり我々の祖師・洞山は、この荒唐《でたらめ》の語を示して無意味に後世の修行者を迷わせた人なのだろうか。私は、これについてながく疑問に思っていた。しかし、正受老人に参じて、それまでの疑問がたちまち姿を消した。修行者たちは、洞山の五位によって修行の道程を踏めば大きな成果があるだろう。洞上（曹洞宗）の知識（高僧）の親しい口伝ではないと言って疑ってはならない。正受老人は、もっぱら洞山の五位頌を学び尽くして、そののちに是非を判断し学人に示したのであることを知らねばならない。洞上の高僧からの口伝ではないとして、この正受老人の示すところを軽んじてはならない。

20 嗚夫れ教海浩渺法門無量＝あゝまことに仏法の教学は広範であり、学ぶべき仏法の門は限りなく多い。21 其の中間秘授有り口訣有るも未だ曾て五位之壊乱の如き者を見ず＝仏法を学ぶ途上には、秘密の伝授があり親しい口伝があるが、昔より今に到るまで、洞山五位の壊乱ほどのものはみられない。壊乱は通常は「くずれみだれる」の意味であるが、ここにいう壊乱は、洞山の五位説に対するさまざまな解釈の混乱を指す。22 重離の煩評、畳変の鑿説、枝上に枝を添え蔓上に蔓を結ぶ＝重離は〔宝鏡三昧〕中の重離六爻を、畳変は、畳んで三と為る、の句を指す。重離や畳変についての解釈が、いたずらに煩雑であると白隠は批判するのである。23 畢竟五位は何為の法理の為に施設する所以の者なるかを知らざるなり、此に於いて却って学者をして転迷悶を増さ令む＝結局のところ、洞山の五位はどのような仏法の道程のために、施設される理由があるのかがわからない。ここのところで、かえって学ぶ者や修行者を迷わせ苦しめることを増大させる。24 鶖子慶喜と雖も亦了別し離き者に似たり＝洞山の五位は、あの舎利弗や阿難であっても、やはり理解できぬもののようだ。25 鳴又我が祖、此の荒唐の語を出だして、虚しく後昆を累わす者ならんや＝あゝ、我が祖師洞山は、この取るに足らぬ語を持ち出して、無意味に後世の修行者を迷わせる人なのだろうか。26 我れこれを怪しむこと久し＝私はこれをながらく疑問に思っていた。27 正受の室に入るに及んで従上の疑兕乍ち斃る＝正受老人に参じ、その指導を受けるにいたってそれまでのこの疑問のかたまりが忽ち姿を消した。宝永五年（一七〇八）、白隠二十四歳であった。原文中のこの「疑兕」を疑児としたが、「兕」には、水牛に似た一角獣で重さ千斤の猛獣であるという説もある。28 学者これに依りて進修せば大いに利益有らん、洞上知識の口授に非ずと為して疑惑すること莫かれ＝修行者たちは、洞山の五位によって修行の道程を踏めば、大きな成果があるだろう。洞上の知識（高僧）の親しい口伝ではないと疑ってはならぬ。29 須らく知るべし、正受は専ら洞山の頌を参究して、而る後判断し将ち来たる、洞上知識の口授に非ずと軽忽すること勿かれ＝知らねばならない、我が師正受老人は、ひたすら洞山の五位頌を学び尽くして、そのあと是非を考えてこの五位を我々学人に提示したのである。曹洞禅の高僧の口伝ではないと考えて、正受老人の示すところを軽んじてはならない。

回互疊變之義衆說繁絮就中永覺行策二師之判人之所論也重離六爻取二三四爻爲正中偏取三四五爻爲偏中正卽見大過卦取大過二三四爻爲正中來於此疊而爲三之判蓋似盡善到于變盡成五全未盡善後入正受室

傳之方以爲足雖爲足猶恨諸師未及全判偏正回互之義似回互兩字棄擲總不顧者

回互畳変の義、衆説繁絮《しゅせつはんじょ》なるも就中《なかんづく》永覚行策二師の判は人の論ずる所なり、[30]重離六爻《じゅうりりくこう》二三四爻を取りて正中偏《しょうちゅうへん》と為す、三四五爻を取りて偏中正と為す、即ち大過の卦を見て大過の二三四爻を取りて正中来と為す、[31]此に於いて畳んで三となるの為《な》るの判、蓋し善を尽くすに似たり、変じ尽きて五と成るに到りて全く未だ善尽くさず、[32]後に正受の室に入りてこれを伝えて方《まさ》に以て足れりと為す、[33]足れりと為すと雖も猶恨む、諸師未だ全く偏正回互の義を判ずるに及ばず、回互の両字を棄擲《きてき》して総て顧みざる者に似たることを。

回互畳変の意味については、多くの解釈がみられるが、そのなかでも永覚、行策二師の見方は人々が論じているところである。重離六爻の二三四爻によって正中偏とし、三四五爻によって偏中正を示す。そして大過の卦の二三四爻を取って正中来とする。このように畳んで三と成るという判釈は納得できるようになった。しかし、変じ尽きて五と成る、の語についてはまだ全く納得できるまでにいたらなかったが、のちに正受老人に参じ、その教えを受けて兼中至、兼中到のもつ意味が納得できた。しかし、まだ偏正回互の真意を永覚行策などの諸師がわかっていないことを残念に思っていた。彼らは回互の二字を棄ててすべて顧みないように思われた。

30 回互畳変の義、衆説繁絮なるも就中永覚行策二師の判は人の論ずる所なり＝ここにいう行策は清時代の人。〔宝鏡三昧本義〕（元禄十一年〈一六九八〉刊）の作者。〔宝鏡三昧〕の本義は重離六爻・偏正回互の数句にありとし、これを釈するに総別六種の図説を作り、その精義を闡明せんとしたもの。覚範、永覚の説には反対している。

31 重離六爻二三四爻を取りて正中偏と為す、三四五爻を取りて偏中止と為す、即ち大過の卦を見て大過の二三四爻を取りて正中来と為す＝六爻を用いてとりあえず三通りの組み合わせで、正中偏、偏中正、正中来の三つの禅的論理が生まれる。易の算木の組み合わせや易の用語は現代人には馴染みにくいので、詳細な説明は省略したい。詳しくは『曹洞二師録』（山喜房佛書林）115節に〔宝鏡三昧〕があり、ここの注21・22を参照されたい。

32 変じ尽きて五と成るに到りて全く未だ善尽くさず＝これは五位の「兼中到」を指すと思われるが、ここが白隠には納得できなかった、という。「善を尽くす」は「法に順じ理に順じ、安穏にして此世《しせ》他世《たせ》において自他を益するもの」〔大毘婆沙論〕の意。「兼中到」の偈は「正中来」「兼中至」の究極的な機用を示したもので、正・偏の文字はでてこない。

33 後に正受の室に入りてこれを伝えて方に以て足れりと為す＝後に正受老人に参じ、その教えによって兼中到をわがものとし、これを受けて納得できたのだ。

於此疑兒重擧頭寛延改元戊辰夏定中忽爾煥發偏正回互祕奥如見掌上疑兒乍甦不堪歡喜欲把手口授自愧絞老婆臭乳染汚衲子口頭諸子若欲究此淵源須密密體究老僧辛苦既是三十年諸子匆作容易看若夫不合得破家散宅必莫以爲足誓透得七八九荊棘叢既透得荊棘叢亦莫以爲足誓究五位祕訣予八九年來欲激勵我同火諸子參究此大事往往爲他家宗要而不顧其中問唯得一箇半箇而已寔可嘆牟不見道法門無量誓願學況是佛道大綱參禪要路者哉

此に於いて疑兒《ぎじ》重ねて頭を挙ぐるも、寛延改元戊辰《つちのえたつ》の夏、定中忽爾《じょうちゅうこつじ》として偏正回互の秘奥を煥発することと掌上を見るが如し、疑兒乍《たちま》ち斃れ歓喜に堪えず、[34] 手を把りて口授せんと欲す、自ら愧《は》ず、老婆の臭乳を絞《しぼ》って衲子《のっす》の口頭《こうとう》を染汚《ぜんな》せんことを、[35] 諸子若し此の淵源を究めんと欲せば、須らく密密に体究すべし、老僧辛苦既に是れ三十年、諸子容易《ようい》の看を作すこと勿かれ、若し夫れ不合に破家散宅《はけさんたく》を得るとも必ず以て足れりと為《す》ること莫かれ、誓いて七八九の荊棘叢《けいきょくそう》を透得せよ、既に荊棘叢を透得すとも、亦以て足れりと為ること莫かれ、誓って五位の秘訣を究めよ、[36] 予八九年来、我が同火の諸子[37]を激励して此の大事を参究せしめんと欲するに、往往他家《たけ》の宗要と為《な》して顧りみず、[38] 其の中間唯々一箇半箇を得る而已《のみ》、[39] 寔《まこと》に嘆ずべし、且《しばら》く道《い》うを見ざるや、法門無量誓願学《ほうもんむりょうせいがんがく》と、況んや是れ仏道の大綱、参禅の要路なる者をや。[40]

ここにおいて疑問が重ねて頭をもたげてきたが、寛延元年戊辰（一七四八）の夏、坐禅の定中において、たちまちて偏正回互の奥義を看破し、わが掌上を見るがごとくであった。疑問はたちまち消え去り、歓喜のおもいをおさえられなかった。今、修行にはげむ皆々に手をとって伝えたいと思うが、よき香りとはいえない老婆の乳を絞って修行僧の口辺を汚すに似ることを恥じるのである。さて諸子がもしこの五位のよって立つみなもとを究めようと思うならば、すべからくこまやかな工夫をすすめ五位を体究しなければならない。老僧（白隠）は辛苦することすでに三十年になる。諸子は安易な見方に陥ってはならない。若し、はからずも身心無一物の境涯を得たとしても、それを以て足れりとしてはならない。更に七八九の仏向上のいばらの道を透過しなければならない。このいばらの道を透脱するとも、亦それをもって足れりとしてはならない。さらに進一歩して五位の奥義を究明せよ。私が八、九年来、同学の修行者諸子を激励して此の大事の消息を参究せしめんとしても、しばしば他家（曹洞禅）のおしえの眼目とみなして顧みない。そういうなかで、私の言葉がわかる者はわずかに一人二人しかいない。まことになげかわしいことだ。諸子たちは聞いていないのか、「法門無量誓願学」の四句誓願の一句を。いわんや洞山の五位は仏道の根本、参禅の重要な道程であるにおいてをや。

34 此に於いて疑兕重ねて頭を挙ぐるも、寛延改元戊辰の夏、定中忽爾として偏正回互の秘奥を煥発すること掌上を見るが如し、疑兕乍ち甦れ歓喜に堪えず＝前の文に「諸師未だ全く偏正回互の義を判ずるに及ばず……」とあったが、ここにいう諸師は永覚、行策などを指すのか、あるいは白隠と同時代の済家の諸師を指すのかは判じ難いが、まだ究極の領域にいたらず、疑問が持ち上がったという。ところが「寛延改元戊辰の夏、定中忽爾として偏正回互の秘奥を煥発すること掌上を見るが如し」と述べ、疑問が解消し、歓喜に堪えず、と五位の大悟にいたったことを告白している。白隠六十四歳の年である。これによれば、白隠は正受老人のもとで、五位説の真意を了得し、その後さらに三十年余の悟後の修行を重ねて五位への疑問が消え、五位の全貌が掌を見るように明白になったというのである。35 自ら愧ず、老婆の臭乳を絞って衲子の口頭を染汚せんことを＝私が洞山の五位を了得した消息を諸子に伝えんとするのは、老婆の臭乳を絞って修行僧に口移しで呑ませようとするに似て、彼らの口を汚すことを恥じるのである。36 諸子若し此の淵源を究めんと欲せば、須らく密密に体究すべし、老僧辛苦既に是れ三十年、諸子容易の看を作すこと勿かれ、若し夫れ不合に破家散宅を得るとも必ず以て足れりと為ること莫かれ、誓いて七八九の荊棘叢を透得せよ、既に荊棘叢を透得すとも、亦以て足れりと為ること莫かれ、誓って五位の秘訣を究めよ＝修行者諸子よ、もし参禅学道の究極であるこの五位の深いみなもとを究めんと思うならば、すべからく自ら親しく参じて体究しなければならない。老僧（白隠）は辛苦することすでに三十年になる。諸子よ、軽々しい考えをもってのぞむべきではない。若し、思わず身心無一物の境涯（破家散宅）に到ったとしても、それをもって充足しえたとしてはならない。更に残った七八九の困難ないばらの道を透《とお》り抜けて自在を得よ。そして、そのような荊棘叢を透り得たとしても、それで充足した境涯としてはならない。さらに一歩を進めて、五位の秘訣を究明せよ。37 同火の諸子＝同火は同科、同学の意味か。38 往往他家の宗要と為して顧りみず＝しばしば他家（曹洞宗）のおしえの眼目であるとして、顧みない。39 其の中間唯々一箇半箇を得る而已＝そのなかでわずかに一人二人の学人がわかってくれただけだ。40 且らく道うを見ざるや、法門無量誓願学と、況んや是れ仏道の大綱、参禅の要路なる者をや＝君たちは知らないのか、法門無量誓願学の教えがあることを。いわんや洞山の五位は仏道の根本であり、参禅の要《かなめ》の道筋なのである。

正受老人曰祖師始施設五位大意者令學者證得四智之大慈善巧也大不同教家義論所謂四智者大圓鏡智平等性智妙觀察智成所作智是也道流直饒三學精錬重多劫未證得四智不許稱眞佛子道流眞正參究打破八識頼耶暗窟時大圓鏡智之寶光立地煥發卻怪大圓鏡光黒如漆此道正中偏一位於此證一分大圓鏡智更入偏中正一位修寶鏡三昧多時果證得一分平等性智入理事無礙法界境致行者於此未爲足親入正中來依兼中至圓證妙觀察智成所作智等四智最後到兼中到一位折合還歸炭裡坐不知何謂精金萬鍛不再鑛唯恐得小爲足

正受老人曰く、祖師始めて五位を施設する大意は、学者をして四智[41]を証得せしむるの大慈善巧《だいじぜんぎょう》なり、大いに教家《きょうけ》の義論に同じからず、所謂《いわゆ》る四智とは、大円鏡智《だいえんきょうち》、平等性智《びょうどうしょうち》、妙観察智《みょうかんさっち》、成所作智《じょうしょさち》是れなり、道流《どうる》、直饒《たと》い三学《さんがく》を精錬して多劫《たごう》を重ぬるとも[42]、未《いま》だ四智を証せざれば、真の仏子と称することを許さず、道流《どうる》、真正参究して、八識頼耶《はっしきらや》の暗窟《あんくつ》を打破する時[43]、大円鏡智の宝光立地《ほうこうりっち》に煥発《かんぱつ》す、却って怪しむ大円鏡光黒きこと漆の如くなることを、此れを正中偏の一位と道う[44]、此に於いて一分の大円鏡智を証す[45]、更に偏中正の一位に入りて宝鏡三昧を修すること多時、果して一分の平等性智を証得し[46]、始めて理事無礙法界《りじむげほっかい》の境致《きょうち》[47]に入る、行者此に於いて未だ足れりと為さず、親しく正中来《しょうちゅうらい》に入り兼中至《けんちゅうし》に依りて妙観察智成所作智等の四智を円証す、最後、兼中到《けんちゅうとう》の一位に到りて、折合《せつごう》還って炭裡《たんり》に帰して坐す、知らず何の謂《いい》ぞ、精金万鍛《せいきんばんたん》再び鉱《こう》ならず[48]、唯々《ただただ》恐る、小を得て足れりと為すことを。

正受老人いわく、祖師（洞山）がはじめて五位のおしえを説き示した大意は、修行者たちに仏の四智を証悟させようとした大慈悲の方便である。これは経・律・論を依り所として仏法を学ぶ教家の論義とは大いに違っている。ここにいう四智とは、大円鏡智、平等性智、妙観察智、成所作智である。仏道を学ぶ人よ、たとえ戒・定・慧の三学をくわしく学んで多年になるとしても、この四智を証得することがないならば、ほんものの仏子と称することは許されないのだ。仏道を学ぶ人々よ、正しく仏道に分け入って八識すなわち阿頼耶識の暗窟を打ち破った時、この大円鏡智の宝光がたちまち輝くのである。しかし、このとき大円鏡智の光が存在を平等一色に照らし、不思議なことにあたかも漆の如く存在に差異がないように見える。これが正中偏の一位である。しかしこれは大円鏡智の機用の一分《いちぶん》であって真の大円鏡智は四智すべてにあまねくゆきわたる機用を持つのである。したがって、さらに偏中正の一位に入って宝鏡三昧を修すること多年にして、はじめて一分の平等性智を証得し、理事無礙法界の境致にいたる。仏道を行きすすむ学人は、ここでもまた満足することがあってはならない。みずから親しく正中来に入り、兼中至の位を体得して観想の領域を脱却しなければならない。ここで、はじめて妙観察智、成所作智等の四智が円《まどか》に証得され、五位や四智が観想ではなく機用であることがわかるのである。五位最後の兼中到の一位は、他の五位のそれぞれの段階的到達地というものではなく、兼中到は正中偏、偏中正、正中来、兼中至をその両手両足として切り離すことのできない機用をもつのである。このことを、折合還って炭裡に帰して坐すというのである。折合とは、正・偏、有・無、色・空をひとつにして和すということであるが、このようにして還ってゆく場所は「炭裡」であるという。入鄽垂手ということである。さて、これはどういうことなのか。製錬され尽くした金は再び元の鉱石に戻ることはない。兼中到が禅者の生きる仏道場なのだ。そうではあるが、恐ろしいのは、ここで足れりと満足してしまう心である。

41　四智＝唯識学で説かれるが、禅家でも四智はしばしば説かれている。四智は仏果にいたって、有漏の心・八識（阿頼耶識《あらやしき》）を転じて得る智が大円鏡智である。あたかも大円鏡が万物を照らす如く、すべてのものの真実の相を照らす智で、その体は不動で、他の三智の根本となる。略して、鏡智ともいう。第七末那識《まなしき》を転じて得る智は、自他一切の平等を悟り、大慈悲と相応するもので、これが平等性智である。略して平等智とも。第六意識を転じて得る智は、すべての対象をさわりなく観察し、自由自在に説法する智で、これを妙観察智という。略して観智。前五識（眼識、耳識、鼻識、舌識、身識）を転じて得る智は、眼・耳・鼻・舌・身の五官の対象において自在となり、衆生を利益するための活動をおこなうもので、成所作智といわれ、略して作事智ともいう。曹洞禅には「洞宗三解脱門」がある（〔五家宗旨纂要〕中）。眼前の事物に即して大機大用を行ずる「文殊面目」、耳に聞こえる衆生の声に応じて慈悲の大機大用のはたらきをなす「観音妙唱」、目前の現実の只中に進んで入り（入鄽《にってん》垂手《すいしゅ》）大機大用をなす「普賢妙用」の三解脱門（三つの無罣礙・没蹤跡の機用）であり、右の四智に対応する内容を持っている。〔碧巌録〕四十三・洞山無寒暑・頌評唱は「其実入鄽垂手、与孤峯独立一般」という。この句は、訓読すれば「其実《まこと》は、鄽《まち》に入りて手を垂るることと、孤峯に独り立つこととは一般《おなじ》」となる。孤峯独立とは、法身仏の世界であり大円鏡智の機用である。しかし、これはあの「十牛図」の最終場面が、布袋和尚と魚屋の主人との談笑図になっているように、法身仏を「三界の法にあらざる」世界とのみ見ることはあやまりでもある。そして大円鏡智が成所作智（入鄽垂手）と切り離されるものであれば、それは死物と変わらない。

42 道流、直饒い三学を精錬して多劫を重ぬるとも＝学人たちよ、たとえ戒・定・慧の三学を学んで、多くの年月を経るとも。

43 八識頼耶の暗窟を打破する時＝ここでいう八識とは唯識説で説く八識のうちの第八識を指し、玄奘の音訳による阿頼耶識《あらやしき》（梵 ālaya-vijñāna）のことである。無没識《むもつしき》あるいは蔵識と意訳される。人格の心理的構成のうちの最深層部を指す。仏教特に唯識説のみる人格構造は次のとおりである。前五識（単に五識とも。眼識・耳識・鼻識・舌識・身識の五つのことで、五根（五官）についての認識作用）、第六識（五根の対象である色・声・香・味・触という現象・法についての意識・認識作用であり、眼識などの五識の作用の主体となるもの）、眼識などの五識には、それ自体の作用としては対象についての好・悪等の判断はないとされ、この第六識の意識が前五識の対象受容と認識の在り様を制約すると考えられる。たとえば音楽的教養のない耳には、ベートーベンの交響楽も騒音に聞こえ、絵画に関心を欠いた意識の人には眼前の水墨画も単なる墨の線にしか見えない。香に教養のない人の意識では、銘香のかぐわしい香りを感じることも識別することもできず、くさいという。このような五官（五根）の判断を司る働きが第六識である。では、この第六識の働きは、その自体において成立するものなのか。唯識説では、この第六識をさらに深層から制約する末那識《まなしき》（mano-vijñāna）の働きをみる。末那識とは、第六識の意識を制約《コントロール》する働きをもつので、八識中の第七識ともいわれる。これは第六識のもつ好悪の判断を生み出す作用を持つ。末那識はさらにこれを深層部から制約する第八阿頼耶識の働きを自我そのものと執し、我執・法執（存在するものへの執着）の二執の根本となり、われわれ衆生の顛倒・煩悩の根源的作用をなす。我痴・我見・我慢《おもいあがり》・我愛の四煩悩と常に相応する働きをする。しかし、我・法への二つの執着が除かれるようになると、この第七識から彼・我差別の見が去り、自他平等の世界を見る力が現れる。これが四智の第二・平等性智である。さいごに第八識の阿頼耶識といわれるのは、無意識下の最深層部にあって、過去の生から現在、そして未来の生の中での経験・行為が業識《ごっしき》としてこの中に集積されているので蔵識ともいわれる。そして、人格の基底的要素となって、認識・価値判断を制約する働きを持ち、第七末那識・第六意識・前五識の働きはすべてこの阿頼耶識の制約を受ける。この阿頼耶識の中に潜在する過去からの経験・行為の集積が潜在勢力として現在の認識判断を制約するので業種子《ごっしゅうじ》といわれ、この業種子の集積として阿頼耶識は蔵識または阿頼耶蔵識ともいわれるのである。これはいわば煩悩の集積であるので、妄想に染まった認識判断の源としての作用を為すことから白隠によって「八識頼耶の暗窟」と呼ばれたのである。しかし、阿頼耶識は右の業種子（有漏煩悩の種子・原因）を蔵するのみでなく、無漏の仏種子をも蔵し、禅定などの力によって発現し、解脱成仏のはたらきをする。したがって阿頼耶識は凡夫の人生輪廻のはたらきの根源であると同時に輪廻を超える解脱成仏の根源ともなるという二つの創造作用を持つ。後者のはたらきが白隠のいう「大円鏡智の宝光立地に喚発す」といわれるものに他ならない。阿頼耶識についての参究は大乗経典では〔華厳経〕〔十地経〕の三界唯一心、一切唯心造、心造諸如来の説、論部では〔唯識論〕〔瑜伽師地論〕の万法唯識などを学ぶ必要がある。第五祖大満弘忍の〔最上乗論〕は次のようにいっている。「問うて曰く、何すれぞ自心は本来清浄なりと知るや。答えて曰く、十地経に云く、衆生身中に金剛仏性有り、猶日輪の体明らかにして円満広大無辺なるが如し。只五陰《ごおん》（色・受・想・行・識）の黒雲の覆う所と為《な》る。瓶内の灯光の照輝する能わざるが如し。譬えば世間の雲霧八方倶に起り天下陰闇日豈《な》んぞ爛《ひか》らんや、何が故に光無からん、光は元壊せず、只雲霧の覆う所の為なり。一切衆生の清浄の心も亦《また》復是の如し、只攀縁妄念煩悩諸見の黒雲覆う所と為る。但能く凝然として守心せば妄念不生にして、涅槃の法自然に顕現す。故に知る自心本来清浄なることを」（正蔵四七・諸宗部五）弘忍の禅思想は「守心」にあるとされるが、右の文中の自心がその中核となっている。ここにも阿頼耶識の二つの面がはっきりみられるといってよい。44 却って怪しむ大円鏡光黒きこと漆の如くなることを、此れを正中偏の一位と道う＝ところがこの大円鏡光のみにとどまると、世界が平等一色《いっしき》となり、あたかも黒暗々の「漆の如く」受けとられる。これは宏智《わんし》がその頌古百則にいう「月巣の鶴千年の夢を作《な》し、雪屋《せつおく》の人一色の功に迷う」の句によって警告しているところである。さらに宏智は彼の「宏智四借」の四・全超不惜借（空あるいは平等一色への坐著を退けた世界）に「老鶴棲《せい》（巣）を移りて、月巣空《むな》し」と著語している。五位の正位にとどまり、これに居著いてしまうと、大空を自在に羽ばたく鶴が、月光の美しさに酔い、みずからの巣の中で夢を見て眠りこけているのと同じ状態に陥る。したがって、五位の「正中偏」は「偏中正」と切り離せないのである。45 此に於いて一分の大円鏡智を証す＝このところは大円鏡智のすべての機用ではなく、その一分にすぎない。46 更に偏中正の一位に入りて宝鏡三昧を修すること多時、果して一分の平等性智を証得し＝偏中正の偏位を亡じた正位では、宝鏡三昧の機用《はたらき》は現れない。平等性智の機用は偏位を亡じた正位をいうのではない。これは偏位を否定した見方をいうのではない。47 理事無礙法界の境致＝これは華厳教学における四種法界説の語である。理すなわち宇宙の真理、平等の真如と、事すなわち差別の万象と随縁の現実相とが、不回互（対立）と回互（不離一体、相即相入）とにおいて無礙自在である世界。華厳教学は、理法界、事法界、理事無礙法界、事々無礙法界の四つの語によって世界の実相を説くが、これはあたかも洞山の五位がこの華厳の四法界に対応しているかのようである。華厳教学の「理」は洞山五位の「正」に、「事」は「偏」に対応するものであり、「理事無礙」は「正中来」と「兼中至」に、「事々無礙」は「兼中到」に対応している。[48] 行者此に於いて未だ足れりと為さず、親しく正中来に入り兼中至に依りて妙観察智成所作智等の四智を円証す、最後、兼中到の一位に到りて、折合還って炭裡に帰して坐す、知らず何の謂ぞ、精金万鍛再び鉱ならず＝修行者は、理事無礙法界に安住することで満足してはならない。それは観想の領域に坐著することになりかねないからだ。したがって五位の機用として、正位と偏位への坐著を離れる正中来、兼中至という「機用の論理」を呈示するのである。最後の兼中到は、日常底の入鄽垂手の場所を示すのである。製錬された金は再び鉱石に戻ることはない。恐ろしいのは小果に満足する心である。

可貴五位偏正功勳非但證四智三身亦體中圓焉不見大乘莊嚴論曰轉八識成四智束四智具三身是故曹溪大師有偈曰自性具三身發明成四智又曰清淨法身爾之性圓滿報身爾之智百億化身爾之行

貴ぶべし、五位偏正の功勲《こうくん》、但々《ただただ》四智を証するのみに非ず、三身も亦体中に円《まどか》なることを[49]、見ざるや、大乗荘厳論《だいじょうしょうごんろん》に曰く、八識《はっしき》を転じてで四智を成じ、四智を束ねて三身を具すと、是の故に曹溪大師《そうけいだいし》に偈《げ》有りて曰く、自性《じしょう》[50]は三身を具す、発明すれば四智を成ずと、又曰く、清浄法身《しょうじょうほっしん》は爾《なんじ》の性、円満報《えんまんほう》身《じん》は爾の智、百億化身《ひゃくおくけしん》[51]は爾の行と。

貴いことだ。この五位偏正の証悟の機用はただ四智の証得のみならず、仏の三身がそのなかに円《まろやか》に生きているのである。大乗荘厳論にいう。六識、末那識、阿頼耶識の八識のはたらきを仏の四智の機用に転じ、四智の機用がひとつになって仏の三身をあらわすのだと。このようであるから、六祖曹渓大師はその偈に示していう。自性（自心・自己の仏としての機用）は仏の三身をそなえ、その機用があらわれるときは四智を成ず、と。また言う、清浄法身（法身仏）は爾《なんじ》の性《しょう》（本分の機用）、円満報身（報身仏・誓願に生きる仏）は爾の智（存在するものを正しく観る機用）、百億化身（応身仏《おうじんぶつ》・歴史上の仏・釈迦牟尼仏）は爾の行（現実の問題を生き抜く仏行・菩薩行）であると。

49 三身も亦体中に円なること＝仏の三身、すなわち仏の本体としての法身《ほっしん》（「理」あるいは「正《しょう》」の指す世界）、報身《ほうじん》（誓願によって仏と成り衆生の前に現れる仏、すなわち法身の機用が慈悲のはたらきを生む）、応身《おうじん》（歴史にあらわれた仏・釈尊）の三身。洞山の五位偏正の功勲・機用は四智のみならず、仏の三身をもそなえるものであるという。50 自性＝曹渓慧能のいうこの「自性」は五祖弘忍の「自心」に相応するものである。51 百億化身＝〔永平清規《しんぎ》〕中の「赴粥飯法」には十仏名がみられるが、「清浄法身《しんじんぱしん》毘盧遮那仏《びるしゃのふ》、千百億化身《せんぱいかしん》釈迦牟尼仏《しきゃむにふ》……」と唱える。千百億化身は釈迦牟尼仏のことであるが、この釈迦牟尼仏は二千余年以前の印度の人ではなく、目前にいる汝の千百億の機用《はたらき》である。

以上のようにこの「洞上五位偏正」において、白隠は、みずからの曹洞禅の宗乗の要である「回互、不回互」、「正・偏」などの語が正受老人の膝下でのみずからの参禅工夫の中でどのように生きたかを語り、以下に洞山五位頌の原文を紹介し、自己の見解を述べるのである。

二　洞山良价和尚五位頌[1]

正中偏、三更初夜月明前莫怪相逢不相識隱隱猶懷舊日妍

正中偏一位者指大死一番囦地一下見道入理之正位也眞正行者密參功績潛修力充忽然打發則虛空消殞鐵山摧上無片瓦蓋頭下無寸土立足無煩惱無菩提無生死無涅槃一片虛凝無聲無臭如澄潭無底似大虛絶跡往往認得此一位以爲大事了畢以謂佛道成辨死守無放其是此道死水裡禪爲棺木裡守屍鬼任俠耽著經三四十年不能出獨覺自了小果窟所以言機不離位墮在毒海此即佛所云正位取證底大癡人也假有明了平等眞智不能煥發萬法無礙妙智是故在寂靜無爲空閒隱處雖內外玲瓏了了分明觀照纔涉動搖騷閙憎愛差別塵緣無半點力衆苦逼迫爲救此重痾假且立偏中正一位

正中偏、[2]三更初夜《さんこうしょや》月明の前、[3]怪しむことなかれ、相逢《あいお》うて相識らざることを、隠隠として、猶懐《なおおも》う旧日《きゅうじつ》の妍《けん》[4]

正中偏の一位は大死《たいし》一番《いちばん》、囦地《かじ》一下《いちげ》、見道入理《けんどうにゅうり》の正位を指すなり、真正《しんしょう》の行者《ぎょうじゃ》、密参功績《みっさんこうせき》、潜修《せんしゅ》

力充《りきじゅう》、忽然《こつねん》として打発《たほつ》すれば、則ち虚空消殞《こくうしょういん》し、鉄山摧《てっさんくじ》く、上《かみ》に片瓦《へんが》の頭を蓋《おお》う無く、下《しも》に足を立つる寸土無し、煩悩無く、菩提無く、生死無く、涅槃無く、声無く臭無く、澄潭《ちょうたん》の底無きが如く、大虚《たいこ》の跡を絶するに似たり、[5]往往此の一位を認得して、以て大事了畢《だいじりょうひつ》と為し、以て仏道成辨《じょうべん》せりと謂いて、死守して放つこと無し、其《すなわ》ち是れ此れを死水裡《しすいり》の禅と道い、棺木裡《かんぼくり》の守屍鬼《しゅしき》と為す、[6]任侠《たと》い耽著《たんじゃく》して三四十年を経るとも、独覚自了《どくかくじりょう》の小果窟《しょうかくつ》を出ずること能わず、所以《ゆえ》に言う、機、位を離れざれば、毒海に堕在すと、此れ即ち仏の所云《いわゆ》る正位に証を取る底の大痴人《だいちにん》なり、仮に平等真智《びょうどうしんち》を明了《めいりょう》すること有りとも、万法無礙《まんぼうむげ》の妙智《みょうち》を煥発《かんぱつ》すること能わず、是の故に寂静無為《じゃくじょうむい》空間《くうげん》の隠処《いんじょ》に在りては、内外玲瓏了了分明《ないげれいろうりょうりょうぶんみょう》なりと雖も、観照纔《かんしょうわず》かに動揺《どうよう》し騒閙憎愛差別《そうとうぞうあいしゃべつ》の塵縁《じんえん》に渉れば、則ち半点《はんてん》の力無く、衆苦逼迫《しゅくひっぱく》す、此の重痾《じゅうあ》を救わんが為に、仮に且らく、偏中正の一位を立つ。

正中偏、深夜月が出る前、暗くものが定かに見えないような時は、出逢ってもお互いに誰であるかがわからないのは不思議なことではない。しかし、暗闇の中でも旧知の美しい姿は心に抱《いだ》いている。

正中偏というひとつの位（在り様）は、凡夫の身心が死人となり果て、この大事了畢《だいじりょうひつ》に力に満ちた大声を発し、仏に見《まみ》え法《ダルマ》の世界に入る正位を指すのである。真正の修行者の細やかな坐禅の功が満ち、ひそやかな修行力が身心に充足して、忽然と仏が姿を現した時、それまでの凡夫の天地が消え去り、巨大な障害とも思えた鉄山はくずれ、上には頭を蓋う一片の瓦も無く、下には足の立っている筈の一寸の土地も無い。すなわち、一切の差異（偏位の存在）が消え去り、煩悩も無く、菩提も無く、生死・涅槃も無く、ひとひらの疑念も無く、六根の対象である声（音）も臭（香）も無い。澄み切って湖の底無きが如くであり、大虚もその跡を絶するのに似ている。ところが、しばしばこのひとつの位（在り様）を大事了畢（証悟・大悟の修了・完了）と見なし、仏道が成就したと謂《い》って、ここを死守し、ここから離れようとしない。すなわち、このような次元にとどまることを、機用を失った死水裡の禅と言う、また棺の中の死体をひたすら守っている輩とするのである。この一位におぼれ執着して三・四十年になっても、自己ひとりの悟りをもっておわれりとして、小さな成果に閉じ籠もって穴ぐらから出ることができないのである。このようなわけであるから、機用がこの正位を離れて、はたらきを発揮することがなければ毒海に堕在する、というのである。これがすなわち仏のいわれる「正位に証《さとり》を取る底の大痴人」なのだ。かりに一色平等の悟りを得たとしても、現実の変化きわまりない万法《まんぼう》の中で自在の見方・生き方をあらわすことはできないのである。このため寂静無為・超俗の場所に在って、内外ともに澄み渡って万法が明々に見えているようであっても、変動きわまりない現実の社会での憎愛のともなうところの、一色平等ではない塵縁（俗世とのかかわり）と出会えば、すなわち半点の力も無く、多くの苦悩にしばられ息が上がってしまうのだ。この重い病を救うために、かりに偏中正というひとつの位（在り様）を示すのである。

1　洞山良价和尚五位頌＝〔洞山録〕113節にこれがあり、「師（洞山）〔五位君臣頌〕を作りて云く、正中偏、……」とあるように、原題は「五位君臣頌」となっていた。〔曹山録〕5節では「君を正位と為し、臣を偏位と為す」と説明しているが、思想的には君・臣の語には正・偏以外の意味はないし、洞山も標題以外には君・臣の語は使っていない。洞山の五位は正・偏の二語を用いて、空・色の論理と機用《きゆう》を示したものであった。これは以下、七言三行の五つの詩によって示される。2　正中偏＝五位の論理的展開の第一はこの正中偏である。正は真如、空、無為、無作の世界。常住不変の実在の意。これは仏の世界とも言える。偏は現象、色《しき》、有為《うい》、造作、生滅変化の世界。これは凡夫の世界とも言える。正中偏とは常住不変の真如・空の世界を離れず、そのまま有為・造作・色の世界があること。しかし、この有為・造作・色の偏位の世界を、正位の世界にあっては「相逢うて相識らざる」ごとくであるという。3　三更初夜月明の前＝一夜を五更に分けた第三の時刻、今の午後十一時頃から午前一時頃。深夜。現今の禅道場では初夜坐禅、後夜坐禅の語があるが、初夜坐禅は薬石（夕食）後の夜坐、後夜坐禅は午前四時頃からおこなう早朝の坐禅のことで、後夜坐禅は「暁天（坐）」とも言われ、「後夜坐禅、大衆不搭袈裟」〔永平辨道法〕とも示されている。〔洞山録〕の三更初夜は、右の場合と相違して、三更のはじめの頃という程度の意味と思われる。したがって、三更初夜月明の前とは、深夜、月の出る前の暗くものが定かに見えない世界の意。正中偏についての詩的表現である。4　相逢うて相識らざることを、隠隠として、猶懐う旧日の妍＝三更初夜月明の前の世界では、偏位のものに出会っても相識の仲のようにすぐ見分けがつかない。二分法の論理ではない。しかし、二分法を離れてはいない。これを暗闇の中で、なお昔の美しい姿をおもうのだという。5　正中偏の一位は大死一番、囫地一下、見道入理の正位を指すなり、真正の行者、密参功績、潜修力充、忽然として打発すれば、則ち虚空消殞し、鉄山摧く、上に片瓦の頭を蓋う無く、下に足を立つる寸土無し、煩悩無く、菩提無く、生死無く、涅槃無く、一片虚凝、声無く臭無く、澄潭の底無きが如く、大虚の跡を絶するに似たり＝白隠下の参禅工夫における正中偏の境位をここで示している。「囫地一下」は驚いた時の声、大悟の叫び声。「見道入理」は仏道の深奥をのぞき見て、真如・空・無為の理に悟入すること。これを洞山の五位は「正位」という。白隠はこの空・無為・無作の世界を「虚空消殞し……」以下の別の語で表現している。6 往往此の一位を認得して、以て大事了畢と為し、以て仏道成辦せりと謂いて、死守して放つこと無し、其ち是れ此れを死水裡の禅と道い、棺木裡の守屍鬼と為す＝正中偏の一位の消息について、白隠は「虚空消殞し、鉄山摧く、上に片瓦の頭を蓋う無く、下に足を立つる寸土無し、煩悩無く、菩提無く、生死無く、涅槃無く……」と称賛するが、この一位を「死守して放つこと無し」の禅を「死水裡の禅」すなわち、はたらきを失った「死水裡の禅」と述べ、さらに「棺木裡の守屍鬼」すなわち、棺の中の死人を大切に守っている輩の禅とする。以下、このような禅者は「独覚自了の小果窟」を出でざる輩とし、「正位に証を取る底の大痴人」と呼ぶのである。ここに住《とどま》り自在を失う輩は「観照纔かに動揺し騒閙憎愛差別の塵縁に渉れば、則ち半点の力無く、衆苦逼迫す」と痛烈に批判している。騒閙憎愛差別の塵縁とは、利害が対立し千差万別の自己主張に満ちた世界。現代の禅者、特に師家《しけ》といわれる人たちの歴史的事象への認識の低さ、社会的矛盾への鈍感さはここに由来していると思われる。

偏中正失曉老婆逢古鏡分明覿面更無眞爭奈迷頭還認影

行者若住著正中偏一位則智常向背見處偏枯也是故上根菩薩常坐臥動中種種差別塵境悉把目前老幼尊卑堂閣廊廡草木山川之萬法以爲自己本來眞正清淨面目如對明鏡見自面目於一切處如此觀照累歳月則自然彼皆爲我家一枚寶鏡我亦爲彼家一枚寶鏡永平曰運自己證萬法迷也萬法來證自己悟也是此謂也於此心身脱落脱落心身如兩鏡相照中心無一點影像心境一如物我不二白馬蘆花銀碗盛雪此謂寶鏡三昧涅槃經所謂如來目見佛性是也入得此三昧時大白牛兒推不去平等性智現出目前所謂唯一乘中道實相第一

義諦是也學者若又到此田地以爲足則依然在菩薩頂墮深坑何故不知菩薩威儀不了佛國土因縁也祖師爲救此患離更設正中來一位

偏中正、[7]失暁《しつぎょう》の老婆古鏡に逢う、分明に覿面《てきめん》して更に真無し、争奈《いか》んせん、頭《こうべ》に迷い還《かえ》って影を認むるを。[8]

行者若し正中偏の一位に住著《じゅうじゃく》すれば、則ち智常《ちつね》に向背《こうはい》して、見処偏枯《けんじょへんこ》なり、是の故に上根《じょうこん》の菩薩は常に動中種種の差別《しゃべつ》の塵境《じんきょう》に坐臥《ざが》して、悉く目前の老幼尊卑《ろうようそんぴ》堂閣廊廡《どうかくろうぶ》草木山川《そうもくさんせん》の万法を把《と》りて以て自己本来の真正清浄《しんしょうしょうじょう》の面目と為す、明鏡《めいきょう》に対して自らの面目を見るが如し、一切処《いっさいじょ》に於いて此《かく》の如く観照して歳月が累《かさ》ぬれば、則ち自然《じねん》に彼皆我が家の一枚の宝鏡と為《な》り、我れも亦彼が家の一枚の宝鏡と為る、永平曰く、[9]自己を運《めぐ》らして万法を修証するは迷なり、万法来たりて自己を証するは悟なりと、是れ此の謂《いい》なり、此《ここ》に於いて心身脱落《しんじんだつらく》脱落心身、両鏡相照らして中心一点の影像無きが如く、心境一如、物我不二《もつがふに》、白馬蘆花《はくばろか》に入り、銀碗《ぎんなん》に雪を盛る、此れを宝鏡三昧と謂う、涅槃経に所謂《いわゆ》る如来は目に仏性を見ると、是れなり、此の三昧に入得する時、大白牛児《だいびゃくごじ》、[10]推せども去《さ》らず、平等性智目前に現出す、所謂る唯有一乗《ゆいういちじょう》、中道実相《ちゅうどうじっそう》、第一義諦《だいいちぎたい》と是れなり、学者若し又此の田地に到りて、以て足れりと為さば、則ち依然《いぜん》として菩薩頂堕《ぼさつちょうだ》の深坑《じんきょう》[11]に在り、何《なん》が故ぞ、菩薩の威儀《いいぎ》を知らず、仏国土の因縁了ぜざればなり、祖師此の患難《かんなん》を救わんが為に、更に正中来の一位を設く。

偏中正、明け方に老婆が古鏡に自己の姿を写す。そこには明らかに老婆の顔が現れ、それ以外に真なるものは無い。しかし、いかんせん、この顔が真の自己なのかに迷い、他の顔が無いかと迷う。

修行の学人が正中偏の一位に固執すれば、ものを観る智のはたらきが逆に向かうことになり、見る力がかたよって、いのちを失ってしまう。このように上根の菩薩は変化するさまざまの差異ある現実の中に在って、目前に出逢う老人や若者たち、身分の高い人低い人、堂閣廊廡《ろうぶ》（表御殿や廊下）、山川草木などの万法をもって、自己本来の清浄なるほんものの在り方とする。明鏡に向かって、自己の面目を見るように、一切の処で、このように世界を観て年月が重なってゆけば、すなわち自然に出逢うすべてが、私の生き方の中で一枚の「宝鏡」となり、私自身もまた出逢うものすべての「宝鏡」となって、不回互（対象と私の差異のまま）と回互（対象と私が分離しない）の縁と成るのである。

永平道元はいう、自己を運《めぐ》らして万法を修証するは迷なり、万法来たりて自己を証するは悟なりと。すなわち、このような消息を述べているのである。ここにおいて、心身脱落脱落心身（自己の固定的定立が超えられ、自己と万法が自在に回互する）という永平の有名な語が生まれたのである。自己と万法のふたつの鏡が照らし合って、中心には一点の影像も無きが如くである。心・境一如、物・我不二というべきであり、白馬が真っ白な葦の花の中に在るが如くであり、銀の碗に銀の雪を盛るが如くである。いずれも、差異を持つふたつのものがお互いに差異を消し合って回互しているのである。

これを宝鏡三昧という。三昧は回互の機用《はたらき》である。涅槃経に、如来は目に仏性を見る、というのはこのことである。この三昧に入り得た時には、仏・菩薩の機用は推しのけようとしても汝の身を離れることはなく、仏の平等性智が目前に現れるのである。法華経・方便品《ほうべんぼん》では、仏陀の教法にはただ一乗（仏陀の法）があるのみで、二乗（小乗と大乗）や三乗（声聞乗、縁覚乗、菩薩乗）というものは無い（十方仏土中、唯有一乗法、無二亦無三）と示し、天台、華厳で中道実相を説き、起信論が第一義諦を説く（謂諸仏如来、唯是法身智相之身、第一義諦無有世諦境界）のもこれである。しかし、修行の学人が、またこの境涯（田地）に到って、これをもって仏法充足せりとするならば、そのまま菩薩頂上という孤峰の頂《いただき》に安住し、菩薩頂堕の深坑に堕在す、というべきである。なぜならば、そこでは菩薩の在り様・機用が失われ、仏国土の因と縁とのかかわりができ上がっていないからである。祖師（洞山）はこの病を救うため、さらに正中来の一位を設けるのである。

7 偏中正＝洞山五位頌の第二句である。現象界にあるもの、すなわち娑婆の多用な現実、煩悩と菩提、生死と涅槃などの人生の現実、そして歴史的諸相などが「偏」であり、差別《しゃべつ》相である。そして、この差別の中にこそ「正位」があるという。8 失暁の老婆古鏡に逢う、分明に覿面して更に真無し、争奈んせん、頭に迷い還って影を認むるを＝正中偏が「三更の初夜月明の前」の差別相の識別し難い世界であったのに対し、「偏中正」は、明け方に老婆が名鏡に出逢ったような差別相の見える世界という。したがって、個別的な現象がここでは分明に現れるところの二分法の論理があらわれ、すなわち不回互の世界である。ところが、ここでは真の自己を見つけることがなかなか困難であり、鏡の中の自分の頭をほんものの自分の頭と見間違うことがある。（この「迷頭認影」は〔首楞厳経〕四に由来する句）9 永平曰く＝永平は道元のこと。これは〔正法眼蔵〕現成公按ノ巻の第二節の句である。「自己をはこびて万法を修証するを迷とす、万法すゝみて自己を修証するはさとりなり。迷を大悟するは諸仏なり、悟に大迷なるは衆生なり。さらに悟上に得悟する漢あり、迷中又迷《いうめい》の漢あり。諸仏のまさしく諸仏なるときは、自己は諸仏なりと覚知することをもちゐず。しかあれども証仏なり、仏を証しもてゆく」（岩波文庫本・一・五四頁）。自己をはこびて万法を修証するのが「迷」であり、万法すすみて自己を修証するは「さとり」なり、とする。これは不回互と回互の消息を述べたものであり、このふたつを表裏の関係としている。これは二分法の固定的論理を超えた機用の世界を述べたものである。「諸仏のまさしく諸仏なるときは、自己は諸仏なりと覚知することをもちゐず。しかあれども証仏なり。仏を証しもてゆく」とも示されているが、仏は自己を仏であると「覚知」すなわち認識しないという。仏を知的な持ちものとしないのである。これは仏が差別相（偏位）に固定されたものではなく、機用《はたらき》としての次元に在るものだ、ということである。「正中偏」、「偏中正」が実は二分法の論理的次元にとどまるものでないことは、次に「来」「至」「到」という非論理的で、機用を示す語がくることからも理解できよう。さて、この〔正法眼蔵〕現成公按ノ巻にはつづいて「悟迹《ごしやく》の休歇《きゆうけつ》なるあり、休歇なる悟迹を長々出ならしむ」の句があるが、休歇は「休む」ことではない。悟りのあとには一服して休むもよかろう、と解釈している書をみたことがあるが、見当違いに驚く。悟りは覚知の次元ではなく、休歇という機用《はたらき》なのである。「長々出」は機用を示す語であるにほかならない。すなわち天地にぬきん出るはたらきにおいてとどまることがないというのである。「心境一如、物我不二、白馬蘆花、銀碗に雪を盛る」などの句は禅語録によく出てくる。融合一体、回互の消息を述べたものであるが、二つのものが一つになるということではない。二つは二つのまま、すなわち不回互を否定したあとの回互（一如）なのではない。偏位と正位の不回互と回互が同時であることを示す句なのである。

10 大白牛児＝法華経譬喩品の、羊・鹿・牛の三車のたとえからきている語。このうち、羊車と鹿車とが声聞乗、縁覚乗を指すのに対し、大白牛車は菩薩乗の意であるとする（法相宗）。それに対して、天台宗、華厳宗では、大白牛車は三車のうちの菩薩乗である牛車を指すのではなく、仏乗なのであるとする。ここで白隠の言う大白牛児は、仏子の機用をもつ仏乗の意であると思われる。11 菩薩頂堕の深坑＝偏中正の位は、「失暁の老婆古鏡に逢う、分明に覿面して更に真無し」の句のように、歴々明々の偏位の在り様に重点が置かれている。ここでは、大白牛児は仏を指すというよりも、菩薩位に立脚点があるように思われる。牛車、大白牛車の語から菩薩の語を使い、偏中正に撤したときには、唯有一乗、中道実相、第一義諦の位にあるという。しかし、「此の田地に到りて足れりと為さば」菩薩頂上の堕であり、そのまま深坑に堕ちると警告する。次の句にあるように、菩薩の威儀、すなわち「行仏」の機用を失うからである。

正中來無中有路出塵埃但能不觸當今諱也勝前朝斷舌才

此一位上乗菩薩不住所證之果地無功用海中煥發無縁大慈乘四弘清淨大誓鞭上求菩提下化衆生法輪所謂向去中卻來卻來中向去也更須知有明暗雙雙底時節是故且設兼中至一位

正中来《しょうちゅうらい》[12]、無中《むちゅう》に路有り、塵埃《じんない》を出ず、但《ただ》能《よ》く当今《とうきん》の諱《いみな》に触れず[13]、也《また》勝る前朝断舌《ぜんちょうだんぜつ》の才[14]

此の一位、上乗《じょうじょう》の菩薩所証《ぼさつしょしょう》の果地《かじ》に住せず、無功用《むこうよう》の海中に無縁の大慈を煥発《かんぱつ》し、四弘清浄《しぐしょうじょう》の大誓《だいぜい》に乗じ、上求菩提下化衆生《じょうぐぼだいげけしゅじょう》の法輪に鞭《むちう》つ、所謂る向去中《こうきょちゅう》の却来《きゃらい》、却来中の向去なり、更に須らく明暗双双底《めいあんそうそうてい》の時節有ることを知るべし、是の故に且《しばら》く兼中至《けんちゅうし》の一位を設く。

正中来、ここに有・無、正・偏の論理的次元から出る仏行の路がある。これは有無、正偏を超えているが、有無正偏を離れてはいない。これが「来」である。ここでは正・偏を口にすることはない。この一位（在り様）は、上根の菩薩が自己ひとりの証悟の境涯にとどまることなく、結果を問わない無功徳の大海中に、限りない大慈悲を喚びおこし、四弘清浄の大誓に乗じて、上求菩提下化衆生の弘《ぐ》法《ほう》の活躍に身を挺するはたらきをいうのである。向去中の却来、却来中の向去といわれるのは、この在り様のことである。ここに正中来の一位があるが、さらに明・暗すなわち偏と正とのふたつを離れない時節であることを知らねばならない。この故に、しばらく兼中至の一位を設けるのである。

12　正中来＝洞山五位頌の第三句である。ここでは正中偏、偏中正に対して、「正」の機用を「来」の語で示す。「来」は静的な知覚、認識による固定された論理的次元ではなく、動的な「行」の世界に他ならない。仏に即して言えば所証の果地に住《とど》まることのない「行仏」、菩薩に即して言えば菩薩位の頂上に住《とど》まることのない菩薩行「四弘の大誓に乗じ、上求菩提下化衆生」の具体的な生き方を指すものである。向去中の却来、却来中の向去の句がそれである。向去は欲・色・無色の三界の法を超え仏に到らんとすること、却来は迷苦の三界に赴かんとすることである。これを仏教では「上求菩提・下化衆生」というのである。しかし禅は、この二つを別の生き方とするのではない。13　当今の諱に触れず＝当今は只今の皇帝のこと。皇帝の御名を臣は直接口にすることはない。それと同じく「正・偏」を口にしたり、認識の次元へもってくることはない。14　也勝る前朝断舌の才＝隋の雄弁家である李知章の前には、人々は舌を結《ま》くと言われた。これが断舌の才の意味であるが、正中来とは、言語の次元ではなく、「応無所住而生其心」（金剛経）ともいうべき機用であって、住まる位を持たない生き方であることをいっている。

兼中至兩刃交鋒不須避好手還同火裡蓮宛然自有冲天氣
此一位有力量菩薩撥轉明暗不二法輪紅塵堆裡灰頭土面聲色隊中七狂八顚如火裡蓮花逢火色香轉鮮明入鄽垂手他受用所謂在途中不離家舍離家舍不在途中是凡是聖魔外不能辨他佛祖不得挾手舉心擬向兎角龜毛過別山者裡猶不許是爲穩坐地是故言宛然自有冲天氣畢竟如何須知更有兼中到一位

兼中至、[15]両刃《りょうじん》鋒《ほこさき》を交《まじ》えて避くることを須《もち》いず、[16]好手《こうしゅ》は還《かえ》って火《か》裡《り》の蓮《れん》に同じ、[17]宛然《えんねん》として自《おの》ずから冲天《ちゅうてん》の気有り

此の一位、有力量《ゆうりきりょう》の菩薩、明暗不二《めいあんふに》の法輪《ほうりん》[18]を撥転《はってん》し、紅塵堆裡《こうじんたいり》、灰頭土面《かいとうどめん》、声色隊中《しょうしきたいちゅう》、七狂八顚《しちきょうはってん》[19]、火裡の蓮花《れんげ》の火に逢うて色香《しきこう》転《うた》た鮮明なるが如し、入鄽垂手《にってんすいしゅ》の他受用《たじゅゆう》、所謂る途中に在りて家舎《かしゃ》を離れず、家舎を離れて途中に在らず、是れ凡《ぼん》、是れ聖《しょう》、魔外《まがい》に他《かれ》を弁ずること能わず、仏祖も手を挟《はさ》むことを得ず、心《しん》を挙《あ》げて向《むか》わんと擬《ぎ》すれば、兎角亀毛《とかくきもう》、別山を過ぐ、者裡猶《りゃりなお》是れを穏坐地《おんざち》と為すことを許さず、是の故に言う、宛然《えんねん》として自ら冲天の気有りと、畢竟如何ん、須く知るべし、更に兼中到の一位有ることを。

兼中至、両刃（偏と正、有と無、生死と涅槃、上求菩提と下化衆生）が激しくぶつかり切り結ぶ時、避けることはない。しかし、すぐれた剣の使い手は、火中の蓮の如く、この両刃を使いこなして自在無礙で

あり、無住処の機用の中にある。その生き方は、あたかもまっすぐに天に向かう如くである。

この兼中至の在り様を見るならば、力量ある菩薩が、明暗不二の法輪（有と無、生死と涅槃がふたつではないという仏法の在り方）を展開し、問題の堆積する俗社会の中で、ともに汚濁にまみれ現実の万境の中で七狂八顛の衆生と共に生きている。あたかも火中の蓮が火に逢って、その美しさや香りがあざやかである如くである。この菩薩が世俗の渦中に生き入鄽垂手して衆生のしあわせと共に生きる他受用の機用は、あの臨済のいう「途中に在りて家舎を離れず、家舎を離れて途中に在らず」の在り様なのである（《臨済録》上堂・八）。それは凡か聖かを問うことも不可能であり、六道の魔外の人という見方もできない。仏祖といえどもこの人に手出しはできず、ひたすらこの人に近づこうとしても、免角亀毛（ウサギの頭の角、亀のしっぽの毛）の如く、その姿を見せはしない。しかし、このところを汝の穏坐の地、安住の地とすることは許されない。この故に、その人はさながら天に向かう如き気概がある、というのである。結局のところは何があるのだ。須らく知らねばならない。さらに兼中到の一位が有ることを。

15　兼中至＝洞山五位頌の第四句である。正と偏とが回互し、正偏の位に住まらない機用のこと。16　両刃鋒を交えて避くることを須いず＝正と偏との両刃の鋒が、学人の機用の両刃であるが、二つの刃を受けて使いこなす機用《はたらき》ともいえる。17　好手は還って火裡の蓮に同じ＝すぐれた剣の使い手は、火中の蓮華の如く、その姿をとどめず、無住処のはたらきをもつという。火裡の蓮には「稀有」の意味もあるが、ここでは「無住処の機用」とした。洞山の「兼中至」の頌に対するこの白隠の著語は誠にすばらしい。未熟ではあるが更に意訳してみると次のようになる。「この兼中至の位にあるのは力量のある菩薩なのである。個別的現実と、個別にとらわれない境涯とがひとつになっている仏法の世界を自在に創造している（明暗不二の法輪を発転し……）。現実の社会に在ってそこに生じている問題を正面から引き受け（紅塵堆裡、灰頭土面、声色隊中、七狂八顛）、火中の蓮花が火の中で鮮明な美しさを示し、しかも自己に住《とど》まらない姿に似ている。この菩薩が街頭の只中に在って行動し他の人々の直面している問題を共に悩み苦しむ入鄽垂手の他受用の生き方は、臨済のいうところの、仏を離れての途上の活動においても実は仏を離れてはおらず（途中に在りて家舎を離れず）、仏という安住の家を遠く離れて活動していても途中に在るのではない（家舎を離れて途中に在らず）。このような人は、凡夫なのか仏なのか、はたまた塵外の人なのか、判別ができない。仏祖も手出しすることができず、この人に近づかんと一心に向かって行っても、それは無駄な努力だ。姿を見失ってしまう。このような境涯をなお安住の処（穏坐地）とすることをみずから肯定するのではない。こういうわけだから言うのだ。さながら天にまっすぐのぼるかのような気概があると。つまるところ、どういうことなのか。ここで更に「兼中到」の一位が有ることを知らねばならない。」[18] 明暗不二の法輪＝明は対象界の現実の諸相、有為の差別《しゃべつ》界、事の世界、偏位の意。暗は真如平等の世界、無為の無差別界、理の世界、正位を示す語。この二つには心経の色と空とが相応する。「明中に當《あ》たって暗有り、明相を以て観ることなかれ。明暗各々相対《おのおのあいたい》して、比するに前後の歩みの如し」（石頭希遷〔参同契〕）。明は暗と不即不離であって、機用において「前後の歩みの如し」という。すなわち、歩くという機用では、前足と後足とは別物でありながら、ひとつのはたらきを成しているというのである。前足が歩くのでもなく、後足が歩くのでもない。歩くことのなかに前足と後足がある。「正中来」のところの著語末尾に「更に須らく明暗双双底の時節有ることを知るべし」の句があったが、言わんとするところはこの明暗不二の機用であるに他ならない。「明暗双双、底《なん》の時節ぞ。同条に生まるるや共に相知り、同条に死せざるや還って殊絶」（〔碧巌録〕五一・頌）。[19] 紅塵堆裡、灰頭土面、声色隊中、七狂八顛＝紅塵は俗世間のわずらわしい俗事、堆裡はそのような世俗の問題の只中の意。次の「灰頭土面」は汚濁にまみれての「為人《いにん》」のさま。世俗の紅塵の真っ只中での頭は灰だらけ、顔は泥だらけの菩薩の姿。「曹洞下に出世と不出世（世俗を離れることと世俗に入ること）と有り、垂手と不垂手有り。若し不出世なれば、目に雲霄《そら》を視《み》ん（孤高の境涯に生きる）。若し出世なれば、便ち灰頭土面。目に雲霄を視るは、即ち万仞峰頭《ばんじんほうとう》（聳え立つ高い山の頂に立つ。すなわち三界を超えた孤高の境涯に立つこと）。灰頭土面は、即ち是れ垂手辺の事なり。有る時は灰頭土面にして、即ち万仞峰頭に在り（灰頭土面で世俗の真っ只中に在り、泥にまみれてはいるが、仏法の第一義を離れてはいない）。有る時は万仞峰頭にして、即ち是れ灰頭土面（孤峰頂上に在って仏法の第一義を守っているが、その場所のまま世俗の真っ只中の灰頭土面の人である）。其実《まこと》は鄽《まち》に入りて手を垂るる（入鄽垂手）と、孤峰に独《ひと》り立つとは一般《おなじ》なり」（〔碧巌録〕四三・洞山寒暑廻避・頌評唱、入矢義高他訳注、岩波文庫本・中・一二八頁）。「声色隊中、七狂八顛」の「声色」は一切万境の意、耳根の対象である「声」と眼根の対象である「色」の二境をもって、色・声・香・味・触・法の六境のみならず現実の万境を代表させた語。「声色の奴婢《ぬび》」という語があって、衆生が顛倒して己《おのれ》に迷って物を逐《お》い、万境の奴隷になっていることをいうが、「声色隊中、七狂八顛」ともいう。ここで白隠がこれらの語句をもってきたのは、勿論常識辺の意味ではなく、菩薩の大道そのものを示しているのである。

兼中到不落有無誰敢和人人盡欲出常流折合還歸炭裡坐

師著語曰德雲閑古錐幾下妙峯頂傭他癡聖人擔雪共塡井

學者若欲透得洞山兼中到一位先須參此頌

兼中到、有無《うむ》に落ちず誰か敢て和せん、人人尽く常流《じょうる》を出でんと欲す、折合《せつごう》して還《かえ》って炭裡《たんり》に帰り坐す[20]
師、著語《ぢゃくご》して曰く、徳雲《とくうん》の閑古錐《かんこすい》幾《いくたび》か妙峯頂《みょうほうちょう》を下《くだ》り、他《か》の痴聖人《ちせいじん》を傭《やと》いて雪を担《にな》い共に井《せい》を塡《うず》む[21]
学者、若し洞山兼中到の一位を透得せんと欲せば、先ず須らく此の頌に参ずべし。

兼中到は有無に落ちず、また有無を和することもない。そのような造作の在り様をいうのではない。修行の学人は凡俗の世界を脱離せんとしているが、しかし、仏・凡、迷・悟、生死・涅槃を折合《ひとつに》してどこへ行くのか。日常底《のところ》に還って坐するのである。

師（白隠）、著語していう、善財童子が訪ねたあの徳雲という老比丘は幾度も妙峯頂《みょうほう(ぶ)ちょう》を下って、少し足らない痴聖人と共にせっせと雪を運んで川を埋めようとしたのだ。学人たちよ、もし洞山の兼中到の一位をわがものとせんと思うならば、すべからくこの洞山の頌に参じなければならないであろう。

20　兼中到、有無に落ちず誰か敢て和せん、人人尽く常流を出でんと欲す、折合して還って炭裡に帰り坐す＝兼中到は洞山五位頌の第五句である。兼中至の位が正偏回互の機用を鮮やかに示すものであるのに対し、兼中到は没縦跡の人、無作の機用を示す内容になっている。「有無」に落ちることなく、有無を和することもない。しかも常流（凡夫の世界）を超える願行がある。正・偏の折り合いの中で、炭裡すなわち日常辺の事に生きている。洞山五位頌の第五句のこの末尾「折合して還って炭裡に帰り坐す」の句について、読み方は変わらないが、「折合」を「結局は」と注にしるす見方もある（〔碧巌録〕四三・洞山無寒暑・本則評唱・注16、岩波文庫本・中・一二五頁）。21 徳雲の閑古錐幾か妙峯頂を下る、他の痴聖人を傭いて雪を担い共に井を塡む＝〔華厳経〕の入法界品において、善財童子が南方の妙峰山に住む徳雲比丘を訪ね、念仏三昧門のおしえに悟得することがしるされている。しかし徳雲比丘が「痴聖人」と共に妙峰山を下《くだ》り雪で井戸（河）を埋めようとしたとされる話は、入法界品には見当たらない。徳雲比丘と痴聖人とによる擔雪塡河《たんせってんが》のこの語は入法界品には見当たらないが、これと同じ句が〔心経毒語〕35にもみられる。雪竇重顕《せっちょうじゅうけん》の詩文集〔祖英集〕（一〇三二年刊）にあらわれるのが最初らしい。白隠が、徳雲比丘と痴聖人の話をここでもってきたのは、雪を河に投げ入れても融けて跡をとどめないように、解脱《げだつ》した人には、何ものにも跡をとどめず、罣礙《さわり》とならないことを示したものと思われる。閑古錐とは古くなって先が丸くなり用をなさない錐《きり》のことで、すぐれた禅僧を老古錐という。なお「妙峰山」は須弥山のこととされるが、禅では「妙峯頂」は言語の二分を絶し、仏・凡、迷・悟、真・俗などの一切の思惟分別を坐断した絶対の境界を指す語で、洞山の五位では「正位」にあたるものである。白隠は五位の「兼中到」について、この妙峯頂上に住《とどま》らず、痴聖人と共に山を降り、擔雪塡河の行を積んだ徳雲比丘の話をもって著語とするのである。妙峯山頂の徳雲比丘が痴聖人と共に無所得・没縦跡の入鄽垂手のはたらきをするというのである。「有る時は万仞峰頭《ばんじんほうとう》にして、即ち是れ灰頭土面。其実《まこと》は鄽《まち》に入りて手を垂るると、孤峰に独《ひと》り立つとは一般《おなじ》なり」と述べる〔碧巌録〕四三・頌評唱の言わんとするところと、この雪竇の「擔雪塡河」のいうところとは、まさに一般《おなじ》である。

解説

一「般若心経毒語」について

1　底本「心経著語并《ならびに》頌」と「荊叢毒蘂」の成立

「般若心経毒語」の書名を冠する本書の由来と底本は次のごとくである。延享元年（一七四四）、白隠六十歳の折、甲州八代・自性寺（夢窓疎石開山）でおこなったこの心経の提唱が先ず上木されたが、これはのちに『荊叢毒蘂《けいそうどくずい》』九巻（三冊）の拾遺として第四冊に収録された。これが今回底本としたものの原本で、原題は「心経著語並頌」侍者提州禅恕集となっている。通称「毒語心経」ともいわれるものである。

『荊叢毒蘂』は宝暦六年（一七五六）に侍者・提州禅恕によって編集され、木田種重（元照居士）が三冊九巻の末尾に奥書を付して刊行されているが、四冊目となった『荊叢毒蘂拾遺』はこの時にはまだ刊行されていなかった。すなわち、宝暦九年（一七五九）と考えられる柴(田)義喬の『拾遺』奥書には次のように書かれている。

元照居士、既に荊叢毒蘂を刻し、爾後《そののち》恕侍者本集の遺漏を採摭して荊叢毒蘂拾遺と号す、僕一本を得て窃《ひそか》に梓人にこれを鍥《きざ》ましむ、伏して希《ねがわ》くは本書倶《とも》に世に行なわれんことを。且《いささか》先妣《せんぴ》の冥福を祈らむと言う。駿州柴義喬謹みて識す（原漢文）

これによって宝暦六年に木田元照居士の上木した『毒蘂』九巻三冊の拾遺として、侍者禅恕の集めたものを、『毒蘂』の四冊目として宝暦九年に柴田義喬の手によって、上本刊行された経緯がうかがい知られる。『荊叢毒蘂』九巻三冊と『同拾遺』一冊は、このように侍者禅恕、木田元照、柴田義喬の尽力があって成立したが、更に白隠入寂（明和五年〈一七六八〉八四歳）後の明和六年、禅機独妙禅師の諡号《しごう》下賜の一文を巻頭に置き、三冊（九巻）拾遺一冊として再版されたものが、今回底本に使用した原本である。なお出版元は『拾遺』末尾に見られるが、京都寺町六角下ル所・友松堂・小川源兵衛板行とあるように京都友松堂である。

今回の『般若心経毒語』の原本『心経著語並頌』は、『毒蘂拾遺』初版収録以前にすでになんらかの形で上木されて、白隠の心経提唱の座で使用されていたと思われる。『白隠和尚年譜』（加藤正俊編著・思文閣・昭和六十年九月）には、次のように記されている。

延享元年（一七四四）、白隠六十歳、甲州八代自性寺で「般若心経」を開版する。宝暦三年（一七五三）、六九歳、甲州東光寺（蘭渓道隆開山）に「毒語心経」を講ず。

宝暦六年（一七五六）、七二歳、庵原《いはら》大乗寺に「心経著語」を講ず、この年「荊叢毒蘂」を編纂。（木田種重・元照居士が九巻末尾に奥書を付す）

このように「心経毒語」の提唱やその上木ならびに「毒蘂」刊行の経緯がわかるが、白隠による心経提唱は、わかっているだけでも、自性寺、東光寺、大乗寺の三講席でおこなわれていた。先ず延享元年（一七四四）に「心経著語並頌」が門弟たちの手で上木されて、講本として使用されていた。前掲の『略年譜』には「延享元年白隠六十歳、「息耕録開筵普説」を講ず。甲州自性寺で「般若心経」を開板する。林泉庵で「川老金剛経」を講ず」としるされており、甲州自性寺での般若心経開板、とあるが、このことは『般若心経毒語』（心経著語並頌）の末尾に、白隠みずから「延享甲子改元の冬、諸子心を合わせて活字《うえじ》を造る。一字まさに十孔方《じっくほう》（十文）を放つべし。総数既に二千字に垂《なんなん》とす。其の志我が睡余の言を留めんとなり。我が心は石に匪《あら》ず、豈《な》んぞ喜ばざらんや」の文を残していることから明らかである。

なお、白隠在世中に、この『心経著語並頌』がどのような名称で呼ばれていたかはこの年譜からは明白ではない。甲州自性寺では「般若心経」（延享元年）、甲州東光寺で「毒語心経」（宝暦二年）、宝暦六年の庵原大乗寺では「心経著語」などの名称が用いられており、一定していない。

白隠が生涯において提唱に用いた講本の名を挙げると「少室六門訓」（松蔭寺にて、二八歳）、「大慧書」、「禅門宝訓」（松蔭寺にて、三三歳）、「正宗讃」（松蔭寺にて、三五歳）、「大慧書」（林泉庵にて、三七歳）、「原人論」（三八歳）、「搏山警語」（四十歳）、「普門品」（四五歳）、「四部録」「寒山詩」（四七歳）、「臨済録」「碧巌録」（四八歳）、「虚堂録」（五一歳）、「維摩経」（五二歳）、「息耕録開筵普説」上梓開版（六十歳）、「法華経」（六二歳）、「槐安国語」（六六歳）、「人天眼目」（甲府能成寺にて、六九歳）、「毒語心経」（甲州東光寺にて、六九歳）、「維摩会開講」（竜津寺にて、七一歳）、「楞厳経」（松蔭寺にて、七二歳）、「宝鏡三昧」（慈雲寺にて、同年）、「大応録」（高林寺にて、同年）、「心経著語」（大乗寺にて、同年）など多岐にわたっている。

ちなみに「荊叢毒蘂」の編者である「侍者禅恕」とは、後年豊前自性寺の住持となった提州禅恕であって、駿州松蔭寺を董《ただ》した遂翁元盧、伊豆竜沢寺に住した東嶺円慈、妙心塔頭・海福院の住持となった斯経慧梁などと並んで、白隠下竜象中の四天王と称された禅僧であった。つねに師白隠に仕え、その提唱や示衆をまとめて後世に伝えた功績はきわめて大きいと言わねばならない。

2　白隠慧鶴・略法系図

神丹初祖
菩提達磨―（四代略）―六祖 曹渓恵能―青原行思（青原下、曹洞宗・雲門宗・法眼宗）―……以下略……

└南嶽懐譲（南嶽下、臨済宗・潙仰宗）―馬祖道一―百丈懐海―黄檗希運

└臨済義玄（?~八六七）―興化存奨―宝応慧顒―風穴延沼―首山省念―汾陽善昭―石霜楚円

└黄竜慧南（臨済宗黄竜派）

└楊岐方会（臨済宗楊岐派）―白雲守端―五祖方演―圓悟克勤（碧巌録編者）

└大慧宗杲

└虎丘紹隆―（二代略）―松源崇岳―運庵普巌―虚堂智愚（一一八五～一二六九、号・息耕叟・虚堂録あり）

日本大応派
└南浦紹明（大応国師・一二三五～一三〇八）―宗峰妙超（大灯国師・一二八二～一三三七・大徳寺開山）―

関山慧玄（関山国師・一二七七～一三六〇・妙心寺開山）―授翁宗弼―愚堂東寔―至道無難
道鏡慧端（正受老人・一六四二～一七二一）―白隠慧鶴（一六八五～一七六九）
　―遂翁元盧（松蔭寺）
　―東嶺円慈（竜沢寺）
　―提州禅恕（自性寺）
　―斯経慧梁（妙心塔頭海福院）
　―（他略）

右の法系のうち、大応・大灯・関山の三代を「応灯関」と呼び、現在の日本臨済宗の禅風は、この三師の家風を継承している。すなわち、大灯国師宗峰の禅は、南浦の伝えた宋朝禅の家風を保持しており、幕府と密接な関係にあった夢想疎石（天龍寺開山）下の五山派とは性格が異なるため、林下と称される。（のち大徳寺は五山から離脱。）政治権力の保護下にあった五山に対し、林下の禅僧たちは野に生きて、気魄のこもった禅風を確立した。白隠が敬慕してやまなかった宗峰妙超のごときは、乞食の群れに身を投じ、常人の食することのできぬものを食べ、筵を身にまとい、橋の下での日々を送っていたという。白隠の禅画に「大灯国師乞者隊裏」があることからも、大灯国師を慕った白隠の禅の性格をうかがい知ることができる。

3 「心経毒語」の禅思想

白隠の「心経毒語」には、空前絶後とも考えられる言語表現によって、空と色との関係を存在の論理ではなく、機用の論理へと深めてゆく独自の禅思想を秘めていた。以下に色・空の二者を存在の論理によって解釈する教学的方法と、機用の論理をもつ禅思想的方法との両者について考えてみたい。

①「心経」の色・空について

さて現今、般若心経の解説書は枚挙にいとまがないほどである。今、手元にあるものを次に列挙することにする。

少室六門『第一心経頌』（伝・達磨大師撰）
弘法大師空海『般若心経秘鍵』
金岡秀友訳解説『空海般若心経秘鍵』
中村元・紀野一義『般若心経　金剛般若経』
柳澤桂子『生きて死ぬ智慧』
『ティク・ナット・ハンの般若心経』
新井満『自由訳般若心経』

高神覚昇『般若心経講義』
瀬戸内寂聴『寂聴　般若心経』
宝積玄承『般若心経に学ぶ』
公方俊良『般若心経がよくわかる本』
松原泰道『般若心経入門』
ひろさちや『「般若心経」生き方のヒント』
青山俊董『般若心経ものがたり』
田久保周誉『解説　般若心経』
吉井功『私訳　般若心経』

これらの他に、マンガで心経を紹介したものもあり、実に多種多様である。般若心経は、仏教各宗で読誦されているだけでなく、神道系の人々、たとえば私の身近に見聞した「御嶽教《おんたけ》」の人々にもよっても用いられていた。このように心経は日本人にとっても、もっとも大衆に知られたお経であり、右に挙げた書のいくつかは当時ベストセラーにまでなっていた。たとえば戦前では、高神覚昇『般若心経講義』、最近では松原泰道『般若心経入門』、『寂聴般若心経』など記憶に新しい。

右に挙げた心経解釈の書は、一、一般の人々を対象に、やさしく解説したもの、二、学問的言語学的方法によるもの、三、人生論として生き方、死に方に即したもの、の三つの分野からの解説によって成っていると思われる。このような心経の解説について代表的なものを次に紹介してみたい。ここでは、心経の思想的中核をなすと思われる「空」についての見方に焦点を絞ってしるすことにする。

はじめに、右の題名を挙げたものではないが、一般の人々を対象としたもので、『中日新聞』人生のページ（二〇一一年十月二十二日）の、田上太秀『初歩からの般若心経』を紹介してみたい。

「般若心経」は八万四千の法門を説いているのではなく、仏教の基本思想の一つ、空《くう》の理法だけを説いた教典である。といって空の意味を学ぶだけでは不十分です。「空」は衆縁《しゅえん》和合の理法によるからです。

釈迦は三十五歳のとき、菩提樹のもとで、すべてのものは衆縁《しゅえん》和合《わごう》して生じては滅しているという理法を発見したと伝えられています。衆縁和合の理法とは、あらゆる形作られたものには不滅のものはなく、すべてが寄り合い、依《よ》り合い、縁《よ》り合いながら生じては滅しているという因果の道理のことです。

…中略…

衆縁和合しているから、すべて形作られたものは限りなく変化しているのです。これを諸行無常《しょぎょうむじょう》と言います。だから我が身も周《まわ》りのものもすべて自分の思うようにならない。願うようにはならない。欲するようにはならないのです。これを一切皆苦と言います。ものはすべて衆縁和合しているので、したがって他のものの援助がなくても、他に依存することがなくても存在するものは、なに一つないということ、これを諸法無我と言います。

以上は「空」についてのわかりやすい説明で、仏教の根本である「三法印」――諸行無常、諸法無我（一切皆苦）、涅槃寂静――に依っている。自己と自己とのかかわりのある世界についての説明であって、仏教の「ものの見方」の基本を示しており、一般の人々を対象にしたわかりやすい説明である。しかし、これだけでは自己そのもの、ものそのものはまだ姿を現していない次元であって、知的理解にとどまりやすい。存在の次元の話に終わっている。

次は仏教学者によるもので、「色即是空、空即是色」の部分をいくつかのサンスクリット原文（その中には八世紀後半の写本で世界最古と言われる法隆寺本も含まれている）を校合しながら現代語訳を試みている。うしろに同箇所の玄奘訳・訓読を付す。

シャーリプトラよ、
①この世においては、物質的現象には、実体がないのであり、実体がないからこそ、物質的現象で（あり得るの）である。……「舍利子よ、色は空に異ならず」
②実体がないといっても、それは物質的現象を離れてはいない。また、物質的現象は、実体がないことを離れて物質的現象であるのではない。……「空は色に異ならず」
③（このようにして）およそ物質的現象というものは、すべて実体がないことである。およそ実体がないということは、物質的現象なのである。これと同じように、感覚も、表象も、意志も、知識も、すべて実体がないのである。……「色は即ち是れ空、空は即ち是れ空、受想行識も亦《ま》復《たかく》是の如し」
（中村元・紀野一義『般若心経 金剛般若経』岩波文庫、一・一一頁より）

右の書では「色」を「物質的現象」、「空」を「実体がないこと」、そして「五蘊・受想行識」を「感覚・

表象・意志・知識」と現代語に訳し、心経の「空」を学問的、言語学的方法によって説明している。本書の注をみると、この箇所の文を、竜樹が「縁起は即空《そくくう》、即仮《そくけ》、即中《そくちゅう》」と述べたことから、右の①以下を「即空」、②以下を「即仮」、③以下を「即中」として解釈している。在野の仏教研究者・酒井康雄は「大乗仏教の「空」と「縁起」と「中道」とは同じものの表現である」として、「空―存在論的にとらえたとき、縁起―認識論的にとらえたとき、中道―実践論的にとらえたとき」としてみている。

次に「少室六門」中の「第一門心経頌」中の色・空のところをみることにしたい。「少室六門」は『正蔵』四八・諸宗部五に収められているが、その伝来は明らかではなく、古来達磨大師の著したものとされていた。後漢明帝の永平十年（六七）より、梁の天監十八年（五一九）までの二五七名の高僧の伝記を収めている『高僧伝』（一四巻・梁・慧皎編）は、その中の「習禅篇」に達磨の説としてこの「少室六門」中の「第二門二種入」（二入四行論）を取り上げている。このようなことから、これのみが当時の達磨の所説に近いとされ、他の五門はこんにちでは達磨の禅思想を示すものとしては内容からも疑問視されている。したがって「第一門心経頌」も達磨の真説ではなく達磨の時代の教学僧の所説とみてよいと思う。達磨の真説に近いとされる「二種入」そのものが禅思想とはかなり異質であり、教学的所説であると思われる。したがって、以下に検討する「少室六門」中の「第一門心経頌」も禅思想を示すものではなく、存在分析の論理的次元を出てはいない内容である。しかし中国仏教の古典的な心経解釈をここに見ることはできる。

「色不異空、空不異色」

色與空一種、未到見両般、二乗生分別、執相自心謾、空外無別色、非色義能寛、無生清浄性、悟者即涅槃。

「色は空に異《こと》ならず、空は色に異《こと》ならず」

色と空とは一種《ひとつ》なり、未到なるは両般《ふたつ》と見る、二乗は分別を生じ、相に執して自心を謾《あざむ》く、空を外にしては別して色無く、色の義は能寛に非ず、無生清浄の性、悟るは即ち涅槃。（能寛の意味は明らかではないが、空間という意味ではないかと思われる。）

「色即是空、空即是色」

非空空不有、非色色無形、色空同歸一、浄土得安寧、非空空為妙、非色色分明、色空皆非相、甚處立身形。

「色は即ち是れ空にして、空は即ち是れ色なり」

空に非ざるも空は有ならず、色に非ざるも色に形無し、色空は同じく一に帰し、浄土に安寧を得ん、空に非ざれども空は妙為《た》り、色に非ざるも色《かたち》は分明《あきらか》なり、色空皆《ともに》相に非ず、甚處《なんのところ》にか身形《わがみ》を立《りつ》せん。

般若心経は色と空との相即の論理を示しているが、右の「空に非ざれども空は妙為《た》り、色に非ざるも色《かたち》は分明《あきらか》なり、色空皆《ともに》相に非ず、甚處《なんのところ》にか身形《わがみ》を立《りつ》せん」の文は、特にすぐれた色空のとらえ方である。我々は、「色」を相すなわちかたちあるものと受け取っていることは自然であるが、逆に「空」を見んとして、やはり「空」を存在せぬものと受け取ることが多い。これはすでに「空」を「相」すなわち、有るものとしてとらえていることである。「甚處《なんのところ》にか身形《わがみ》を立《りつ》せん」と釈していることは非常に鋭い。色・空を存在（相）の次元ではなく、機用《はたらき》の場面へ進一歩せしめる可能性が秘められている。金剛経の「応無所住而生其心（身）、まさに住する所無くして、しかもその心（身）生ず」の禅思想の世界に接近している。

次に弘法大師空海（七七四～八三五）の『般若心経秘鍵』より同じ箇所の説明を読みたい。

「色・空、本《もと》より不二なり
事理、元より来《このかた》同なり
無礙に三種を融す
金水《こんすい》の喩その宗なり」
現象としての存在と真理である空とはもともと二つのものではない
現象と理法とは本来的に同一である
現象と理法、理法と理法、現象と現象、この三者はいずれもさまたげなく関連しあっている
その根本理念は金師子《こんじし》と水波のたとえによって示される。

（『般若心経秘鍵』遍照金剛撰）

右の引用文中に見られる「金水《こんすい》の喩」とは『華厳経師子章一巻』にしるされているもので、金を法界《ほっかい》の本体に、師子を法界のはたらきにたとえて、華厳法界縁起の原理を示したものである（浄源『金師子章雲問類解』）。次の「水波のたとえ」とは、大海を真理の世界、波を現象世界にたとえて、事理無礙を示したものである（杜順『法界観門』）。（『弘法大師空海全集』第二巻、筑摩書房、三七二・三七四頁より）

空海のこの色・空解釈は、基本的には中村元、紀野一義のそれと大きな違いはない。ともに学問的分析で

あり、仏教教学よりの説明であって、白隠の色・空のとらえ方とは根本的な違いがある。白隠には、色・空の二字そのものを解脱した自在の機用がみられるのである。

次はある女流作家の「空」についての所説である。

この「五蘊」がすべて「空」だと言う。つまり、ものがあっても、それを見なければ、ないと同じでしょう、見ても目に入らなければ、ないと同じなの。……私が一生懸命書いている間に、ちゃんとお茶とコーヒーがはいって、私のすぐ横に置いてくれてあるんですね。私が知らない間に女の子が入ってきて、そこに置いて立ち去っている。ところが、必死になって書いているから、彼女が来た足音も聞こえなければ、置いた気配も分からない。コーヒーの香りも分からない。そうすると、ものがあっても、私が感じなければ、ないと同じなんです。終わったとたんに喉が渇いて、お茶がほしくなる。その時に「ありますよ」と言われて、あることに気付く。その時はじめて、そこのものが私にとって存在する。ものがあっても、それを認識しなければ、ないと同じこと。これが、きょうお話しする「空」につながります。

（『寂聴 般若心経――生きるとは』四、色即是空――苦しみからの解放、七三・七四頁より）

作家の作品だけあって、本書は心経のなかの難解な専門語をわかりやすく解説したり、自分やまわりの人々の人生を語りつつ心経の各節をたくみに説明している。瀬戸内寂聴が京都嵯峨野の寂庵における「サガノ・サンガ」で毎月十八日におこなった心経についての法話をまとめたものという。

ただここでの「空」の解釈・とらえ方は、正しいとは思えない。「ものがあっても、それを認識しなければば、ないと同じこと。これが、きょうお話しする「空」につながります」と言っている。過去の戦争の歴史について、あるいは現在の原発の問題について認識していない人には、過去の戦争に何があったかということも、原発が日本に五十四基もあって、使用済み核燃料の最終的処分方法がみつかっていないという深刻な問題も、その人には存在しない。けれども「空」とはそういうこととは違う。先ず現実・色を知ること、そしてその現実の問題を受けとめ、つくりかえてゆく力が「空」の機用なのである。白隠のとらえる「空」とは、そのようなものであったと思われる。

現在、日本人の三人に一人が癌によって死んでゆくといわれているが、癌患者がみずからの癌を知らなければ「空」であるといっても意味のあることではない。そうではなく、みずからの癌を引き受けて生死することのなかに仏法があるともいえる。「知る」ことの外に「空」の機用があるのではない。問題を含む現実を認識しないのが「空」であるとするのは、「空」の機用を正しく見ていないとしか思えない。

私は二〇一一年（平成二十三年）三月十一日、福島の東京電力原発事故まで、日本の原発についてほとんど知らなかった。この地震の多発する狭い日本の国土に五十四基もの原発がつくられていたことに無知であった。しかし、確実に原発は存在し、フクシマの東電原発事故はチェルノブイリの原発事故と同じ史上最大のレベル7の大惨事となった。これら客観的事実を知らぬのが「空」である、ということは、心経の色・空の真意とは全く異なるのである。

以上、代表的な心経解説を紹介したが、これらは基本的には、色・空の関係を存在としてとらえ、存在の次元にとどまっているもので、白隠の心経解読とは、距離があると思われる。

②「心経毒語」の禅思想

白隠自身はこの「般若心経毒語」によって、我々に何を語りかけているのであろうか。これまでみたような諸家の心経解釈とはどのように違うのであろうか。

先ず「心経」の中核である「色不異空　空不異色」（15節）について白隠にたずねてみよう。

好一釜《こういっぷ》の羹《こう》、両顆《りょうか》の鼠糞《そふん》に汚却《おきゃく》せらる、美食も飽人の喫するに当《あた》らず、波を払って水を求むるも波は是れ水（15節）

ここにいう「両顆の鼠糞」とは、いうまでもなく「心経」にいう色と空の二語を指している。おいしく出来上がったお吸い物が、この二つぶのネズミの糞によって汚されてしまった。色と空という二つの概念を持ち出したことによって、この美しくゆたかな世界が汚染されてしまったというのだ。「色」と「空」という二つの概念の分析綜合に依って、心経の説き示すものをとらえるのではない、と白隠は言っているのだ。すなわち、色と空との関係を分析したり結合したりする知的操作を退けているのである。また、心経のこの色・空のおしえは簡潔で見事ではあるが、生きていることの真のゆたかさを体得している禅者には、そのおしえは美食とは思われない。波（色）と水（空）という二つの概念で、この生《なま》の現実を説明しようともしているが、たしかに波（色）と水（空）はもともと二つのものではない。色と表現される存在者（現実の人生とその場としての世界）が空そのものである。二つに分けられるときは、色そのものが死んでしまうのである。

色が死ねば、空も一緒に死んでしまう。

舎利子よ、是の諸法は空相にして、不生にして不滅、不垢にして不浄、不増にして不減
目を捏《ひね》りて強いて花を生ず、従来諸法無し何ぞ空相を求めん、浄地上に屙《あ》を撒《さん》ず、「不生にして不滅」
とは可然《はなはだ》新鮮なり、果して恁麼《いんも》なりや否や、何ぞ計らん諸法は不生不滅ならんとは、人を謾ずること無
くんば好し。（18・19節）

白隠においては、諸法と空相とが別々にあるのではない。すなわち、汝を縛る諸法はない。諸法はそのまま空であるからだ。どうしてその上に空相といった花（空華）をえがくのか。清浄なお庭に汚物を撒くようなものだ。なるほど不生不滅とは新鮮な一句ではある。けれども、目前の諸法には厳然と生滅があるではないか。このままで、なんの文句があるというのだ。人をだましてはいけない。（19節）

心経解釈の古典のひとつ、空海の『心経秘鍵』は色・空不二、事（色）理（空）不二と端的に述べて、三種の無礙を説いているが、色・空のとらえ方は、白隠以前にとどまっている。「色・空、本《もと》より不二なり」というだけでは不徹底である。依然として綜合の論理的領域を出ていない。言語を使っての説明・解釈を表現する場合、この方法はやむをえないとも思われるが、生きた現実の機用についての「空華」であることを忘れるべきではない。「空華」である分析・綜合の世界が我々の自在の機用を逆に縛ることにもなり、「空」を超越的実体としてとらえる誤りを犯すことにもなる。

このことに関して『景徳伝灯録』巻十四・船子《せんす》章における船子徳誠《とくじよう》（生没年不詳）と夾山善会《かつさんぜんね》（八〇五〜八

八二）との問答を見てみよう。船子は六祖慧能四世の法孫・薬山惟儼に侍すること三十年であったが、薬山を辞してより、華亭の呉江で小舟を操って船頭をしていたことから、船子和尚と称された禅僧であった。

船子は、薬山のもとでの兄弟子であった道吾円智（七六九～八三五）が偏参の旅に出ようとしたとき「他後、霊利の座主《ざす》有らば一箇《ひとり》を指し来《きた》れ」と告げて、法を伝えるべき竜象を見出すよう委嘱した。（注、座主とは学徳すぐれた一山の住持として大衆＝修行僧を指導する者を指し、禅家からは一般の教僧を指す。）やがて道吾が遭遇したのは年若くしてすでに潤州京口竹林寺で一山の住持となっていた善会の上堂の場面であった。

僧有りて問う、如何なるか法身《ほっしん》、山（夾山）云く、法身に相無し、※僧云く、如何なるか是れ法眼（法身の眼）、山云く、法眼《ほうげん》には瑕無し、道吾覚えず失笑す

※法身に相無し、と答えた教家の僧・善会は、「大乗同性経」下の内容を敷衍《ふえん》したものと思う。「如来真法身者、無色無現無著不可見、無言説、無住処、無相」云々。

笑いをこらえている道吾を見て、善会は高座を下《お》り礼を具して訊ねた。「某甲《それがし》適《さきに》来僧に祇対の話、必ず不是有らん、上座《あなた》を失笑せしむるを赦す、望むらくは上座慈悲を悋《お》しまざれ。」この善会の謙虚な問いに道吾が応《こた》えた。「和尚、一等に（第一に、最初に）出世するも（住持してはいるが）、未《いま》だ師あらず、制中の華亭県に往き、船子和尚に去《ゆ》きて参ずべし、……彼《か》の師（船子）、上に片瓦《へんが》の遮《さえぎ》る無く、下に卓錐《たくすい》の地無し（法身そのものである、の意）。……山《さん》乃ち教に依り、衆《しゅ》を散じ（会下《えか》の人衆《だいしゅ》を寺から去らしめ）服を易《か》え、直ちに華亭に造《いた》る。」……のちに夾山善会と仰がれた善会が若き日、船頭・徳誠に参じた因縁《きっかけ》はこのようなものであった。

さて船子徳誠は相見《しょうけん》を求めた善会に見《まみ》えて問うた。大徳、什麼《なんの》寺にか住するや、山（善会）云く、寺には即ち住せず、住するは即ち似つかわしからず、師（船子）道《いわ》く、似つかわしからずと道《い》うが、又箇《ではあなた》の什麼《なに》似つかわしからずというや、山（善会）云く、是れ目前の法にあらず（私の依って立つところは、五根の世界ではない）、師云く、甚処《いずこ》より学得し来るや、山云く、耳目（五根・五感）の到る所にあらず、師笑って云く、一句合頭《いっくがっとう》の語、万劫《ばんごう》の繋驢橛《けろけつ》なり、又問う、糸を垂ること千尺なり、意は深潭に在り、鈎《はり》三寸を離るるを、子《なんじ》何ぞ道わざる、山、口を開かんと擬するに、師便ち篙《こう》（竿）を以て、（善会を）水中に打ち落とす、山（善会）わずかに水を出でて、船に上がる、師（船子）云く、道《い》え道え、山又口を開かんと擬するに、師又打つ、山是《ここ》に於て忽然《こつねん》大悟し、乃《すなわ》ち点頭三下《てんとうさんげ》せり。

船子と夾山の相見《しょうけん》の次第は右のようなものであった。（『景徳伝灯録』十四・十五、『正法眼蔵』三百則・上九〇、『五灯会元』五、『虚堂集』四・九八、などに出ている。原漢文。）船子は善会という嗣法の弟子を得たのち、「船を踏翻して、煙波に没せり」としるされているが、一山の住持として出世することもなく、これらの問答の最後にあるように「汝向後《こののち》直《ただ》須く身を蔵《かく》して蹤跡を没すべし、没蹤跡の処に身を蔵すること莫れ、吾《われ》薬山に在りて三十年、祇斯事《ただこのじ》のみを明らむ」という善会への委嘱の語を、船子みずから身をもって示したことを云ったものと思われる。この「汝向後直須蔵身没蹤跡、没蹤跡処莫蔵身」の句は、禅者としての生き方を示す重要な一句と思われるが、「心経毒語」との関連で言えば、法身は五根を超越した存在と応《こた》えた善会に「一句合頭の語、万劫の繋驢橛なり、……鈎三寸を離るるを、子《なんじ》何ぞ道《い》わざる」と迫った船子の機用《はたらき》を示したものの意味が先ず問題である。善会は法身を超越的存在ととらえていたが、「一句合頭の語、万劫の繋驢橛なり」すなわち、これだと思ったその一句が、汝を永遠に縛りつける繋驢橛（ロバを繋ぐ杭）になる。法身の深淵（束縛）から汝を釣り上げる三寸の鉤《はり》からどのようにして解脱を得るのか、どうしてこのことを道わないのか、と迫った船子の機用を、看取しなければならない。

心経にいう「空」を、私は「法身仏《ほっしんぶつ》※」と同義と考えるが、この問題について禅宗史上の祖師たちの機語を点検する作業を今しばらく続けたい。

※法身とは仏の三身、すなわち法身、報身《ほうじん》、応身《おうじん》の三種の仏のひとつ、法身は仏の三身のうち、もっとも根源的な仏であり、法身、自性身とも称され、姿形を持たず、無身無形相であって、仏の自性である真如《しんにょ》そのものを指す。「證道歌」にいう「本源自性天真仏」がこれである。いわば仏といわれるものの根源的存在とされるが、実は根源的存在ではなく、根源的機用というべきものである。法身を根源的存在＝実体とするあやまりを白隠は繰り返し警告しているのであり、船子徳誠と夾山善会との問答も、この実体としての法身仏への住著を指摘したものであった。

雲門文偃（八六四〜九四九）にも「法身両般の病」（『雲門匡真禅師広録』巻中、および『従容録』十一・雲門両病）の語がある。

師有時云、光不透脱有両般病。一切処不明面前有物、是一。又透得一切法空、隠隠地似有個物相似、亦是光不透脱。又法身亦有両般病。得到法身、為法執不忘、己見猶存堕在法身辺、是一。直饒透得法身去、放過即不可、子細点検来、有什麼気息、亦是病。

師有時《あるとき》云く、光透脱せざれば両般《ふたつ》の病有り。一切処に明らかならず、面前に物有り、是れ一。又一切法空に透得するも、隠隠地《おんおんち》に個物有る似《ごと》くに相似たり、亦是れ光透脱せず。又法身にも亦両般の病有り。法身に到ることを得れども、為に法執を忘ぜず、己見《こけん》猶存して法身辺に堕在す、是れ一。直饒《たとえ》法身を透得し去るとも、放過は即ち不可なり、子細に点検し来るに、什麽《なん》の気息か有らん、亦是れ病。

雲門文偃のこの句の内容は、雲門三病すなわち「未到走作《みとうそうさ》、己到住著《いとうじゅうじゃく》、透脱無依《とうだつむえ》」としても知られている。未到走作とは、いまだ空の機用に到り得ず、相対分別に縛られ、生老病死の個物に滞ること。己到住著とは、すでに空の機用を体得したと思っているが、空の実体化に執着し真の機用に到り得ていないこと。透脱無依とは、一物にも依倚せず空にもとどまらず色空二法を透脱し得たと思っているが、生きた機用が身についておらず、枯木寒灰のような死人になることを悟境と思い込むこと。白隠のいう「棺木裏の瞠眼」（25節）がこれにあたる。子細に点検すれば、まともな呼吸もできていないのだ、と雲門はいうのである。『従容録』十一則は、右の「透脱無依」について、「病を養わんとして軀《み》を喪《ほろぼ》す」と著語している。空を体得せんとして（病を養わんとして）、生身《なまみ》の自己を見失ってしまった、というのである。

宋時代より曹洞禅が黙照禅《もくしょうぜん》と称されたのに対し、臨済禅では古則公案により工夫をさせる看話禅《かんな》と称される坐禅がおこなわれ、今にいたっている。白隠門下では、法身、機関、言詮《ごんせん》、難透、向上、五位、十重禁戒等の公案があり、この中で最初の関門が、以上みてきた「法身」を究める道程であった。白隠下で、この法身公案として用いられているのが「無字」「隻手《せきしゅ》」などである。「無字」とは、「狗子《くし》に仏性ありや、またなしや」の問いに対して、「無」と応《こた》えた趙州従諗《じょうしゅうじゅうしん》（七七八～八九七）の語に由来する公案である（『趙州録』

上）。仏教では「一切衆生悉有仏性」というが、犬や猫に等しい人に仏性があるのかないのか、という問いに趙州は「無」と答えたのである。「隻手」は、隻手の音声《おんじょう》を聞き来《きた》れ、とも云われる。片手で打つ音を聞け、という意味である。白隠下の大衆《だいしゅ》（修行僧）は、先ずこの法身についての眼《まなこ》をひらくことを修行の第一関門とする。このことから、「心経毒語」においても、法身への坐著（二元的な知識、分析的理解）に陥ることへの警告が随処に見られるのである。

※白隠の公案禅（看話禅）は独特なものであるが、おおよそ次のような七つの関門を通過することによって、学人に自在な人格を確立させようとしたものであった。法身（禅的な悟りに徹見して本来の自己を明らめる）、機関（悟りの当体である法身の機用を実現する）、言詮（法身の機用、悟りを言語化する）、難透（法身への住著を超える）、向上（法身への悟りそのものをさらに乗り越える）、五位（法身、悟りの再点検）、十重禁戒（日常生活の中の戒律の生きた働きを実現する）。

このように「心経毒語」は、禅の第一義を示すため、色・空を手がかりとしていわば「法身公案」を拈提しているともいえるが、他方で、「維摩経」観衆生品での舎利弗《しゃりほつ》に言及している14節の著語や、さらに26節では菩提薩埵摩訶薩（菩薩）の願行について、上求菩提下化《げけ》有情《うじょう》（衆生）の誓願のゆえに、三途に入りて衆生の苦を代わり、十方に遊戯《ゆげ》して請を待たず、誓って偏真の小果を取らず、……虚空は直饒《たとい》消殞《しょういん》し尽くすとも、永く願輪に鞭《むちう》って群氓《ぐんもう》（衆生）を利せん、と述べ、さらに35節では、徳雲の閑古錐《かんこすい》、幾《いく》たびか妙峯頂を下り、他の痴聖人を傭《やと》って、雪を担《にな》って共に井《せい》を塡《うず》む、と徳雲比丘の無私の菩薩行を紹介している。法身住著を粉砕して第一義を示さんとした白隠と、十字街頭で灰頭《かいとう》土面《どめん》となって衆生と共に生きることこそ菩薩なのだと語る白隠とを、この「心経毒語」に見て取ることができるのではないだろうか。孤峰頂上の第一義と、十字街頭入鄽垂手《にってんすいしゅ》とは禅者白隠の両手両足であったのである。

これは白隠の禅画に、絵画というよりも、まさに禅そのものである祖師達磨図、臨済、徳山図、そして又「大灯国師乞者隊裏」図があって禅の第一義を示すとともに、一方では庶民の世界に題材をとった戯画的俳画風な絵の二方面があることと対応しているのではないかと思われる。

35節の妙峯頂上の徳雲比丘がおこなった「担雪塡井」の話は、禅仏教の出世間（不出世）主義と入鄽垂手《にってんすいしゅ》（出世）とが不即不離の関係であることを示した重要な内容を含んでいる。白隠の禅思想は、この禅の伝統を継承していることが、35節の徳雲比丘担雪塡井の話によってよく示されている。たとえば、宗門第一の書としてこんにち特に臨済宗において提唱される『碧巌録』第四十三則・洞山寒暑廻避・頌のうしろには担雪塡井の思想と共通する圜悟の評唱がみられる。

曹洞下に出世と不出世有り、垂手と不垂手有り。若し不出世ならば、目に雲霄《そら》を視ん。若し出世なれば、便ち灰頭土面《かいとうどめん》。目に雲霄を視るは、即ち是れ万仞峰頭。灰頭土面は、即ち是れ垂手辺の事なり。有る時は灰頭土面にして、即ち万仞峰頭に在り。有る時は万仞峰頭にして、灰頭土面。其実鄽《まことはまち》に入りて手を垂るると、孤峰に独り立つとは一般《おなじ》なり。帰源了性《きげんりようしよう》と差別智《しやべつち》とは異なること無し、切に忌む両橛《ふたとおり》（りょうけつ）の会《え》を作《な》すことを。所以《ゆえ》に道《い》う、「垂手還って万仞の崖に同じ」と。

（原漢文。『碧巌録』中、岩波文庫、一二八頁）

ここにいう、「出世」とは、娑婆十字街頭に入鄽垂手《にってんすいしゅ》（人々の中で共に生きること）して、灰頭土面をも辞することのない生き方を、不出世とは、道元のいう「驀然《まくねん》として尽界を超越《ちようおつ》して、仏祖の屋裏に太尊貴生《たいそんきさん》なるは結跏趺坐なり」（『正法眼蔵』三昧王三昧の巻）、あるいは「坐禅は三界の法にあらず、仏祖の法なり」（『眼蔵』道心の巻）のごとく、三界超越の世界を指し、圜悟は右の評唱においてこれを「目に雲霄を視る」あるいは「万仞峰頭」の語によって示したのである。達磨が武帝に語った「廓然無聖《かくねんむしょう》」の語も同消息である。そして「其実鄽《まことはまち》に入りて手を垂るると、孤峰に独り立つとは一般なり」すなわち自己の根源的主体を確立することと、現実の個別的多様の世界に生きることは異なるものではない。「切に忌む両橛の会を作すことを」というのである。

白隠が排撃したのは、万仞峰頭に独り立つことを以て終われり、という禅であった。これは、まさに「金屑《きんせつ》は眼中の翳《えい》、衣珠は法上の塵」（4節）というべきである。この4節の著語では「無門関」十二・巌喚主人の頌などにみられる長沙景岑の語を引用している。

学道の人真を識らざるは、只だ従前より識神（認識作用上の絶対者）を認むるが為なり。
無量劫来生死《ごうらいしょうじ》の本《もと》、痴人《ちじん》喚《よ》んで本来人《にん》と作す。

識神の次元でとらえられた般若空が、「解脱の深坑《じんきょう》、畏るべき処」（『百丈広語』）ともなり、「菩提涅槃は汝を埋没す」（『雲門広録』上）ともいわれた祖師達の警句を継承した禅書であることを「心経毒語」にみることができるのである。

二　白隠と曹洞禅 ――「洞上五位偏正口訣」にみられる禅の機用

白隠はいうまでもなく、近代臨済宗中興の祖と称せられた巨匠であり、室町幕府の庇護のもとにあった天龍、南禅、東福、大徳、相国の京都五山や、鎌倉幕府執権の北条時頼、時宗を開基とする建長、円覚などとは法系を異にしており、「林下」といわれた応・灯・関の法系を受け継いだ在野の禅者であった。白隠が特に尊崇した大灯国師宗峰妙超は、栄達を望まず、京都五条の橋の下で乞食の一群に交わり、聖胎長養すること二十年であったという。大灯国師の法嗣《はっす》・関山慧玄（一二七七〜一三六〇）は、師大灯国師の家風を慕い、美濃伊深の山中で農民の群の中にあって、牛飼いをしながら悟後の修行をすること八年であった。のち京都に妙心寺を開き、三十余年にわたって竜象の打出につとめた。白隠はこの応・灯・関の脱俗の家風と、正受老人道鏡慧端（一六四二〜一七二一）の峻厳の禅風を受け継ぎ、見性成仏の一大事を眼目とする独自の看話禅を創出鼓吹したのであった。正受老人慧端は、本師の至道無難の師席を董《ただ》すよう属目されたがこれを断り、信濃飯山城上倉村に草庵を結び、正受庵と称し、隠棲していた。

白隠にとってこの見性成仏の明確な見識を欠くと思われる黙照禅の徒はまさに禅仏教の邪党であった。『荊叢毒蘂』拾遺にも収録されており、白隠自身が自己の頂相《ちんぞう》にもしばしば書いている自賛の偈がある。

千仏場中為千仏嫌
群魔隊裡為群魔憎
挫今時黙照邪党
鏖近代断無瞎僧
這般醜悪破老禿
醜上添醜又一層

千仏場中千仏に嫌われ
群魔隊裡群魔に憎まる
今時黙照の邪党を挫き
近代断無の瞎僧《かつそう》を鏖《みなごろし》にす
這般《この》醜悪の破老禿《はろうとく》
醜上に醜を添うること又一層

この自賛にいう「今時黙照の邪党を挫き　近代断無の瞎僧《かつそう》を鏖《みなごろし》にす」の黙照の邪党とは、黙照禅を標榜する宏智正覚《わんししょうがく》以来の曹洞禅を指す。あるいは非思量底《ひしりょうてい》の只管打坐《しかんたざ》を唱えた道元禅を指しているとも思われる。「近代断無の瞎僧」とは、空の一位、無の一位を参禅究極の正位とし、一切皆空を禅の本旨としてそこに住著し、そのために物が見えなくなっている禅者を指す語であり、やはり黙照禅を暗示していると思われる。

「黙照の邪党」が近代断無の瞎僧であったか否かはのちに論じるとして、ここで白隠が言わんとするところは、法身辺に住著して機用を喪っている禅者への痛烈な批判であった。

しばらく、ここで白隠の若き日の修行の跡を辿り、さらに晩年の白隠の悟境をさぐってみたい。このことによって、右の白隠自賛の偈を読む視点も違ってくるであろう。

貞亨二年（一六八五）、白隠は富士山麓浮島原の長沢家の第五子として出生した。十五歳の折、同じ原の松蔭寺で得度し、慧鶴の安名を得た（白隠はその号）。二年のち十七歳、受業師（得度の師）単嶺和尚入寂、参師問法のため美濃、伊予など諸国遍歴の旅に出て研鑽を重ねた。この時期白隠は、『禅関策進』、『仏祖三経』の二書に開眼するところがあった。二十四歳の折、越後高田の英巌寺の生鉄和尚による「人天眼目」の提唱を聴き、日夜寝食を忘れて坐禅に打ち込んだ。一夜を徹しての坐禅が暁を迎えた頃、遠寺の鐘声によって大悟徹底するにいたった。そして、「古来、我のごとく痛快に大悟しえた者はなかった」との思いを抱くようになった。そのあと、英巌寺で講席を共にしていた宗覚の案内で信州飯山の正受老人を訪ね、正受老人道鏡慧端に相見したのである。

老人は白隠を一目見るや、その法身辺への滞留を見破り、白隠が幾度所解《しょげ》を呈しても「この穴ぐら坊主め」と罵倒し続け、ついには縁側から蹴落とした。白隠の苦行の地・正受庵には「蹴落としの坂」とよばれるこの石段が今も残っている。白隠はここで八ヶ月の厳しい鉗鎚を受け、ついに南泉遷化の公案を透過して、正受老人の証明を得たのである。

白隠はのちに正受老人の許《もと》での修行の日々を回顧し「予四十年前、正受の室内に在りて嘗て信受する所を法施《ほっせ》に当てんとす」と述べている。老人からの信受したところのものとは「洞山の五位」と「宝鏡三昧」であった。洞山の「五位は是れ正位の雑毒海を驀過する舟航、二空の堅牢獄を輾破するの宝輪」であるという。

白隠に由来する看話禅の第一関門は「法身公案」といわれるものであるが、法身、機関、言詮、難透、向上、五位、十重禁戒などの公案体系のうちの最初の関門の位置をもつものである。この法身を明らめることによって、自己を明らめ、生死を解脱し、無礙の自由を獲んとするのである。この機用を触発するのが、「無字」「隻手《せきしゅ》」などの公案であった。そして、この法身公案の透過にともなう「法身住著」の病を自覚させる力をもつのは、白隠によれば洞山の正偏五位の禅的論理であった。

法身辺への停滞を内に抱えて相見した白隠に対して、正受老人が老婆親切に説き示したのが、この洞山五位であり、これによって白隠はみずからの悟境を深化し展開させる眼を開くにいたったと思われる。「予四十年前、正受の室内に在りて嘗て信受する所……」というのは、このような正受老人から受けた洞山五位への開眼であり、同時に自己の悟境の更なる深化でもあった。「正受は専ら洞山の頌を参究して、而《しか》る後判断し将《も》ち来たる」と師の参学の姿勢を紹介している。

白隠は正受老人の膝下に在ること八ヶ月であったといわれる。白隠はこののちさらに四十余年の悟後の修行を重ね「寛延改元戊辰《つちのえたつ》（一七四八）の夏、定中忽爾《じょうちゅうこつじ》として偏正回互の秘奥を煥発すること掌上を見るが如し」であったと述懐している。これは実に驚くべきことである。白隠が「心経著語並頌（心経毒語）」を講じ開版したのは延享元年（一七四四）六十歳の時であった。したがって、この「洞山五位偏正」についての白隠の著述はその四年後、六四歳の時の「定中云々……」の体験のあとであったようだ。般若心経提唱・開板（『心経著語並頌』）、「息耕録開筵普説」などの提唱のあと、この寛延元年には「息耕録偈頌」を提唱し、翌寛延二年には「槐安国語」を講じて、敬慕してやまなかった大灯国師の宗風の挙揚に努めている。このように宗師家としての白隠の充実した力量が旺盛に発揮されていた頃に、洞上五位頌についての作品が書かれていた。ここにはしたがって、白隠の禅者としての見識がそなわり、充実した力量溢れていた時期の禅思想の結晶が見られるといってよいであろう。「諸子、この淵源を究めんと欲せば、須く密密に体究すべし、老僧辛苦既に是れ三十年、諸子容易の看を作すこと勿《な》かれ」

しかし、白隠が正受老人の鉄槌を受けて体得した五位の秘訣を同学の諸子に参究せしめんとしても「往往、他家（曹洞）の宗要と為して顧り見ず、其の中間唯々《ちゅうげん》一箇半箇（一人か二人）を得るのみ」であった。この時代すでに臨済の家風と曹洞のそれとを峻別する空気があったことが感じられる。

白隠出現以後の日本の禅界は、各地特に東海地方の曹洞宗の禅道場にも、白隠の影響が大きく、臨済宗の規矩によってつくられているものを散見する。幕末から明治にかけて、風外和尚が雲衲を指導した三河足助の香積寺の禅堂などもその一例である。このような白隠の影響が大きかった時代においても、臨済の学人たちは、白隠のすすめにも拘わらず「洞山五位」や「宝鏡三昧」を参究する志を持つ者は暁天の星の如く、一箇半箇ほどにすぎなかった。

ではここで、正受老人や白隠が洞山五位をどのように見ていたかを考えてみたい。

正受老人は五位を先ず「四智」の開発との関連で説き示していた。五位の第一「正中偏」の一位は「八識頼耶の暗窟を打破し、大円鏡智の宝光を立地に煥発す」る機用をもつというのである。白隠はこれについて「却って怪しむ、大円鏡光黒きこと漆の如くなることを」の警句を発している。禅者のよく口にする「山川草木悉皆成仏、柳緑花紅、仏凡一如、煩悩即菩提、峯の色渓響きもみなながらわが釈迦牟尼の声と姿と」など差異のある存在を、あるがまま（法身）平等と見ることによって暗窟禅の語に堕してしまうのである。「大円鏡光黒きこと漆の如くなることを」と白隠がいったのは、この平等一色の暗窟を指しているのである。これを打破するのが次の「偏中正」の一位なのであって、偏位の事々物々を観る目が正位を離れず、しかも偏位として観る機用《はたらき》を言うのである。これは事々物々を「見る目」ではなく、全体作用ともいうべき「観の目」であって、宮本武蔵が言っている「見の目弱く、観の目つよし」の「観の目」であるにほかならない。ここに四智の第二平等性智が現れるが、これは第七末那識《まなしき》の機用《はたらき》の転換に他ならない。末那識は第七識ともいわれるが、第八阿頼耶識《あらやしき》（経験の集積が意識下に蔵《かく》されている世界＝蔵識）によってやはり意識下のこの末那識は制約され、我執（自我中心）法執（所有する対象への執着、法は存在の意）を生み出し、我見、我痴、我慢、我愛の四煩悩の根源となるものである。この識は転じては平等性智の光ともなり、彼我差別の見を去り、自他平等の機用が現れる。

正中偏も偏中正も実は存在の論理ではないけれども、どうしても認識の次元で解釈されやすい。このため洞山はさらに「正中来」「兼中至」「兼中到」の三位を示し「来」「至」「到」という「機用」を示す語によって、存在の論理、分析の論理などの分別知の次元を打ち砕いてゆく。「正中来」の語によって、正・偏回互の機用である「来」を示しながら、さらにそれを正・偏ともに分かちがたくはたらいていることを「兼中至」の語によって徹底せしめているように思われる。

したがって華厳経の四種法界でいえば、正中来と兼中至は「理事無礙法界」に、そして四智でいえば、第六識の転換としての「妙観察智」にかよう次元である。さらに重要なのは、五位の「兼中到」である、現在の中国語でも「はい」「ここにいます」と応答をする時は「到《タオ》」と言う。「現成」の語がこれにあたる。したがって、この兼中到は存在の論理ではなく、現実の「機用」を指すものである。これは四智の第四成所作智なのではないだろうか。正と偏とを「折合」すなわち正・偏ふたつを一つにするという論理的操作の次元ではなく、入鄽垂手の世界での機用なのであり、華厳四種法界の「事々無礙法界」にあたる。

「四智」とか「四種法界」は分別知の次元で理解され、存在の論理と受け取られやすいが、禅はそのような教学的論理の次元にあるのではなく、これを機用の次元へと転換することによって、学人に真の大用現前《だいゆうげんぜん》を示そうとしたのである。

さて、先にみた白隠の頂相自賛中に「黙照の邪党」の語があったが、「黙照銘」を示した黙照禅の巨匠宏《わん》智正覚《しょうがく》（一〇九一～一一五七）は、白隠と同じ課題（五位の参究）をどのようにみていたのであろうか。宏智は臨済宗の大慧《だいえ》宗杲《そうこう》（一〇八五～一一六三）と並んで、当時中国禅界の二大甘露門と尊敬せられた禅者であったが、両者は互いに交流があり親しい関係を保っていたという。宏智の見解は「従容録」のもとになった「宏智頌古百則」の第九則・九峯不肯（石霜七去）の頌古にみることができる。

月巣鶴作千年夢
雪屋人迷一色功
坐断十方猶点額
密移一歩看飛龍

月巣の鶴千年の夢を作し
雪屋《せつおく》の人一色の功に迷う
十方を坐断するも尚点額す
密に一歩を移さば飛龍に見《まみ》えん

（『正蔵』四八・諸宗部五「宏智禅師廣録」一七b）

この七絶の起句承句では、月光の美しさに酔うあまり、鶴本来の機用ともいうべき大空への飛翔を忘れて、巣ごもりのまま千年の夢に陥り、雪一色の白銀世界の只中にある人が、その差別《しゃべつ》を絶した一味平等の風光をあたかも悟りの境涯（功）であるかのように思い込む、というのである。ともに法身辺への住著と停滞を示している。つづいて転句結句にいう。十方と一如となった坐禅もなお点額（現実界の高い壁に頭を打ち自由を失うこと）をまぬがれない。この暗窟の中にある自己を転身して、密々の一歩を踏み出すならば、汝は天地を自在に飛ぶ龍に出逢うのだ。

宏智がこの頌にいうところの「月巣の鶴千年の夢を作し」「雪屋の人一色の功に迷う」の二句の意味するところは、白隠の「却って怪しむ大円鏡光黒きこと漆の如し」という正位法身辺への住著を指摘した言葉と異なるものではない。

宏智には「四借《ししゃく》」なるものがあって、五位との関連でみるならば、今まで考えてきた白隠や洞山の禅と宏智の禅との関連がよく分かるのである。

一　借功明位《しゃくこうみょうい》・現象界の万物の作用＝功によって、そのものの本体を明らめる。「偏中正」

二　借位明功《しゃくいみょうこう》・万物の本体＝位によって、現象界万物の作用＝功を明らめる。「正中偏」

三　借借《しゃくしゃく》不《ふ》借借《しゃくしゃく》・万物の作用も、その本体も共に忘じ一物も存在しない。けれども天地万物の作用をとらえる眼はそなわっている。「正中来」「兼中至」

四　全超《ぜんちょう》不《ふ》借借《しゃくしゃく》・第三の空位をもさらに超越し、空すらもとどめることがない。雲門三病にいう「透脱無依」の住著を脱去している。「兼中到」がこれである。

右の「四借」の第三・第四への著語は次のようである。

「借借不借借」

識尽甘辛百草頭　　甘辛を識り尽くす百草頭

鼻無索纏得優游　　鼻に索《なわ》を纏《まと》う無く優游たるを得たり

不知有去成知有
始信南泉喚作牛

有ることを知らざるも去《ゆ》きて知成ずる有り
始めて南泉喚《よ》んで牛と作《な》るの信《たより》。

「全超不借借」

霜重風厳景寂寥
玉関金鎖手慵敲
寒松尽夜無虚籟
老鶴移棲空月巣

霜重く風厳《おごそか》にして景寂寥《せきりよう》
玉関の金鎖手を慵《もち》いて敲《たた》く
寒松夜を尽くして虚籟無く
老鶴棲《せい》を移して月巣空し。（『正蔵』四八・諸宗部五「宏智禅師廣録」九九b・c）

右の四借著語のうちには、重要な句をみることができる。先ず四借第三「借借不借借」の著語である。「甘辛を識り尽くす百草頭」とは、世間の幸せとか辛苦を識り尽くして、その只中に在る、という意味である。百草頭とは禅家では迷妄の当体を指す語である。迷妄に束縛されていて、その迷妄を識り尽くしている、というのである。すなわち実はそのような人を縛り自由を奪うものを見出すことはできぬ（鼻に索《なわ》を纏《まと》う無く優游たるを得たり）。「不知有」すなわち、自己と諸仏とは同一でありながら、そのようなことを知の領域で所有することはないけれども、生き方をみると仏であることがわかる。あの趙州がその師南泉和尚に「仏で有ること、すなわち一切諸法の実相に悟入した人はどのような生き方をするか」と問うた時、「寺の前にある檀家の牛に生まれ、泥にまみれて働くわい」と南泉は答えたではないか。

第四「全超不借借」の著語では結句にいう、「老鶴棲《すみか》を移して月巣空し」と。これはさきに見た「宏智頌古」六の「月巣の鶴千年の夢を作し」に対応した句であることは明らかである。月光一色の世界・差別を無うした平等一味の妙境に夢をむさぼり、大空を飛翔する機用を喪っていたあの鶴が、今やその住著の古巣を空《から》にして大空へ飛び立っているという意味である。これは「大円鏡光黒きこと漆の如し」と正位への住著についで警句を発した白隠の禅に対応していると思われる。

第二部　修羅のなかの人間

目次

白隠と沢庵 ――『不動智神妙録』における禅と剣

白隠の「心経著語並頌」の特徴は、空を存在者とする固定化の誤りを退け、空を機用《はたらき》とみているところにある。心経の「不生不滅不垢不浄不憎不滅」の著語では「何ぞ計らん、諸法は不生不滅ならんとは。人を譲ずること無くんば好し」という。心経は「生ぜず滅せず……」といっているが、「目前の諸法には厳然と生滅があるではないか」と白隠はいうのである。これは日前の生滅を超越して「空」を措定する「頑空」の思想を排しているのである。続いて「眼裏の童子、客を期《ま》ちて出ず、谷神は死せず、人を待ちて呼ぶ」と、流動して現れる多の世界の消息を述べる。ここでも「不」は機用であることをいっているのである。眼裏の童子も谷神《やまびこ》も、有為《うい》・造作《ぞうさ》の世界での現成《あらわれ》であり、客が現れたら迎え、山彦は人を待って（すなわち人の呼びかけに応じて）現れるのである。そこに汝の機用がはたらくのである。衆生の界畔を離れて諸仏の浄相は無いけれども、両者の存在が、固定して動かぬものであるならば、忽ち衆生と諸仏の自在な回互《えご》はうしなわれ、両者は不回互《ふえご》※の別存在となる。

※回互と不回互＝諸仏と衆生、迷と悟、煩悩と菩提など対立する（不回互）と思われるものが、相依相存、不即不離（回互）の関係にあること。それぞれ独立しながら切り離しえないこと。偏《へん》（差別《しゃべつ》）と正《しょう》（平等）とが相即しながら、しかもそれぞれ独立の位置をもつことを偏正回互という。石頭希遷の「参同契」、洞山良价の「宝鏡三昧」、さらに洞山の「偏正五位説」の重要なキーワードである。

私たちは生老病死（四苦）、生滅無常などの有為・造作の世界に生きているのであり、この中で空の機用がはたらく時に、臨済のいう「赤肉団上《しゃくにくだんじょう》の一無位の真人《しんにん》」が現れる。この空の機用を禅と剣との相関関係の中で明快に示したのが沢庵であった。

沢庵宗彭《たくあんそうほう》（一五七三〜一六四五）に『不動智』という一書がある。正しくは『不動智神妙録』ともいう。沢庵は白隠（一六八五〜一七六八）より以前に現れた臨済禅の巨匠であり、紫衣事件に連座して京都を追放されるなど、幕府の権力に妥協することのなかった反骨の禅僧であった。後年、三代将軍家光に重用せられ、将軍家の剣の指南役として知られる柳生宗矩に、『不動智』なる一書を与えたことが知られる。この書を見ると、白隠が「般若心経」の精髄を、衆縁和合の縁起説による存在の論理を表向きは退けながら、自他相関の世界の中で、ひとつの固定した考えに縛られることなく創造してゆく機用の論理とみていたことと、まさしく通じ合う内容であることがわかる。白隠は「動中の工夫は静中の工夫に勝ること百千億倍」と言っているが、沢庵のこの『不動智神妙録』は、この「動中の工夫」を禅の機用として述べている書であるといってよいであろう。

この書は内容からいえば、十一ほどの節から成っていると思われる。「無明住地煩悩」と「諸仏不動智」との対比を説明する第一節から「事と理」（第四節）、「一心の置き所」（第七節）、「正偏の機用」（第八節）、「本心と妄心」（第九節）、「有心の心と無心の心（全体作用とは何か）」（第十節）、「水上打胡蘆」（第十一節）などで、禅の機用の何たるかをわかりやすく説明しているが、白隠の『心経毒語』がそうであったように、金剛経※の「応無所住而生其心《おうむしょじゅうにしょうごしん》」の思想が根底にあると思われる。

※金剛般若波羅蜜多経・荘厳浄土分第一（大般若経五七七巻第九会能断金剛分に同じ）

先ず第一節の「無明住地煩悩」と「諸仏不動智」の内容を見てみよう。沢庵はここで「物事に心の止《とどま》るを住地と申すなり」と述べて、柳生の剣法でいうならば「向ふ（相手）より打つ太刀を一目見て、そのままそこに心がとどまり、手前（自分）の働きが抜け候て、向ふにきられ候。是を止ると申す可《べ》く候」という。

柳生流は現今でもいくつもの打太刀の形《かた》を学ぶ稽古を積む修行をおこなっている。形の稽古は第四節「事《じ》と理《り》」において述べている「事」の鍛錬に他ならない。ここでは「身持（身の構え）、太刀の構え、心の置所」さらに太刀のさまざまな捌《さば》き方を学ぶ。それぞれ「事」の鍛錬は剣技の「理」に裏付けられた形であり、体捌きであり、太刀捌きである。そして「事・理」二つは車の両輪のごとくではあるが、この理の極まるところは「向ふへも左へも、右へも、八方へも心は動き度《たき》やうに動きながら其行処《そのゆくところ》に卒度も止まらぬ」機用をいうのであり、これが「不動智」なのである。これは剣の事・理の奥にある機用であり、禅仏教の言わんとするものである。

　我心を動転せぬことに候。動転せぬとは、物に心を止《とど》めぬ事にて候。物に心止《とどむ》れば物に心をとられ、物事に止る心を動と申候。物を一目見ても心を止めぬを不動と申し候。

　打太刀の形、すなわち事の鍛錬に習熟しても、実戦での敵の太刀捌きは、こちらの想定どおりに動いて攻撃してくるとは限らない。攻撃される方法を想定することに縛られず、しかもいかなる太刀にも対応できるのが沢庵のいう「不動智」であった。これがまさしく金剛経の「応《おう》無《む》所住《しょじゅう》而《に》生《しょう》其心《ごしん》(応《まさ》に住《とど》まる処無うして、其の心を生ずべし)」の理を剣技の世界で説いたものであることがわかるのである。金剛経は般若思想をこのような機用の場所で示しうる思想的性格を持っていた。

　以上のような道理から沢庵は、千手千眼観音の姿が「応無所住而生其心」の機用をあらわしたものであるに他ならないというのである。

十人して一太刀づつ我に太刀を入《いる》るとも、一太刀を受流《うくるながれ》の跡に止《とど》めず、跡を捨て候はゞ、十人ながらの働きを欠《かかさ》ぬにて候。十人に十度心は動けども、一人にも心を止めざれば、次第に取合《とりあい》て働《はたらき》は欠け申《まうす》間敷《まじく》候。若又一人の前に心が止まらば、一人の打太刀をば受流《うけなが》すべけれども、二人目の時は、手前の働き（は）ぬけ可申《まうすべく》候。

十人を相手にしても、その一人の相手に心が止まることなく自在の流れをつくることができれば、ひとつの太刀が十の太刀にひとしい働きをする。千手観音がもし弓を持つ手一つに心が止まるならば、九百九十九の手は皆用に立たなくなる。「一所に心を止《とどめ》ぬに由り千の手が一つも用に立たざるはなく候」というのである。観音菩薩といえども、一つの体に千の手のあるはずがない。「不動智が発《ひら》け候へば、手が千有りても、皆用に立つぞということを、人に知らしめん為に作りたる形《かたち》にて候」千手観音像は腕が四十二本あって、中央の二つの腕は合掌し、四十本の腕はその手によって二十五の実在世界にかかわり、四十の二十五倍で千の手となり、この千の手によって、現実世界の多様な問題に対応するという。そして四十の手には、それぞれ武具法具楽器薬壺など多様な持物があり、その手には、それぞれ目がついている。これが千手千眼《げん》の由来であり、菩薩の機用とは何か、をよく示している。この目は肉眼の目を意味するのではなく、観の目である。

次に心の置き所ということについては「我心を臍《ほぞ》の下へをし籠《こめ》て余所《よそ》へやらずして、敵の働きに由りて転化せよ」という人がいる。「尤《もっとも》左《さ》もあるべき事なり。然れども仏法の向上の位より見れば、臍の下へ押し込めてよそへやらぬと云うは、つつと段が卑し。是は向上修行に非ず。稽古初心とり入《いり》の時の位なり……立ち上がりたる向上の段にてはなし」と述べ、さらにいう。「心を右の手に置けば、右の手に取られた左の用が欠け、……目に置けば耳の用が欠け、足に置けば、手の用が欠け候。一所《ひとつところ》に置けば、皆用が欠くる候ほどにどこにもないぞ、どこにもをかねば我が身、心が一っぱいに行き渡り、余所にひろごり大心になる也……心を一所《ひとつところ》に置けば、偏《へん》に落つるといふなり。偏とは一方へ片付《かたづき》たる事をいふ。……心を一方に置けば、九方が欠くるぞ。心を一方にをかざれば、十方にあるぞ」このように沢庵は正・偏五位にある偏の語を用いて機用の両面のはたらきを示したのである。

本書にも「付巻」として収録しているが、洞山には『五位偏正頌』なるものがあって、偏・正の論理を用いて、これを存在論の次元ではなく、機用の論理へと転化し深化せしめている。沢庵もまた白隠と同じく、この洞山の正偏頌を知っていたと思われる。

沢庵の『神妙録』では、心を一所《ひとつところ》に置くのは「偏に落つる」ことであるが、この偏位に縛られると「心をつなぎたる猫のやうにして、よそへやるまいとせば、殊の外不自由の事なり」となる。心のはたらきが偏位に落ちることを沢庵は「妄心」の語で示し、心が十方に置かれていることを「本心」「大心」の語で示す。

本心は水の如く、妄心は氷の如し。水と氷とは一つにて候へども、氷にては顔・手を洗はず不自由に候。氷を解《とか》していづくへも流《なが》るやうにして、手足も何も洗ふなり。人の心も一所《ひとつところ》に固《かたま》り一《ひとつ》事《こと》に止《とどま》り候へば、凝固《こりかたまり》て自由につかはれず候。……こゝろを解《とか》して総身へ水のやうにして用ひ、幾所《いくどころ》へもやりたき位にやりてつかひ申候。是を本心と申候。

さらにこれに続いて「有心」と「無心」ということが示されている。

有心と申すは、則ち右の妄心にて候。有心とはある心と読む文字にて、何事も一方へ思ひつむる所有り。心に思ふ事有りて分別思案が出ずる程に、有心の心と申し候。無心の心と申すは、右の本心と同じ事にて候。一所《ひとつところ》に堅《かた》まり定《さだま》る分別思案も何もなき時の心は総身に伸《のび》広がりて、全体行渡りたる心を無心の心と申候。どこにも置かざる心なり。無心とて木か石かのやうに有《ある》にてはなし。止《とどま》る所なき心を無心と申候。……此無心の心能《よく》成《な》りぬれば一事《ひとつこと》に止《とどま》らず、事をかゝぬ、常に水の湛へたるやうにして、此身に有て、用の向ふ時に出て用を叶うるなり。一事《ひとつこと》に止《とどま》り定《さだま》りたる心は、自由に働ざるなり。

『不動智神妙録』は沢庵が柳生宗矩に与えて、剣と禅との相関の道理を示した書であるが、沢庵の禅の一面がよくあらわれている。それは剣技という限られた領域における剣と禅との関係を示したものではあったが、ひろく私たちの人間としての行動の在り様、ひいては生・死の在り様にも深く関わってくる内容をもっていると思われる。

先に千手観音についてその機用をみたのであるが、この観音は観自在菩薩と観世音菩薩の二つの名称を持つ。観自在とは私自身の機用を観る、という意味。観世音とは、この世の人々の声を聴き、観てとるという意味。この二つは分かつことのできない内容ではあるが、ここで沢庵の示したところは主として観自在についての究明であった。

ミッドウェー海戦はいかに戦われたか

一　大将の兵法

本書では、「白隠と沢庵」の章を設け、沢庵が柳生宗矩に与えた『不動智神妙録』の示すところによって、空の大機大用《だいきだいゆう》の内容をみたのであったが、これは一般に一対一の剣技の領域での人の機用《はたらき》を説いたものと考えられる。

しかし、柳生宗矩の『兵法家伝書』を見ると、宗矩のこの書には一対一の剣技にとどまらず、組織的な戦闘の場面にも言及している箇所があることに気付くのである。

よく敵の機を見て太刀にて勝つを、勝つことを千里の外《ほか》に決すと心得べし。大軍を引きて合戦《かっせん》して勝つと、立相《たちあい》の兵法と、かはるべからず。太刀二つにて立相《たちあ》ひ、切り合ひて勝つ心を以《もっ》て、大軍の合戦に勝ち、大軍の合戦の心をもって、立合の兵法に勝つべし。太刀さきの勝負《かちまけ》は心にあり。心からの手足をもはたらかしたる物也。

（『兵法家伝書』進履橋）

刀二つにてつかふ兵法は負くるも一人、勝つも一人のみ也。これはいとちいさき兵法也。勝負《かちまけ》ともにその得失纔《とくしつわず》か也。一人勝ちて天下かち、一人負けて天下まく、是《これ》大なる兵法也。一人とは、大将也。天下とはもろもろの軍勢なり。もろ〳〵の軍勢は、大将の手足也。もろ〳〵の勢《せい》をよくはたらかするは、大将の手足よくはたらかする也。諸《もろもろ》の勢のはたらかぬは、大将の手足はたらかぬ也。太刀二すじにて立ちあふて、大機大用《だいきだいゆう》をなし、手足よくはたらかして勝つごとくに、諸《もろもろ》の勢《せい》をつかひ得て、よくはかりごとなして、合戦に勝つを大将の兵法と云ふべし。

（『兵法家伝書』殺人刀《せつにんとう》 上）

この『兵法家伝書』の大将の兵法といわれるものは、組織の在り方にかかわる重要な問題を提起している。「刀二つにてつかふ兵法は負くるも一人、勝つも一人のみ也。これはいとちいさき兵法也。……一人勝ちて天下かち、一人負けて天下まく、是《これ》大なる兵法也。一人とは、大将也。天下とはもろもろの軍勢なり。」

柳生流兵法のような古典的な兵法と、航空機、艦船、種々の火砲、暗号、無線、レーダーなどを駆使する近代戦での戦略・戦術とは同一視できない面があることはいうまでもない。しかし、司令官の資質を問うている『兵法家伝書』の言わんとしているところは、果たして近代戦と無縁と言い切れるだろうか。そして、戦いにおける司令官の素質とは、沢庵の『不動智神妙録』が重要視しているところの、自在に状況に対応しうる「応無所住而生其心《おうむしょじゅうにしょうごしん》」の機用をそなえているか否かにかかっている。そして司令官と指揮首脳部の予見能力、周辺視能力が戦機の帰趨を決定する最重要の素質的条件になるものと考えられる。そこには、相手からの攻撃のいくつかの方法を想定し、その一つ一つに対応しうる「後の先《ごせん》」の戦法の構えもゆるがせにされていないことがなければならない。どのような攻撃が向けられるかわからない不確定の場である戦場において、限られた戦術のみを想定し、敵がその方法によってのみ攻撃してくるものとしてそこに「住著」し、想定外の攻撃に即応できない時、敗北を招くにいたるのである。これはミッドウェー海戦のみならず、東京電力福島第一原発事故においても、同様の問題状況があったのである。

二　太平洋戦争におけるミッドウェー海戦の意味　――山本五十六《いそろく》連合艦隊司令長官の戦略

ミッドウェー海戦は昭和十六年（一九四一）十二月八日早朝の真珠湾《パールハーバー》奇襲攻撃によって始まった太

平洋における日米間の海戦の天王山というべき重大な意味を持つものであった。その勝敗はその後の制空権・制海権の帰趨を決めるほどのものであった。

ミッドウェー島は米太平洋艦隊の基地であったハワイの北東千マイル（約千六百キロ）に位置し、日本とアメリカ本土のほぼ中間にあって、太平洋制圧のためには重要な地理的位置にあった。この島の米空軍基地を攻撃占拠して、太平洋の制空・制海権を握り、さらにハワイへ進攻して、これを占領することによって米国の戦意を喪失させ、早期講和にもってゆくというのが連合艦隊司令長官山本五十六大将の政治的戦略であった。

山本は海軍内の知米派であり、日米間の戦争には反対していた。彼はアメリカの強大な工業生産力、そして豊富な石油生産力と貯蔵量を知悉しており、日本が戦えるのは精々二年が限度と考えていた。

日米間の昭和十六年（一九四一）から昭和二十年（一九四五）まで軍需生産比を見ると、鉄鋼では一対三九、石油では一対二二九、航空機は六万八〇〇〇機対二十九万機、火砲二万八八〇〇門対三十万門、砲一門当たりの砲弾二五六〇発対十三万発などとその国力の差は歴然としていた。戦争が長期化すれば、このような日米の戦力差からくる戦局の優劣はいかんとも為しがたいことは山本にはよくわかっていた。アメリカが対日戦に本腰を入れる前の緒戦において、真珠湾で米戦艦を撃滅し、米太平洋艦隊が立ち直る前に、その主要戦力とくに空母を無能力化しておこうというのが山本の戦略構想であった。しかし、十二月八日未明の真珠湾攻撃では空母は不在であった。そのため、真珠湾奇襲攻撃に続いてミッドウェー島を攻略し、遠く南太平洋にいると想定された米空母群をおびき出して、これの迎撃と撃滅を計るという山本の戦略であった。

三　山本の誤算

真珠湾奇襲攻撃の軍事的成功とは逆に、結果から言えば「対米宣戦布告」がアメリカに通知される前の奇襲攻撃であったことによって引き起こされた事態は山本の予想とは異なるものであった。それは信じられないようなミスから生じた。ワシントンの日本大使館職員が前日のパーティーで遅くまで飲んでいて、翌朝出勤に遅れ、宣戦布告をタイプし米国務長官に手渡すのが遅れたというものであった。

宣戦布告前に行われたハワイ軍港攻撃を、米国民は卑怯な騙し討ちとして憤激し、戦意を高揚させて「真珠湾を忘れるな《リメンバー・パールハーバー》」の声が全米に湧き上がったのであった。

このあとアメリカでは、陸海軍に志願する若者が殺到したといわれる。これは山本の戦略構想の最初の誤算となった。真珠湾奇襲攻撃は軍事的には成功したが、政治的には重大な失敗となったのである。

四　太平洋における日米英の戦力

米海軍が開戦時に所有していた正規空母は七隻であった。このうち三隻が太平洋艦隊に所属し、「サラトガ」「レキシントン」「エンタープライズ」がハワイを母港にしていた。アメリカは太平洋の戦いで航空機の持つ重要性を認識しており、大西洋にいた「ヨークタウン」「ホーネット」を太平洋に派遣したので、正規空母七隻のうち五隻が太平洋に配置された。

日本は「赤城」「加賀」「蒼竜」「飛竜」「瑞鶴」「翔鶴」の六隻の正規空母を所有しており、他に若干の軽空母、改造空母があり、いずれも太平洋に配置されていた。

太平洋戦争は、初戦の真珠湾攻撃に成功したが、その二日後の昭和十六年（一九四一）十二月十日のマレー沖海戦でも英東洋艦隊の主力艦であった戦艦「プリンス・オヴ・ウェールズ（P・O・W）」と巡洋艦「レパルス」を二時間足らずの戦闘で沈めるという信じられない戦果を上げていた。

「プリンス・オヴ・ウェールズ」は排水量三万六七六〇トン、全長二二七メートル、全幅三十一・四メートル、射程距離三万七〇〇〇メートルの十四インチ（約三十五・六センチ）口径主砲十門、時速二十八ノット（約五十二キロ）、装甲厚三十八・一センチ、乗員一五〇〇人の巨大戦艦で、これに対抗しうる日本の戦艦は「長門」「陸奥」くらいだった。マレー沖に派遣されていた日本の艦隊中の最大の戦艦であった「金剛」「榛名」は三万トンを少し超える程度で、主砲の射程距離では「P・O・W」に対抗できなかった。

主砲の射程距離に差があって、戦艦同士の海戦を行わず対峙している間に、ベトナム南部のサイゴン基地から発進した日本海軍の一式陸上攻撃機、九六式陸上攻撃機計八十五機の魚雷、爆弾による攻撃によって、英国東洋艦隊の主力艦二隻が撃沈された。

この東洋艦隊の存在によって、シンガポール、マレー半島（現マレーシア）の英国人は、盤石の構えがなされているものと信じていたので、その驚きは大きかった。英国首相ウィンストン・チャーチルは、マレー沖海戦のこの結果を知らせる電話を受けても、信じることができず、「本当か」と何度も確かめたという。後年、彼はすべての戦争を通じて、これ以上直接的な衝撃を受けたことはなかったと述懐している。

真珠湾奇襲攻撃は、米軍の戦闘態勢の整っていない状況の中での、航空機による攻撃であったが、マレー沖海戦では駆逐艦四隻に守られた主力艦が戦闘態勢を整えた上での広い太平洋上の戦闘であった。このマレー沖海戦は、それまでの海戦史を書き替えさせるくらいの大きな意味を持つものであった。すなわち、航空機の攻撃によって沈められることはない、と信じられていた巨大戦艦が、百機足らずの日本の航空機による攻撃で撃沈されるという戦闘方法の転換が世界に示されたのであった。

この戦いで日本軍の損害は撃墜機わずかに三機、乗員の戦死は十八名にとどまったが、英国軍の戦死者は三二七名であった。

マレー沖海戦はそれまで大艦巨砲主義から航空機中心の海戦へと転換したことを、海戦史上初めて証明したのであった。

イギリスは自国の植民地マレー半島方面への航空機の派遣を考えてはいたが、日本の航空兵力を軽視し、二五〇機の旧式戦闘機が配備されていたに過ぎなかった。マレー方面に向けられる日本の航空機を七〇〇機と想定して、二五〇機の戦闘機で充分対応できると油断していた。英海軍はこの時点では敵国日本の戦闘能力を的確に把握していなかったということができる。

今後の海戦は航空機による攻撃が戦いの帰趨を決するであろうと早くから主張していた山本五十六は開戦前すでに、戦艦大和を建造するよりも、飛行機一千機を造るべき、と主張していたとも伝えられている。

ミッドウェー海戦の約一ヶ月前、オーストラリア北東部の「珊瑚海海戦」(一九四二年五月七日)においても、航空母艦から発進した艦攻(艦上攻撃機の略称。雷撃機、魚雷攻撃機とも)、艦爆(艦上爆撃機の略称。水平又は急降下によって敵艦を攻撃)などの艦載機が戦いの帰趨を決めることになった。すなわち「翔鶴」「瑞鶴」の二空母より成る第五航空戦隊が、この海戦において米主力空母五隻のうちの「レキシントン」を沈め、「ヨークタウン」を大破させたのである。

しかし、実際は日本側の一方的勝利と言えない結果でもあった。ポートモレスビー攻略部隊の軽空母「祥鳳」を失っただけでなく、第五航空戦隊の「翔鶴」も米軍の艦爆攻撃によって大破し、飛行甲板がめくれ上がり使用不能となって、戦死者一〇九名、重軽傷者一一四名を出した。航空機の損失を考えても日本側の被害が大きかった。このため「翔鶴」「瑞鶴」の第五航空戦隊は一ヶ月後のミッドウェー海戦に出動させるだけの戦力を欠くにいたっていた。

この珊瑚海海戦は、航空機による決戦であったが、敵の空母機動部隊の所在を正確に捉える偵察（索敵）能力が日本側は著しく劣っていたため、米主力機動部隊を攻撃するため、最初に出撃した「翔鶴」「瑞鶴」の零戦（零式艦上戦闘機の略称）、艦攻、艦爆計七十八機が目的地点上空に到達してみると、敵空母の姿はなく油槽船と駆逐艦がいるだけであった。このような索敵行動の未熟さは修正されることなく、一ヶ月後のミッドウェー海戦においては敗戦の主要原因となったのである。

日本海軍はこの珊瑚海海戦によって、残るのは「エンタープライズ」「ホーネット」「サラトガ」の三空母のみと考え、それらは南太平洋方面にいるものと考えていた。五月十五日、日本海軍飛行艇によって「エンタープライズ」「ホーネット」がオーストラリア、サモア方面へ向かっているところを発見されたからである。しかし、米太平洋艦隊司令長官ニミッツ大将は、この二空母を直ちにハワイへ急行させるよう命じ、五月二七日にはハワイへ入港していたのである。「サラトガ」は一九四二年一月十二日、伊号第一潜水艦の魚雷攻撃によって大破させられていた。珊瑚海海戦によって「レキシントン」は撃沈させられたが、大破したと思われた「ヨークタウン」は、ハワイ軍港への航行中と軍港停留中に修復作業が急ピッチで加えられ、一ヶ月後のミッドウェー海戦には出撃できるまでに立ち直っていたのである。

この頃、日本の空母機動部隊は、いわば連戦連勝と思われる戦況の中で、知らず知らずの間に敵を侮る雰囲気が醸し出されるようになっていた。事実、この時期には、空母の数、零戦の空戦能力、艦攻、艦爆などの搭載機のパイロットたちの練度ははるかに米海軍を凌駕していたのである。

五　ミッドウェー海戦への布陣

ミッドウェー島攻略と米空母機動部隊の撃滅という二つの目的を持った戦略のもと、昭和十七年（一九四二）五月二十七日に、南雲忠一中将を司令長官とする第一航空戦隊が、「赤城」「加賀」の二空母、司令官山口多聞少将に率いられる第二航空戦隊の「飛竜」「蒼竜」の計四隻の空母と、これを護衛する戦艦「榛名」「霧島」、巡洋艦「利根」「筑摩」、軽巡洋艦の「長良」、さらに十隻の駆逐艦が広島湾から出撃したのである。南雲長官の座乗する旗艦「赤城」は排水量四万一三〇〇トン、飛行甲板は長さ二五〇メートル・幅三十メートル、三基のエレベーターを持ち、格納庫から甲板へ発進機を迅速に上げることができた。「赤城」は日本海軍最大の航空母艦であった。

この二日後の五月二十九日に連合艦隊司令長官山本五十六大将座乗の「大和」を旗艦として「伊

勢」「日向」「山城」「長門」の四隻の戦艦と十数隻の駆逐艦を従えてミッドウェーに向けて出港した。

この作戦では北東太平洋の制海・制空権制覇を目的として、北方のアリューシャン列島のアッツ、キスカの二島攻略も計画され、参加艦隊は先遣隊の潜水艦部隊や給油艦、輸送艦などを含めると総計一六〇隻というまさに連合艦隊の総力を挙げての出撃であった。

海軍に呼応してミッドウェー島攻略と占領のための陸軍部隊はサイパン島から約一個連隊（三〇〇〇～三五〇〇人）規模の兵力で、十六隻の輸送船に分乗し、三隻の巡洋艦、七隻の駆逐艦で護衛するというものであった。

日本の四空母の搭載機は攻撃機二六一機と艦偵（艦上偵察機の略称）二機、決戦時の米空母三隻の搭載機は二四〇機、ミッドウェー島の一一五機と合計して三五五機（日米の機数には、研究者によって若干の相違がある）。機数では米軍がまさっていたが、飛行機の性能とパイロットの練度において劣り、特に零戦には太刀打ちができなかった。

山本司令長官以下の幕僚は、ミッドウェー島の航空戦力は把握していたが、米海軍の主力空母はハワイか遠く南太平洋にいるものと信じていた。しかし、ハワイ軍港に米空母が存在するか否かの偵察行動は、計画されたものの、実際にはしていなかったのである。飛行艇でのハワイ軍港索敵、潜水艦十隻による、ミッドウェー島出撃への日本海軍空母群周辺海域の索敵は、不実施、または時期を逸してしまっていた。

日本側が遠く南太平洋にいるらしいと想定していた米機動部隊の空母群は、実は六月二日にはミッドウェー島北東洋上二五〇カイリ（四六三キロ）の地点まですでに進出しており、六月五日決戦の時点ではさらに三七〇キロ（東京・名古屋間ほどの距離）まで進出し、連合艦隊空母を待ち伏せしていたのである。日本の潜水艦が索敵行動をとった時は、すでにこの米機動部隊はその警戒線上を通過したあとであった。

六　日米機動部隊の敵情把握

空母「エンタープライズ」の飛行隊長としてミッドウェー海戦に出撃したクラーレンス・W・マックラスキーが海戦三日前に日本海軍の動向に対して、米海軍の機動部隊がどのような情報を得ていたかを手記に記している。マックラスキーは「エンタープライズ」の艦載機の指揮官として日本の機動部隊を攻撃し、自らの急降下爆撃機で空母「赤城」に命中弾を浴びせた人物であった。

一九四二年六月一日（日本時間六月二日）、私は四十歳の誕生日をミッドウェー島北東の洋上で迎えた。

飛行学校を出てから十二年、空母エンタープライズに乗り組んで二年、このとき私は第六飛行隊長として、戦闘機、急降下爆撃機、哨戒機、雷撃機計七十九機を指揮していた。

私はこの日まで母艦が何のために出撃したのか、まったく知らなかった。急にマレー艦長とともに司令官室へ呼ばれた。

スプールアンス少将（空母エンタープライズ、ホーネットから成る第十六機動部隊司令官）は、いきなり本題に入り、驚くべき話をした。「日本の大艦隊がミッドウェーにやってくる。そしてこの島を占領し、ここを基地としてハワイを攻撃するだろう」と。……司令官はさらに言葉を継いで、「彼らは二隊に分かれている。一隊は戦艦以下が護衛する上陸船団で、西から来る。もう一隊は空母を含む高速機動部隊で、北西から来る。ミッドウェー攻撃は六月四日（日本時間六月五日）だ」

少しして私はブローニング参謀長に呼ばれ、作戦計画の概要を伝えられた。それによると、わが艦隊はミッドウェー島北東二五〇カイリ（四六三キロ）まで進み、この水域に留まって、艦載機でミッドウェー島の二〇度から二〇〇度にわたる区域の哨戒に当たり、西方はすべて（ミッドウェー島）基地空軍の哨戒に任せるという。これはわが空母部隊の存在を日本側に察知させぬためである。日本海軍は珊瑚海海戦でわが空母が大損害を受け、残るエンタープライズとホーネットは遠く南太平洋にいると信じて油断している筈だ。参謀長の説明は、司令官よりさらに念の入ったものであった。

ミッドウェー島を攻撃し、それによって誘《おび》き出されて出撃してくるであろうと想定される米空母機動部隊の撃滅という日本連合艦隊の二段構えの作戦の全容は、すでに米側の暗号解読によって察知され、米空母機動部隊は、ミッドウェー島北東海域二五〇カイリ地点まで進出して待ち伏せしていたのである。

敵の動きを知る時期は、戦闘準備の遅速に影響を与える。右の手記を記したマックラスキーの所属していた空母「エンタープライズ」「ホーネット」の第十六機動部隊の司令官スプルーアンス少将や、空母「ヨークタウン」の第十七機動部隊の司令官フレッチャー少将以下の参謀長らは、すでに六月一日以前には日本海軍の暗号解読によって、連合艦隊の作戦の全貌を知り、攻撃の戦術を練り上げていたのである。

七　赤城司令部は敵情をどう見ていたか

では日本側の敵情把握では、どのように米機動部隊の動向を捉え、いかなる戦闘準備をとっていたのであろうか。

『戦史叢書』中にみられる「戦闘詳報」には、前文に「三、機動部隊指揮官ノ情況判断」の文がある。

（イ）敵ハ戦意ニ乏キモ我カ攻略作戦進捗セバ出動反撃ノ算アリ
（ロ）敵ノ飛行索敵ハ西方南方ヲ主トシ北西北及北方方面ニ対シテハ厳重ナラザルモノト認ム
（ハ）敵ノ哨戒圏ハ概ネ五〇〇浬《マイル》ナルヘシ
（ニ）敵ハ我カ企図ヲ察知セズ　少クトモ五日早朝迄ハ発見セラレ居ラザルモノト認ム
（ホ）敵空母ヲ基幹トスル有力部隊ハ附近海面ニ大挙行動中ト推定セズ
（ヘ）我ハ「ミッドウェー」ヲ空襲シ基地航空兵力ヲ潰滅シ上陸作戦ニ協力シタル後敵機動部隊若シ反撃セバ之ヲ撃滅スルコト可能ナリ

右の情況判断（ニ）と（ホ）（ヘ）にみられるように、日本の連合艦隊と、米機動部隊とは、敵情把握において余りにも大きな違いがあった。この時点で連合艦隊の第一機動部隊（第一航空戦隊、第二航空戦隊）の敗北は、すでに定まっていたと言ってよいのではないだろうか。

赤城司令部が敵情をようやく察知したのは、決戦当日の六月五日朝七時二十八分に打電された索敵機（重巡「利根」所属）からの「ミッドウェー島三八四キロニ敵ラシキモノ十隻見ユ」という曖昧な情報が最初であり、これが赤城司令部へ報告されたのが八時であったという。司令部からの「艦種確認セヨ」の命令電のあと、米空母発見の無電が入ったのは、ようやく八時三十分であった。

日米両軍の敵情把握には、このように天地の差があり、日本側の作戦行動の遅れを決定的なものにした。

空母を含む米機動部隊発見の報で、空母「赤城」艦上の第一航空戦隊の南雲忠一司令官や参謀長草鹿龍之介少将らは三八〇キロメートルという敵機動部隊の近距離接近に驚愕した。彼らは敵空母は南太平洋かハワイにいるものとの想定を疑うことはなく、敵空母からの攻撃がこのように切迫した情況の中で行われるならば、迎撃あるいは攻撃態勢を調えることに一刻の猶予も許されないことに気付いた。敵空母との距離は一時間ほどの飛行距離であったのである。

八　ミッドウェー海戦の経過

六月五日当日のミッドウェー海戦の経過はおおよそ次のようなものであった。(以下は主として「第一航空戦隊戦闘詳報」、「機動部隊戦闘詳報」、草鹿龍之介『運命の海戦』、淵田美津雄・奥宮正武『ミッドウェー』などを参照。)

◎六月五日四時二十六分〜三十分(以下日本時間)、赤城、加賀、蒼竜、飛竜より発進の第一次ミッドウェー島攻撃機一〇八機出撃。(四時三〇分、ヨークタウンの米索敵機発進。)

◎四時三十分、日本の索敵機七方向へ発進。重巡利根、筑摩の索敵機二機がカタパルト故障のため、遅れて四時四十五分に発進（実はこの索敵機の哨戒圏内に敵機機動部隊の空母がいたが、往路は雲の上を飛び発見できず、一時間後の帰路七時過ぎにようやく発見）。この時点では、山本長官の予めの指令通り敵機機動部隊の攻撃に備えて、各空母とも、掩護機の零戦三十六機以外の、99式艦爆三十六機、97式艦攻三十六機には、対艦攻撃用の爆弾、魚雷を装着させていた。
◎五時二十分、陸上攻撃用の兵装転換「予令」を出す。この「予令」の全文は、「本日敵出撃ノ算ナシ　敵情特ニ変化ナケレバ第二次攻撃ハ第四編制ヲ以テ本日実施ノ予定」というものであった。しかし、「戦闘詳報」執筆者吉岡忠一少佐（一航艦第一航空乙参謀）が、この最初の文を記録しなかった。日本側のあまりの無用心さを隠蔽しようとしたのである（後述）。この赤城から全艦に発信された「予令」の起案者は航空甲参謀源田実少佐であったといわれる。この予令は連合艦隊司令長官の山本五十六大将が、予め指令していたところの、敵機動部隊出現に備えての魚雷装着指示を赤城司令部が独断で変更し、陸上攻撃用に兵装転換をおこなうというものであり、山本長官の命令への違反であった。（南雲長官以下の参謀たちに、敵機動部隊の不在ならびに「出撃ノ算ナシ」という独断と思い込みがあったためと思われる。）
◎五時三十二分、米索敵飛行艇に日本空母発見さる。
◎五時五十九分、索敵機の利根一号機より、「ミッドウェー島ヨリノ敵十五機我ガ艦隊ニ向イツツアリ」との報あり。南雲長官は母艦の上空掩護の零戦を増加させ、三十三機が上空へ舞い上がった。この後、ミッドウェー島からの攻撃機が来襲するも、零戦の奮闘によりほとんど撃墜される。
◎七時〜九時半頃、ミッドウェー島からの米攻撃機来襲。
◎七時六分、マックラスキー指揮の急降下爆撃機SBDドーントレス三十三機などエンタープライズより日本空母群目指して出撃。
◎七時十五分、ミッドウェー島第一次攻撃隊長友永大尉より「第二次攻撃ノ要アリと認ム」の報あり。（ミッドウェー島の飛行機は、日本軍の攻撃を予め察知して、迎撃または上空に退避しており、基地はからっぽの状態であったので、第一次攻撃隊は充分の効果を上げることができなかったのである。）この友永大尉からの報告によって、南雲長官は、五時二十分の予令に続いて、残存機の兵装転換（対艦攻撃用の爆弾と魚雷を、陸上攻撃用の爆弾に装着転換すること）を命じた。この時点でも、南雲長官らは米機動部隊にまだ気付いていなかった。対艦攻撃用の魚雷は八〇〇キログラムあり、これを格納庫内で陸上爆弾に装着転換するのは、一個中隊五十機に一時間半から二時間半を要した。飛竜艦長の加来止男大佐（飛竜沈没の際、司令官山口多聞少将と艦と運命を共にした）は、すでに二ケ月前、コロンボ港空襲の折、英国艦隊出現に備えていた雷装態勢の攻撃機に爆装転換が命ぜられ、五十五分後に「敵大型巡洋艦二隻見ユ」の報告電によって、再び雷装転換をおこなった経験を持っていた。このことから、加来大佐は①爆装（二五〇キロ爆弾×二）→雷装（八〇〇キロ×一）に二時間、

②雷装→爆装に二時間三十分、と計算していた。ミッドウェー海戦では、この②と①をおこなったことから、四時間三十分を要し、はじめ雷装がなされていたことを差し引いても、少なくとも七時二十分頃から二度の兵装転換には三時間ほどを要し、十時頃までは転換作業が続いていたと思われる。

◎七時四十五分〜八時六分、エンタープライズよりの雷撃機（魚雷攻撃機・艦攻）、艦上爆撃機（艦爆）四十七機、ホーネットよりの雷撃、艦爆四十五機などが日本空母群目指して離艦出撃。南雲長官らはこの時点でもまだ敵空母からの出撃に気付いていなかった。

◎七時二十八分（「戦闘詳報」は八時とする）、利根索敵四号機より「敵ラシキモノ十隻見ユ」の電報。折り返し「敵ハ巡洋艦五隻、駆逐艦五隻ナリ」、三十分後（「戦闘詳報」は八時三〇分）、「敵ハその後方ニ空母ラシキモノヲ伴ウ、更ニ巡洋艦二隻見ユ」の報告が入る。（この索敵機よりの報告の時点で、米空母よりの攻撃機はすでに日本の空母に向けて出撃しており、日本の空母では陸上用爆弾への積み替えの転換作業で大わらわの状態であった。）

◎七時五十分、索敵機からの報告に愕然とした日本機動部隊の司令部は、南雲長官によって、赤城、加賀の搭載機への再度の「兵装転換」（陸上攻撃用爆弾から、対艦攻撃用一五〇キロ爆弾と、八〇〇キロ航空魚雷の積み替え）の命令が出され、大混乱となった。（ただし蒼竜、飛竜の二航戦空母上の艦爆は、敵艦攻撃用の爆弾装着のままだった。）

この間、ミッドウェー島からの数波の攻撃機来襲。零戦の迎撃と、巧みな転舵によって魚雷の被害なし。

この状況の中、第二航空戦隊の山口多聞少将は「直チニ敵機動部隊ヲ攻撃スベシ」と具申するも、赤城司令部はこれを黙殺。
◎この頃、ミッドウェー島第一次攻撃隊の帰還機が着艦を待つため上空を旋回。甲板上の待機飛行機をエレベーターで格納庫に降ろし、帰還機を着艦させる作業続く。こうして、第一次攻撃隊帰還機の着艦は九時十八分頃に全機の収容が終わった。
攻撃隊は対艦爆弾と雷撃兵装に復帰せよ、との命令で、兵たちは甲板上の帰還機にも格納庫内の飛行機にも対艦攻撃用の兵装転換作業に忙殺された。爆弾や魚雷をエレベーターで甲板上に運び上げ、さらにこれら攻撃機への燃料・弾薬も補給せねばならなかった。

こうして出撃可能な雷撃機（艦攻）五十四機、急降下爆撃機（艦爆）三十六機、掩護機（零戦）三十六機が十時三十分には準備完了の見通しとなった。
◎十時十分以降、日本の空母が搭載機の兵装転換で混乱している時、ミッドウェー島からの攻撃機に代わって、米空母からの雷撃機が飛来し、魚雷攻撃が始まっていた。しかし、掩護戦闘機に守られておらず、ほとんどが日本の制空隊（零戦）二十四機によって撃墜された。アメリカ側の記録によると、雷撃機四十一機のうち、実に三十六機が撃墜され、魚雷は一発も命中しなかった。

このうち、ホーネットから発進した雷撃機十五機は指揮官機を含め全機が日本の空母に近づく前に撃墜され、生き残ったのは三十名の搭乗員の内、漂流中に救助されたジョージ・H・ゲイ少尉のみであった。ホーネットの搭乗員たちは、ほとんどが出撃経験の無い兵士ばかりで特に雷撃機は零戦の餌食になるだけであった。

◎十時二十分、赤城司令部より「準備完了次第発進セヨ」の信号命令。

◎十時二十四分、赤城艦長「発進始メ」の号令。第一陣の戦闘機発進。

◎十時二十三分あるいは二十四分、アメリカの艦爆が乱雲の間から急降下して、加賀に四弾、蒼竜に三弾、赤城に二弾を命中させる。空母の甲板は三～四発の爆弾を受けても致命傷にはならないといわれているが、この時、甲板上には魚雷や爆弾を積み、燃料を満載した飛行機が並んでおり、これらとガソリン補給車なども同時に破壊炎上し、それがさらに爆弾や魚雷への誘爆を引き起こした。アメリカの艦爆の投下した爆弾は三～四発であっても、空母搭載機装着の魚雷や爆弾が誘爆によって、何十倍もの攻撃を受けたのと同じ大惨事となった。甲板上のみならず、船内格納庫の飛行機の燃料、魚雷、爆弾、そしてガソリン補給車も爆発した。

草鹿龍之助の手記では以上のような状況を「運命の五分間」と記し、「赤城」では「発進」の号令によって飛び立った第一陣の戦闘機に続いて、あと三分もあれば全部の飛行機が発進できる、他の母艦でも十時三十分までには全機発進できる、そのわずかな五分間のことであった、と述べている。
すなわち、日・米空母機動部隊の決断の構えには、大きなズレ（日本側の索敵能力上の欠陥、兵装転換という攻撃準備の誤り）はあったが、米空母よりの艦爆の攻撃に対して、五分間の余裕があれば、戦況は変わっていたと思わせる記述になっている。この「運命の五分間」については淵田美津雄・奥宮正武共著『ミッドウェー』もほぼ同様の記述をしている。草鹿とともに直接ミッドウェー海戦に参加した高級将校の手記であり、生々しい臨場感に溢れた叙述内容であるかの如くである。

九　「運命の五分間」ではなかったミッドウェーの敗戦

艦船の数、飛行機の性能、真珠湾やセイロン島のコロンボ、ツリンコマリの空襲、英巡洋艦「ドーセットシャー」他一隻、空母「ハーミス」撃沈などの戦闘経験を持つパイロットの練度などの綜合戦力を比較した場合、ミッドウェー海戦は、連合艦隊の第一、第二航空戦隊が米機動部隊に負けるはずのない戦いであった。

しかし、具体的戦術には大きな欠陥があった。言うまでもなくその最大の欠陥は、敵の攻撃を察知する索敵行動の未熟さにあった。米軍は日本海軍の暗号の解読によって、すでに六月一日の時点で、連合艦隊のミッドウェー攻略作戦の全貌を把握して、綿密な作戦計画の中で万全の戦闘準備を調えていた。そして、六月五日当日、米空母から発進した艦爆や艦攻は、日本側の第一次ミッドウェー攻撃機の帰還する時刻に攻撃照準を合わせていたのである。

午前五時半過ぎ、ミッドウェー島に日本機来襲中との電報が届いた頃、「エンタープライズ」のスプールアンス少将は参謀長ブローニング大佐からの進言を受け入れた。それは、日本機がミッドウェー島攻撃から各空母に帰還した時刻を狙って襲い、帰還機の収容と給油作業等で混乱しているところを母艦もろとも葬るというものであり、そのため午前九時に予定されていた出撃時刻を二時間繰り上げ七時とし、空母を全速で敵近くに進め、航続距離の短い味方の攻撃機の帰艦を助けるというものであった。マックラスキーの指揮する艦爆二十四機は、最初予想会敵時間を九時二十分としていたが、日本の空母群を発見できず、西や北に航路を変えて飛行しているうちに六十分を空費した。これがアメリカ側に幸いしたのである。マックラスキー隊がようやく日本空母上空に到着した時は、すでに米空母からの艦攻による魚雷攻撃がなされている最中で、制空隊の零戦は、低空で水平攻撃をする米艦攻の迎撃に忙殺され、上空はガラ空きの状態であった。日本側には、レーダーで敵機の襲来を事前に察知する能力がなく、監視兵の「目視」に頼っていた。「赤城」の監視兵が上空雲間よりの「敵急降下―」を報じた時には、すでに米機は急降下爆撃の態勢に入り、一〇〇〇ポンド（約五〇〇キロ）爆弾を「赤城」に向かって投下する直前であった。この時、マックラスキーは「狙った両空母（赤城、加賀）とも飛行甲板は飛行機が充満していた」と報告している。したがって、甲板上には発進直前の攻撃機が並んでいたことは事実と思われる。しかし、本当に「五分間」あれば発進できる状況であったのだろうか。一航戦、二航戦を統率していた機動部隊参謀長草鹿龍之介が記述するところは次の通りである。

「十時三十分に準備完了、発進の予定」と来たのに対して、「準備出来次第発進せよ」と命令を下した。これが十時二十分のことである。そして十時二十四分、艦長が「発進」と号令をかけ、第一陣の戦闘機が一機、ブーッと飛び上がった。赤城ではこれを初めとして、あと三分間もあれば全部の飛行機が発進できる。ほかの母艦でも十時三十分までには全部発進出来る。——その僅か五分間の事であった。

（「運命の五分間」『完本・太平洋戦争』上、文藝春秋、一九九一年　※右文中、現地時間を日本時間に直す）

これによると、一航戦、二航戦の艦載機による米空母機動部隊に向けての攻撃発進は準備が完了した結果、艦長の「発進」の号令によって一挙に飛び立ちうる態勢にあったが、その直前に乱雲からのSBD・ドーントレス艦爆機による急降下爆撃によって被弾したということになる。

しかし、具体的状況は違っていたのである。被弾直前に零戦が一機舞い上がったのは事実であったが、発進準備の完了した赤城艦上の全機に艦長が「発進」の号令を掛け「第一陣の戦闘機が一機、ブーッと飛び上がった」という事実は無く、命令一下、攻撃機全機が飛び立ちうる態勢以前だったのである。二度の兵装転換とミッドウェー島攻撃機の帰還収容作業（帰艦機を着艦させるために、甲板上の飛行機をエレベーターで格納庫に降ろさねばならなかった）、及び全機への対艦攻撃用兵装準備と燃料補給のため、対空母攻撃用の艦攻、艦爆の発進は遅れていたのだった。

ノンフィクション作家森史郎はミッドウェー海戦を綿密に調べ、草鹿、淵田らの高級将校らの手記の内容と海戦の只中にあって戦った兵士たちの証言との食い違いを明らかにし、『ミッドウェー海戦』（二〇一二年五月、新潮社）を公刊した。一部の内容は『文藝春秋』（二〇一二年七月号）にも発表されているが、彼は被弾直前に「赤城」より一機飛び立った零戦の搭乗員木村惟雄《ただお》（当時二十一歳、甲種飛行予科練習生出身、一等飛行兵曹、真珠湾攻撃にも参加）、赤城艦攻隊分隊長として九機の指揮官であった後藤仁一（当時二十四歳、元海軍大尉、真珠湾攻撃にも参加、戦後は商社員）の重要な証言を取材している。以下、森の報告や朝日新聞の取材にみられる現場兵士たちの証言をきいてみたい。

元大尉後藤仁一の証言は次のようなものであった。

六月五日の海戦当日、私は第二次攻撃隊の艦攻分隊長として村田少佐隊の第二中隊九機を指揮する立場にありました。赤城が被弾したとき、まだ飛行服に着替えず防暑服姿で発着艦指揮所にいました。ですから全機が発進準備を完了して私たちが操縦席に乗り込んで出発するまでに、優に三十分はかかりましたね。

兵学校後輩の福田中尉（拓・同日戦死）が甲板上で（制空隊零戦の）発艦指揮の旗振りをやっているので「おれが代わってやろう」と声をかけましたが、「もう八回目ですが、あと一回やらせて下さい」というので、指揮所に上がった。そのときですよ。「敵、急降下──」という見張員の声がきこえたのは。

耳を聾する爆発音と同時に、閃光が飛行甲板上にきらめいた。爆風で福田中尉の姿が消え失せ、焔が発着艦指揮所まで吹き付けた。……

『朝日新聞』昭和史再訪は「十七年（一九四二）六月五日、ミッドウェー海戦」の特集を組み、この海戦に直接参加した二人の兵士の証言を記録している（二〇一二年六月十六日）。空母「赤城」艦上攻撃機（雷撃機）搭乗員であった前田武（九十一歳）と、空母「蒼竜」の零戦のパイロットであった原田要（九十五歳・元一飛曹）である。前田は「格納庫で爆装と再雷装を手伝っていて大けがを負った。八〇〇キロ魚雷や二五〇キロ爆弾がゴロゴロして歩けないほどのところへ爆弾が命中し次々に誘爆した。出撃できなかったのが悔しい」と話した。「蒼竜」の制空隊として零戦で戦った原田の証言──「上空警戒が任務でした。二度目に発艦した時は空母四艦から六機ずつ出撃し、敵の二十五～二十六機をほぼ全部落としました。空戦は相手の後ろに回り込むのが鉄則。零戦は足が速く旋回半径が小さい。

ただ向こうも後部銃で必死に反撃し（雷撃機は二人乗り）、愛機は穴だらけ。即廃棄でした。三度目の出撃をし、魚雷を放つ雷撃機を次々に撃退。艦では「また落とした」と歓声が上がったそうですが、低空で来る雷撃機を追ったため、上空に穴ができた。そこから敵の爆撃機が急降下。気づいて上がろうにも間に合わず、あっという間に赤城、加賀、蒼竜の三空母が被弾、炎上するのが見えました。」

制空隊の零戦の攻撃はすさまじく、米雷撃機五十一機のうち四十三機が未帰還となった。しかし、マックラスキーがその手記に記すように「惨憺たる損害であったが、彼らがゼロ戦を低空にひきつけたせいで、我々の爆撃が成功したともいえる」。ちなみに、それまでの米雷撃機の魚雷攻撃は、日本の空母の巧みな退避操作によって命中した魚雷は一つもなかった。現代史家の秦郁彦は「勝てた戦い。索敵など信じられないほどミスを重ねて負けた」と言い、森史郎は「空母に爆弾が命中する直前まで日本が勝っていた」と言う。確かに零戦の活躍では米機に圧勝していたが、私は六月五日海戦以前に連合艦隊はほぼ負けが決まっていたと考えている。

平成二十五年（二〇一三）、戦闘があった六月四日（米時間）、米海軍はミッドウェー島で戦死者の慰霊祭を開いたが、そこで現在の米太平洋艦隊司令官ヘイニー大将は「米軍は血の出るような努力で暗号解読に成功し、日本軍を待ち伏せた。情報戦に勝った意義を忘れてはならない」と述べたが、これはミッドウェー海戦の経過についての正鵠を射た言葉と思われる。

さいごに「赤城被弾直前の十時二十四分、艦長が「発進」の号令をかけ、第一陣の戦闘機が一機、ブーッと飛び上がった。赤城ではこれを初めとして、あと三分間もあれば全部の飛行機が発進できる」とされた草鹿龍之介参謀長が記した「赤城」の状況に関する兵士の重要な証言を見てみよう。

ミッドウェー海戦の経験者を訪ねて、全国各地を取材していた森は、昭和四十七年（一九七二）十二月末、京都市在住の木村惟雄から、次のような証言を聞いた。

私はミッドウェー島空襲の制空隊として参加。帰ってきてから上空直衛に回ることを指示されて飛行甲板上にいた。対空戦闘のラッパが鳴り、上空から米軍機が急降下してくるのが眼にはいった。危ない！と思って眼前を見ると、零戦が並べられていて先頭機の席が空いている。機番号はA1・101と記憶にあります。緊急事態だとだれが搭乗しても許される内規があるので「よし、貸せ！」とそれに飛び乗った。整備員が「追い風ですが大丈夫ですか」と耳元で叫ぶのを無視して、全速で発進した。艦が右に急旋回して危うく海上に転落しそうになりましたが、何とか無事に離艦。その直後でした。背後の赤城に爆弾が命中し、残る零戦が空中に吹き飛ばされるのを目撃したのは……。

零戦制空隊が低空で魚雷攻撃をする米雷撃機の迎撃に当たっている間に、日本の空母上空に大きな隙ができた。レーダー能力のない空母は上空から襲来してくるマックラスキーの急降下爆撃隊を予測することができず、迎撃態勢をとることができなかった。これは源田実らの航空参謀の無能に起因していたと思われる。二度の兵装転換などのため、同時に米機動部隊攻撃態勢を整えることが大きく遅れ、艦長の「発進！」の命令のもと全機が飛び立つ態勢までに、後藤の証言のように、被弾時点より後、優に三十分はかかったのであった。そして、実際には「発進！」の命令はなく、急降下の敵機を見て、発進した零戦は木村機のみであったということがわかったのである。草鹿や淵田ら高級将校の手記は、なぜミッドウェー海戦の決定的瞬間における日本軍の状況をありのままに記していなかったのであろうか。

十　敵は常に動いている

敵の動静を把握してるか否かは、戦いの帰趨を決める重要な要因であるが、日米の空母機動部隊の首脳陣に決定的な差異があったことはすでにみたとおりである。戦いは動かない相手、あるいはこちらの都合の良いように動いてくれる相手とするのではない。敵がどのように動いてくるかを事前に探知し、攻撃態勢を調えることのできた側が戦いに勝つのである。日本の機動部隊の指揮にあたった南雲長官以下の参謀たちがおこなった敵情把握には思い込みからくる大きな油断があった。

南雲長官名で六月五日五時二十分（現地時間二時二十分）、兵装転換の「予令」が各空母へ発信された。

これはミッドウェー海戦の経過の中で重大な要と考えられうる内容であった。実質的には航空甲参謀源田実の起案によるものとされる。

「本日敵出撃ノ算ナシ　敵情特ニ変化ナケレバ第二次攻撃ハ第四編制（指揮官加賀飛行隊長）ヲ以テ本日実施ノ予定」

赤城司令部からの右発信文にある「第二次攻撃」とあるのは、「本日敵出撃ノ算ナシ」という思い込みの中での、ミッドウェー島への「第二次攻撃」を意味するものであることは明らかであり、敵空母機動部隊攻撃のための雷装ではなく、陸上攻撃のための爆装編制を命じたものである。

この発信文は五時二十分（日本時間）に各空母に発令されているが、第一次ミッドウェー島攻撃隊の友永指揮官からの「第二次攻撃ノ要アリト認ム」の意見電報が届いた午前七時十五分より一時間四十七分も早く、また索敵に飛び立った偵察機の第一報「敵ラシキモノ十隻見ユ」が届いた七時二十八分より二時間以上も早かった。すなわち敵情確認をすることもなく、思い込みでこの指令を出していたのである。特に「本日敵出撃ノ算ナシ……」の一行はこの海戦直後の昭和十七年（一九四二）六月十五日に記録された「第一航空艦隊戦闘詳報」にも記載されていなかったのであるが、執筆者の一航艦乙参謀の吉田忠一元少佐にインタビューした森史郎によると、戦闘詳報からこの箇所を吉岡が削除した理由が判明することになった。

そんなみっともないこと、書けますかいな！

当日朝、われわれ司令部は何も知らんと「本日敵出撃ノ算ナシ」なんて、そんな何も考えとらん話を戦闘詳報に書けるわけがない。……（ミッドウェーの）本当の敗戦の原因はあの信令です。戦闘詳報を書いたこの私がいうんだから、まちがいない。

（森史郎「ミッドウェー海戦　七十年目の「真実」」『文藝春秋』二〇一二年七月号）

公的資料である「第一航空艦隊戦闘詳報」が、身内の失敗を隠し合い、責任の所在を曖昧にするような精神的特質のもとに書かれたことは、戦術の失敗の中にある指導層の人格上の問題点を考えさせるものではないだろうか。

第一航空艦隊司令官南雲忠一中将ならびに高級参謀らのあやまった作戦指導の結果、日本は正規空母六隻のうち四隻を失い、搭載機二六三機（柳田邦男は二八五機と推定し、零戦一〇五機、艦爆八十四機、艦攻九十四機、艦偵二機の喪失とする。『零戦燃ゆ』二）のすべてと、さらに優秀な搭乗員を含む三〇五七名の戦死者を出したこの戦いの責任を誰がとったのであろうか。

十一　私が無知だったから――戦死者たちへの澤地のまなざし

澤地久枝の『記録ミッドウェー海戦』は、戦闘経過と内容を正確に調べ、日米の戦死者を三〇五七名と三六二名と特定している。そして『滄海《うみ》よ眠れ』で、日米の戦死者たちの遺族、友人、恋人たちの証言に耳を傾け、その人生の歩みを辿って世に紹介した。いわばミッドウェーの戦いで、その底辺にあった兵士たちへの温かいまなざしによって書かれ、戦いに散っていった日米の若い兵士とその家族たちの足跡を記録し、日本の歴史的遺産ともなる作品に仕上げている。そこには、ミッドウェー海戦を指揮する側にあった草鹿、淵田、奥宮らの視点とは異なる目線があった。

海戦当時十一歳、無条件降伏によって戦争が終わった十四歳、わたしもまた、あの戦争について十分知っていたとは言いかねる。戦史の専門家を志したこともなく、その任ではないことを知りながら、なぜミッドウェー海戦にとりくんだのか。

答はわたしが無知だったからである。「運命の五分間」といわれてきた従来の「定説」、第一航空艦隊の兵装が、海→陸(爆装)→海と二転三転した結果の敗北であるという「定説」に異議を申し立てることなど、当初の目的にはなかったことである。(『記録ミッドウェー海戦』一六・一七頁)

「なぜミッドウェー海戦にとりくんだのか。答はわたしが無知だったからである」この言葉は私の心に痛切に響く。

しかし、澤地は無知だった自分を日本の歴史を学び取る作業へと駆り立て、ミッドウェー海戦について前人未踏の著述を完成させた。

ミッドウェー海戦敗北の責任者は、この戦いの戦略・戦術を構想し、連合艦隊を出動させた山本五十六大将であり、直接の責任は第一航空艦隊司令長官南雲忠一中将、草鹿参謀長、源田、大石各参謀らがとるべきであった。

沈没した旗艦「赤城」から軽巡「長良」に移乗し、爆風によるやけどと捻挫のため、自力で大和へ移ることができず、モッコにつり下げられる形で運び込まれた参謀長の草鹿は次のように言ったという。

このような結果を招いたことは、何といってもわれらの責任が重大である。しかし、この国家存亡の関頭に立って、徒らに自らの出処進退のみに執着することは、私の採らざるところである。再び立ち上がって、この失敗を償い、退勢を挽回してこそわれわれの本分を果たすものといえよう。自決するなどということは、私としては大反対である。……私としては、将来とも現職のままにしてもらい、さらに一戦を交えることが許されるなら、本懐これにすぎるものはない。

（森史郎『ミッドウェー海戦』第二部、四一二・四一三頁）

ここには、敗北の責任の確定と、敗北の原因究明に取り組む姿勢が感じられない。総責任者ともいうべき山本五十六や、南雲、草鹿らの責任は不問となり、そして、ミッドウェー海戦の「結果」は大本営によって次のように国民に発表された。

大本営　昭和十七年六月十日発表

米空母二隻（エンタープライズ・ホーネット）撃沈

彼我上空に於て撃墜せる飛行機約百二十機　重要軍事施設爆破

本作戦に於ける我が方の損害、航空母艦一隻喪失、同一隻大破、巡洋艦一隻大破、未帰還飛行機三十五機

やがて沈没したはずの「赤城」「飛竜」が、昭和十七年七月十四日付編成の第三艦隊付属艦として編成される、という奇怪なことがおこなわれた。

十二　日米の戦死者たちと生存者たち

澤地の調査によると、日本側の戦死者三〇五七名のうち、一二一一名が航空機搭乗員で、その割合は戦死者全体の四％であったが、米側戦死者は二〇八名でその割合は五七・四％と大きい比率を占めている。米搭乗員の戦死者の多くは艦攻搭乗員に多かったと思う。すでにみたように日本の零戦のために撃墜され戦死していった若者たちである。日本の搭乗員の死者は出撃することができなくて母艦と運命を共にした艦攻、艦爆のパイロットたちであったと思われる。母艦の運命と異なる結果となったのは、三度も発着と離陸を繰り返して奮戦した「蒼竜」の零戦パイロット原田要元一飛曹や、マックラスキー隊の急降下爆撃の直前に赤城から飛び立った木村惟雄元一飛曹など、母艦の大惨事に巻き込まれることなく、空戦に生き残った兵士であった。日本側の戦死者たちは、整備科七四一名（二四・二％）、機関科九六一名（三一・四％）、兵科（砲手・射手・魚雷爆弾の装着担当など）一〇三二名（三三・八％）、搭乗員一二一名（四％）の数字からわかるように、格納庫や艦底近くにあって脱出できなかった機関科、整備科の兵士や対空砲火の砲手、射手たちがほとんどであった。

米側の搭乗員には実戦経験ゼロという兵士が多く、出撃の前は顔面蒼白であったという。日本側の搭乗員は戦闘経験を持つ者が多く、飛行経験四年以上の兵士が七一・二％を占めていたのに対し、米側搭乗員は逆に四年未満の兵士が七八・一％であった。日米搭乗員の戦闘練度には大きな差があり、特に母艦の掩護と、出撃する艦攻・艦爆の護衛の役割を担った制空隊のパイロットたちの伎倆ははるかに米軍を凌駕していたのである。

二航戦を指揮していた前田多聞少将は赤城司令部の兵装転換に従わず、二航戦の遅延した敵機動部隊攻撃態勢の中で「即時出撃」の意見具申をおこなったが、赤城司令部はこれを無視し、三空母被弾の大惨事を招いたのである。前田の座乗する「飛竜」のみは離れた位置にあったため生き残って、最後まで戦い、出撃した艦攻十機中五機を失ったが、空母ヨークタウンを大破させた。しかし米艦爆十三機の急襲を浴び、四発の命中弾を受けて甲板は離着艦不能となり、昇降機も吹き飛ばされた。十七時三分だった。そのあとさらにB71爆撃機の攻撃が十八時三十分頃まで続き、奮戦した制空隊の零戦は海に不時着せざるをえなくなった。「飛竜」はこの攻撃で誘爆・浸水し、司令官の前田多聞中将、艦長の加来止男大佐は脱出せず、飛竜と運命を共にした。

「飛竜」の搭乗員は他の三空母より戦死者が多かったが、この海戦で生き残った搭乗員たちの多くは、鹿児島の鹿屋《かのや》基地へ収容され「隊外へ出ることを許さず」との命令によって外部との接触を禁じられた。ミッドウェー海戦の敗北はひた隠しにされたのである。やがて兵士たちは最前線基地であったニューギニア先端のラバウルへ送られ、ガダルカナル攻防の戦いで片道一千キロもの飛行距離を持つ過酷な戦闘場面に投入されるのである。

十三　ミッドウェー海戦とは何であったか

ミッドウェー海戦から学びうるものは何であったろうか。

①先ず戦略・戦術の面から言えば、日米の暗号解読能力差があまりにも大きく、日本の機動部隊は敵の動向を客観的に把握せず、都合の良い「思い込み」の中で戦術を進め、大きな隙をつくったこと。暗号解読のみならず、偵察機や潜水艦による索敵能力の未熟さもあって、思い込み作戦によって、隙を衝かれる大きな原因をつくった。

②右のような敵情把握の失敗によって、四空母が持つ戦力、各種搭載機の優れた機能と搭乗員の練度の高さから考えても、負けるはずのない戦いに敗れ、この惨敗によって以後の戦いの主力となりえた空母四隻を失い、そのすべての搭載機と優秀な搭乗員を失ってしまった。

太平洋戦争で日本が敗れたのは、アメリカの「物量」の前に敗れたのだという声を、昭和二十年（一九四五）八月十五日以後の日本人がよく口にしていたのを私は記憶している。しかし、ミッドウェー海戦においては、空母群を中心とした連合艦隊の「物量」は米軍よりはるかにまさっていた。したがって物量で米軍に負けたということは、ミッドウェー海戦では言えないのである。日本海軍には専門の情報将校はおらず、米軍の情報将校たちが血のにじむような努力の中で、日本海軍の暗号解読をしていたのに対し、日本側の情報作戦の劣位は決定的であった。米軍は、現実に存在し行動している日本軍の動向を正確に認識し、作戦を遂行したのに対し、連合艦隊とりわけ南雲中将の率いる第一航空艦隊は、都合の良い想定の中に敵艦隊の位置と動きを設定し、米軍の正確な現実的作戦に敗れさったのである。

③太平洋戦争の帰趨を決めるほど重要な戦略的意味をもつこのミッドウェー海戦であったにも拘わらず、敗戦の責任が不問にされ、敗戦についての徹底した分析、反省もされることなく、身内意識、温情主義が優先した。

④その後の太平洋戦争の制空権、制海権が米軍に移るような重大な敗戦であったにも拘わらず、この敗戦から学ぶこともなく、大本営は国民に虚偽の戦果を発表した。「大本営発表」といえば、こんにちでは「虚報」の代名詞とされているが、実はミッドウェー海戦の虚偽報道から始まった。英国首相ウィンストン・チャーチルが、対独、対日戦の不利な戦いを国民に率直に知らせ、勝利への団結を呼びかけたことと対照的であった。

⑤ミッドウェー海戦は科学で推し量れない「運」によって敗れたとの論評があるが、これは間違っている。作戦の誤りは、「思い込み」の通用しない客観的状況で敵の動向を把握することなく、主観的な戦術の組み立てをした司令部の「人間的敗北」といってよいものであった。敗北は「運命」でもなく、「物量の差」によるものでもなかった。

しかし、このようないくつかの弱点や誤りを司令部が犯した反面、勇敢に戦った艦戦（零戦）や艦攻、艦爆の搭乗員たち、そして母艦内の各部署を死守し、奮闘して戦死していった兵士たちの名誉は、忘れ去られるべきではない。敗戦の責任は、これら優秀な搭乗員の能力や兵士たちの生死を賭した勇敢な戦闘能力を生かすことのできなかった南雲長官、草鹿参謀長、源田航空参謀ら上層部の軍略上の失敗にあったというべきである。

ミッドウェー海戦は連合艦隊の総力を挙げての戦いであって、米軍の機先を制してミッドウェー島を攻略し、続いてハワイ占領によって全太平洋を制圧する、という連合艦隊司令長官山本五十六大将の雄大な構想のもと、ミッドウェー島の爆撃と占領、次いで敵空母機動部隊の撃滅という二段作戦を立てて行われた。迎え撃つ米機動部隊は、すでにみたように日本軍の暗号解読によって、日本の機動部隊の戦術を事前に掌握し、戦力に劣っていたにも拘わらず、敵の動向に応じた緻密な作戦行動を取り、いわば「後の先」の機《はたらき》によって勝利したのであった。

ミッドウェー海戦という戦闘状況に現れた戦いの様相は、基本的には社会や人生の場面にも現れる様相であると思われる。多数の人々の生活を犠牲にした平成二十三年（二〇一一）三月十一日のあの原発事故への政府や東京電力の対応過程にも同様の問題点をみることができるのではないだろうか。

《参考資料》日米航空兵力比較

日本側空母群　第一航空艦隊（南雲忠一中将）

第一航空戦隊（司令官南雲忠一中将）

空母赤城　戦闘機（零戦）21　艦爆21　艦攻（雷撃機）21　計63機

空母加賀　戦闘機21　艦爆21　艦攻30　計72機

第二航空戦隊（司令官山口多聞少将）

空母飛竜　戦闘機21　艦爆21　艦攻21　計63機

空母蒼竜　戦闘機21　艦爆21　艦攻21　二式艦偵2　計65機

第六航空隊　零戦24

綜合機数　艦戦（零戦）108機　艦爆84機　艦攻93機　艦偵2機　合計287機

米側空母

第十六機動部隊（司令官スプールアンス少将）

空母エンタープライズ　戦闘機27　艦爆38　艦攻14　計79機

空母ホーネット　戦闘機27　艦爆38　艦攻15　計80機

第十七機動部隊（司令官フレッチャー少将）

空母ヨークタウン　　戦闘機25　艦爆37　艦攻13　計75機

空母搭載機　合計234機

基地航空隊（シマード大佐）

哨戒飛行大隊派遣分隊　カタリナ飛行艇32　雷撃機6

第二海兵隊飛行大隊　戦闘機27　艦上爆撃機27

陸軍第七航空隊　B26爆撃機4　B17爆撃機19

ホーネットより分派の雷撃機6

基地航空機　合計121機

米航空機　合計355機

（作成・半藤一利、澤地久枝『記録ミッドウェー海戦』三三九頁より）

《主要参考引用文献》

柳田邦男『この国の失敗の本質』講談社　一九九八年

同　『零戦燃ゆ』二巻・五巻　文春文庫　一九九三年（単行本は一九八四〜九〇年）

阿川弘之『山本五十六』下　新潮社　一九六五年

森史朗『ミッドウェー海戦』第一部・第二部　新潮選書　二〇一二年

草鹿龍之介『運命の海戦』文藝春秋社　一九四九年

淵田美津雄・奥宮正武『ミッドウェー』日本出版協同社　一九五一年

吉岡忠一『第一航空艦戦闘詳報』朝雲新聞社　一九四九年

角田求士『戦史叢書　ミッドウェー海戦』防衛庁防衛研究所戦史室　一九七一年
文藝春秋編『完本・太平洋戦争』上　文藝春秋　一九九一年
澤地久枝『記録ミッドウェー海戦』文藝春秋　一九八六年
同　『滄海《うみ》よ眠れ』全六巻　毎日新聞社　一九八四～八五年

3・11の失敗 ――東京電力福島第一原発災害を考える

二〇一一年（平成二十三年）三月十一日の、午後二時四十六分に、岩手、宮城、福島の三県にマグニチュード9の巨大地震が発生し、同時に三県は空前の大津波に見舞われ、地震と津波によるに死者・行方不明者二万人近くの犠牲者が生じた。死者は岩手県四六七一名、宮城県九五一〇名、福島県一六〇三名、行方不明者は三県で三三四五名であった。

東日本大震災は、一九九五年（平成七年）一月十七日五時四十六分に突如発生した阪神淡路大震災以来の巨大地震だった。阪神淡路大震災はマグニチュード7・3、死者行方不明者六四三五名、負傷者四万三七九三名（内重傷者一万六八三名）。全半壊家屋二十四万九一八〇棟。被害は停電一週間一〇〇万戸、電話不通十二万一九五〇回線約十三週間、ガス四十九万二〇五〇戸。東日本大震災は地震の規模ではこの阪神淡路大震災を超える大震災だった。

地震・津波といういわば天災は日本のみならず、二〇〇八年（平成二十年）中国の四川大地震（死者行方不明者八万七〇〇〇名）、その前後のインドネシアで二十二万名もの犠牲者が出たスマトラ大津波、二〇一三年（平成二十五年）秋のフィリピンで台風にともなって押し寄せてきた五メートルもの高潮によって五〇〇〇名の犠牲者と家屋の破壊流出を生じたレイテ島高潮災害、また進出していた日本企業にも被害があったタイの大洪水などの災害は記憶に新しい。

しかし、三月十一日の東日本大震災では、地震・津波という天災とは異質の大災害が同時に住民を襲った。福島県大熊町と双葉町に造られていた東京電力福島第一原子力発電所のいわゆる原発災害であった。これは自然災害ではなく、人間が創った科学技術機構のもつ欠陥を露呈した人災と言うべき大災害であった。

この原発事故による危険な放射能から逃れるために、一九六万の福島県民の内十五万人の方々が故郷を離れて避難することを余儀なくされ、五万七一三五人の福島県民が県外に避難先を見つけて暮らしている（二〇一三年三月現在）。

現在の県外避難数は、岩手一六六九名、宮城八五三一名で、福島の県外避難者数が突出して多く、父親を残して母子のみで避難したり、児童生徒では避難のため転校せざるをえなくなり、クラスが散り散りにされてしまうケースも生まれた。なぜこのような悲劇が起こったのであろうか。

一　安全神話の中で

東京電力福島第一原発の大事故の時、当時の菅直人首相は、大津波による電源の喪失によって、福島第一原発の炉心冷却機能が停止したとの報告を受けた。（津波について、東電の想定していた水位は五・七メートルであったが、三月十一日のそれは想定を上回る十三メートルの津波であった。この津波によって、電源停止に陥ったのであった。）重大事故を直感した菅首相は、それまでの原発安全神話の中で建設が進められ五十四基もの原発を持つに到った日本で、原発事故に対応することのできる法制度がなく、周辺地域住民の具体的な避難計画も考えられていない現実に直面し、愕然とした。

中曽根康弘、正力松太郎らによって、自民党政権の国策として推進された原子力発電は、地震大国日本で実に五十四基もの数になっていた。原発の立地していたのはいずれも海辺の貧しい町村で、冬は男たちが出稼ぎに行かねばならなかった地域であった。

原発は安全なものと宣伝されたため、放射能の飛散という大災害への備えが確立されておらず、避難区域や避難方法も具体的に作られてはいなかったのである。

ではは原子力保安院は原子力発電所の事故に備えての、周辺住民の避難についてどのような計画をもっていたのであろうか。

二〇〇六年（平成十八年）五月二十四日、内閣府原子力発電安全委員会と、経済産業省原子力安全保安院の幹部の会合で、当時安全委員会が検討していた防災対策重点区域の拡大をめぐって意見交換がおこなわれた。広瀬研吉保安院院長（現経産省特別顧問）は「ＪＣＯ臨界事故（茨城県東海村）への対策が一段落した中で、ようやく国民が落ち着いた時に、なぜまたあえてそのような議論をして国民を不安に陥れるのか」と反対し、会議の後でも反対の文書を送り続けていた。保安院は、国民が「寝た子」であるようにと願って、原発事故への周辺住民避難の緊急性を問題に挙げようとせず、原発の危険性を覆い隠す意図を持っていた。「原子力ムラ」といわれる原子力安全保安院や、原発を推進する科学者、電力会社の用語の中にもこの安全神話信奉の体質を感じさせるものがあった。それらは「東大話法」とも言われたが、人間としての良心や客観的科学的知見から語るのではなく、意味を一方に偏らせ、自己の立場のみに有利に語られる話法であった。すなわち、「原子力災害」を「原子力異常事象」、原子炉の「老朽化」を「高経年化」などと言うことによって、原発への安全神話用語ともなっていたのである。

保安院は周辺住民の安全と生命と健康とを守るための緊急避難計画の具体化に努力することなく「寝た子を起こすな」という信じられない考えの中で、なんら具体的計画を示さない無責任極まる態度に終始した。

原発災害に対応するため、二〇〇六年三月、国際原子力機構（ＩＡＥＡ）が加盟各国に避難範囲などを定めた基準の見直しを要請したが、日本の経済産業省原子力安全保安院はこれに反対し、住民の避難区域の範囲拡大が「社会的混乱を惹起し、ひいては原子力に対する国民不安を増大するおそれがあるため、検討を凍結していただきたい」と要望を安全委員会（内閣府）に文書で申し入れており、結局避難区域の拡大は見送られ、半径八キロから十キロ圏内に拡大することはなされないままになった。

３・11の東電福島第一原発の事故後、周辺住民への避難指示が一定しておらず、また住民避難への具体的方策も無いまま、混乱した中で住民を恐怖に追いやったことは記憶に新しい。

福島第一原発から五キロ圏内には五八六二人、十キロ圏内には五万人、二十キロ圏内には十七万人以上の住民がいたが、この人たちを一度に避難させる具体的方法は東電にも政府にも考えられていなかった。三月十五日、すなわち原子力事故から四日経ってから、政府は半径二十キロから三十キロ範囲（十二市町村四万八〇〇〇世帯）の住民の屋内避難を指示したが、この時すでに福島第一原発の三基の原子炉建屋に爆発が起こり、チェルノブイリ原発事故に匹敵するレベル７の深刻な事態であることがわかった。

このような事態について保安院はどのように考えていたであろうか。原子力安全保安院のトップである寺坂信昭院長は、国会の事故調査委員会で次のように述べている。

規制当局として態勢や安全基準、対応などで備えが十分できていないなかで原発事故が発生した。備えがあれば、もう少し事故の進展を抑えられたかもしれない。……保安院に緊急事態に対応できる人材がいたかというと否定的にならざるをえない。専門性、知見、習熟度は米国やフランスと比べて弱かった。「日本では起こらないのではないか」と、検討が十分に進んでこなかった。それが大きな歴史であり、安全神話だと思う。政府の原子力災害対策本部の議事録が作成されていなかったのは、事務局長として大変申し訳ない。

この寺坂のことばは、原発災害への保安院の無策ぶりをよく示している。菅首相が、3・11以後、福島第一原発事故についての具体的状況を寺坂院長から聞き出すのを断念した、と述懐しているのもうなずける。寺坂自身も自分は事務系出身なので、原子力のことがよくわかる部下と交代して対策本部から退いたと告白している。

菅首相はのちにこの時の状況を次のように述べている。

私はこれまで厚生（現厚生労働）大臣や財務大臣を経験したが、各省の官僚は関係する分野の専門家であった。そして、大臣が指示する前から、彼らは方針を検討し、それを大臣に提案するのが通常の姿であった。しかし、今回の原発事故では、最初に事故に関する説明に来た原子力安全保安院の院長は原子力の専門家ではなく、十分な説明ができなかった。その後も、先を見通しての提案は何も上がってこなかった。

（菅直人『東電福島原発事故　総理大臣として考えたこと』幻冬舎、一七頁）

3・11の福島原発災害時の原子力安全委員会斑目春樹委員長は一年後の二〇一二年（平成二十四年）二月十五日、国会の福島第一原発事故調査委員会（黒川清委員長）において、住民避難に役立てるはずであった「放射性物質の拡散予測システム（SPEEDI・緊急時迅速放射能影響予測ネットワークシステム）」が原発から北西方面への風向きへ汚染拡大を示したのは三月十五日にしかわからなかった、と釈明したが、避難住民は北西の南相馬市へ移動したため、放射能が流れていった中へ避難することになってしまい、SPEEDIは有効にはたらかなかった。また「原子力安全委員会の原発指針類にいろんな瑕疵《かし》があったことは認めざるをえない。津波に対して充分な記載がなかったことや、長時間の全交流電源喪失を考えなくてもいい、と書くなど明らかな誤りがあった。お詫び申し上げたい。諸外国では災害時の電源対策が検討されていたのに、わが国ではやらなくていい、と言い訳、説明にばかり時間をかけていた」とも述べ「三十年前の技術で安全審査をしていた」と釈明した。

最近、高速増殖炉もんじゅの点検に、一万箇所以上の欠陥が指摘されたことも忘れられない。

そして、さらに驚くべきことは、福島第一原発事故への対応で要《かなめ》となった政府の原子力災害対策本部や政府・東電電力統合対策室が、この大災害にどのように対応したかを記録する議事録を作成していなかったという事実が、明らかになったことである。これは3・11災害のほぼ一年後、岡田克也副総理によって指摘されて明るみに出たが、あの未曾有の原発事故への次第を記録して後世に残す公文書が不在のままであったということは信じられないことである。原子力安全保安院の担当者は「業務が忙しく、作成できなかった」とこれも信じられない釈明をしている。対策本部は災害発生時から二〇一一年末まで二十三回の会議を重ねていたが、その内容を記録した議事録をなぜ残さなかったのか。まことに不可解である。

この福島原発事故を含む東日本大震災に対しての東電や日本政府の対応を公にすることは、国民の生命や財産・健康に甚大な影響を与えた巨大地震や原子力災害への対応がいかになされたかの記録を、将来の子孫に正確に残すことであり、当事者にはその責任がある。当事者の都合の悪い事を覆い隠さず、失敗を誠実に公にすることが、災害対策にあたった東電や政府の倫理的責任であったが、原発災害対応について、国民が事実を知るための記録である公文書が作成されていなかったことは信じられないことであった。

事実経過についての記録を残さないということは、一九四五年（昭和二十年）八月十五日、ポツダム宣言受諾のあの敗戦の後、国内のあちらこちらの師団司令部や官公庁などで大量の文書が焼却されたことを思い出さざるをえない。これは連合国占領軍による戦争（犯罪）責任者の追及に対して、公文書を焼却して証拠を隠滅する意図であったことが明らかであり、戦争遂行の中枢部にいた者たちの責任追及を国民の前で避けようとするものであって、きわめて姑息な手段であった。

原子力行政の三原則は「自主、民主、公開」であるとされているが、保安院、東電はこの三原則を大きく逸脱していたのである。そこでは、政・官・財・学を覆う「原子力ムラ」の仲間意識の中で、国民不在の原子力行政が一貫して推し進められていたのである。そのため、原子力災害は起こらないものとする「原発安全神話」がつくられ、原発事故への対応ができず、後手後手に回ってしまったことは決して偶然ではなかった。

二　フクシマとチェルノブイリ

東電福島第一原発の異常事態の報告を受けた首相の菅直人は、東電福島原発六基が冷却機能停止に陥った場合には、首都圏を含む東日本の数千万人が避難しなければならないという国家の崩壊まで予想したという。この時菅首相の指示で原子力安全委員会の委員長が作成した最悪のシナリオでは、原発から半径一七〇キロ圏内は強制移住の可能性があるとされていた（『中日新聞』二〇一三年三月十五日）。この時、米国は原発周辺八十キロ圏の同国人に直ちに避難するよう指示しており、また東京の各国大使館は関西への移転を始めていた。

東電福島原発一号機では、すでに大地震大津波発生の三月十一日二十時に核燃料の冷却ができなくなってメルトダウン（炉心溶融）を起こしており、十二日十五時三十六分、原子炉建屋が水素爆発を起こした。十三日には三号機がメルトダウンをして、十四日十一時一分に水素爆発が起こった、十五日には、東電が原発事故現場からの撤退を政府官邸へ申し入れてきた。同日六時頃に二号機に衝撃音があり、同じ頃、四号機が水素爆発を起こした。四号機では十六日五時四十五分に、三号機は八時三十七分に白煙を吹き出し始めた。

3・11の巨大津波は十一日、マグニチュード9の大地震発生のほぼ四十分後の十五時二十七分頃に到達したが、東電があらかじめ想定していた五・四〜五・七メートルの高さをはるかに超えて最大十五・五メートルの高さで福島第一原発を襲った。第一原発一号機から四号機は、敷地の高さが十メートル、五号機六号機は十三メートルであったが巨大津波の浸水を防ぐことはできなかった。東電の想定水位をはるかに越えたすさまじい規模の津波だったのである。東電は津波の想定水位を最大五・七メートルとしていたが、実際に襲ってきたのは十三メートルで、高いところでは十五・五メートルの津波が防波堤を越えて襲ってきたのであった。この巨大津波によって、東京電力福島第一原発は全電源停止という非常事態に陥ったのである。安全神話を鼓吹し、有事に際しての住民のための真の安全を考えてこなかった東電や経産省の保安院の安易な態勢が事故の深刻さとともに次第に明らかになった。

福島の原発事故は、当初一九九七年（平成九年）の旧動燃東海事業所の火災爆発事故と同じ「レベル３」（重大な異常事象）とされたが、福島第一原発の深刻な事態の進行とともに、ついに一九八六年（昭和六十一年）の旧ソ連（現ウクライナ）チェルノブイリ原発事故に匹敵する「レベル７」（深刻な事故）とされるに到った。そして、現在さらに原発建屋からの汚染水漏れについては、その放射能の異常数値から「レベル３」と認定され、第二の原発災害となった。

チェルノブイリ原発事故は一九八六年四月に起きたが、史上最悪の原発事故とされて世界の注目を集め、特にドイツ、イギリスなどの近隣の原発所有諸国に大きな衝撃と不安を与えた。チェルノブイリ原発事故は六基の原発のうち四号機で起き、十日間で福島第一原発の六倍にあたる五二〇京ベクレルの放射性物質という想像を絶する放射能を放出し、周辺住民十一万六〇〇〇人が避難し、二十七年後の今も四十キロ圏内は立ち入り禁止になっている。子どもたちには甲状腺異常が多くみられ、日本からの医師団が医療のために献身的に協力している。しかし、一九九三年、チェルノブイリ原発の北六十キロの病院で受診した母親たちの母乳からは、すべて放射能物質が検出されている。

現ウクライナ政府のもとで、チェルノブイリの一号機から六号機までの六基の原発のうち、一号機から三号機は二〇〇〇年まで順次運転を再開していたが、そのうち三号機が先ず閉鎖され、他の三基の原発すべてを六四年までに廃炉にする予定という。建設中だった未完の五・六号基は廃墟のまま残されている。

チェルノブイリ原発では、爆発した四号炉を石棺で覆い、そこから放射能が漏れ出さぬよう、さらに巨大なコンクリートシェルターで覆う作業を進めているが、二万体以上の使用済み核燃料を百年間保管できる施設を建設中という。チェルノブイリ原発事故より二十七年を経過した今も住民の生命と健康への安全は保証されないままである。

チェルノブイリにみられるように、重大な原発事故では①事故現場である原子力建屋の安全処理、②拡散している放射能からの住民の保護、③さらに使用済み核燃料棒の最終処理などは十年二十年では困難であると思われる。廃炉だけでも四十年かかるといわれるが、災害発生より二年以上経過していても、原子炉建屋の内部の状況さえも正確に知ることのできない福島第一原発の現状を考えてみると、この四十年という時間が現実味を帯びてくる。特に③の核燃料処理では、失敗を繰り返しているプルサーマルといわれる使用済み核燃料からウランやプルトニウムを取り出して再利用する「再処理」（これは今も成功していない）、あるいは地下へ埋めて廃棄する方法（「核燃料全量直接処分」）が考えられているが、この地下へ埋める直接処分でも、放射能の消失に到るのは十万年後といわれている。また、地下へ埋めるこの方法を国内のどの地域でおこなうかを決めるのは極めて困難であり、この核ゴミの捨て場所を引き受ける地域があるとも思えない。地下へ埋めるこの直接処分によって、放射能消失に十万年を要するといわれるが、この十万年という時間は、地球上の人類が現在の文明史をつくった時間よりもはるかに長く、想像もできない。このようなものを未来の子孫たちに残すことは、私たちに許されることであろうか。

三　放射能の直接的影響で亡くなった人は一人もいない　――経済成長なくして幸福なし

福島第一原発災害に直面した民主党の菅首相は、津波や地下活断層の存在が極めて危険と見て、静岡県の中部電力浜岡原発の運転停止を命じた。あとを受けた野田佳彦首相は、三十年後の脱原発を語ってはいたが、その方針は確固たるものではなく、「電力供給の三割を担ってきた原子力（発電）を直ちに止めては日本経済、国民生活は成り立たない」と強調し（二〇一二年五月二十九日衆院本会議）、ストレステストに合格した原発の再稼働もあり得ると述べるに到った。実際に福井県の大飯原発の再稼働を許可している。

「原子力に依存しなくてもよい経済・社会構造の確立を目指す」との公約を掲げて、二〇一二年（平成二十四年）の衆院選に大勝したのに続いて、十三年の参院選にも勝利した自民党の安倍晋三首相は、原発継続路線に立ち、国内の審査に合格した原発の再稼働を認める方針を採っただけでなく、フランス、ベトナム、トルコ、サウジアラビア、東欧諸国（ポーランド、チェコ、スロバキア、ハンガリー）、インドなどへの原発輸出、技術協定などの「原発セールス」に精力的に出かけている。安倍晋三の原発セールスは二兆円の経済効果を持つと言われているが、しかし、国内では今なお残る原子力建屋の中は、高濃度放射能のため入ることができず、建屋からの汚染水漏れが続く中で、海外への原発売り込みを日本がおこなうということは庶民の感情からは理解を越えており不可解である。しかも、安全審査なしのまま、原発の部品を輸出していることもわかった今、日本の政治的倫理の在り方が問われているのではないだろうか。

東電福島原発周辺の住民は事故から三年を経過している今も、故郷や家を失ったまま、十五万人の人々が放射能を避けるための避難生活を余儀なくされている。その国の首相が、外国にその原発を売り込みに行くことは、どうしても納得できない。現実に東電福島第一原発災害は今も終熄していないのである。米原子力規制委員会（ＮＲＣ）のグレゴリー・ヤッコ前委員長は、一九七九年（昭和五十四年）のスリーマイル島原発事故のあとの原発建設に対して五人の委員のうち彼一人だけ反対した。彼は福島の浪江町を視察し、事故の状況、住民の現状、原発の現況を語ったあと「福島原発事故の教訓として、どのような対策をとるべきかをまだ検討している最中に、今ブレーキを修理している、といわれる車を買う人がいるでしょうか」と日本の原発輸出について語っている。

さて、二〇一二年（平成二十四年）七月十六日に、将来の原子力政策を国民目線で話し合う場として、仙台に続いて名古屋でも意見聴取会が開かれた。

冒頭、政府環境エネルギー会議の議長を務める古川元久国家戦略担当相（民主党）は「政府の基本方針は、原発からグリーン（エネルギー）です」と挨拶した。このグリーンエネルギーとは、太陽光、風力、地熱、バイオ、海の波を利用する発電などいわゆる再生可能エネルギーを考えての発言であった。抽選で選ばれた九名の発言者の中に、中部電力原子力部課長で原発の放射線管理が専門という岡本道明がいた。岡本は大略次のような意見を述べた。

原子力のリスクが過大評価されており、（太陽光、風力、地熱利用などの）再生可能エネルギーを拡大させるシナリオは破綻している。

福島第一原発事故では、直接的影響で亡くなった人は一人もいない。原発をなくしたら日本は衰退する。

この発言は個人としての意見である、との前提のもとおこなわれたが、大きな反響を呼び起こした。中部電力の原発担当技術者として、原発の開発・設計・操作などへの確信に基づいた発言であった。しかし、福島原発災害への無策は、このような原発関係者たちの安全信仰に由来するものではなかったろうか。安全神話の破綻という事実、そして周辺住民の安全な避難対策が立案されていなかったという事実は、他ならぬこの安全神話に起因するものであった。

この「福島第一原発では、放射能の直接的影響で亡くなった人は一人もいない」という発言は、当日の会場で多大の反響を呼び、怒号が起こった。岡本の発言は、ふるさとや我が家を追われた原発周辺市町村の住民を思いやる心情が全く欠如していることを示している。原発災害による放射能の人体への影響は、ヒロシマ、ナガサキの原子爆弾被害と違って直ちに影響を現すものではない。しかし、チェルノブイリ周辺住民の健康を今も蝕んでいる放射能の影響を考えると、何十年もの時間経過の中で検討されるべき性質のものである。(チェルノブイリ原発事故では死者も出ている。)

東電福島第一原発事故の深刻な影響の中で、酪農経営や野菜栽培を続けられなくなったため、生活の基盤を失い、絶望のあまり自殺した人たちもいた。原発立地の大熊町双葉病院では、入院患者の避難搬送中に高齢の重症患者十五名が死亡しているが、三月中にさらに死亡者が出ている。こういうなか、避難指示にも拘わらず、避難せず、一〇七人の入院患者全員から犠牲者を出さなかった病院もあった。東電福島原発の南、二十〜三十キロ圏の広野町海岸近くの丘の上にあった高野病院である。高野院長と三十人の看護師が動かせない患者三十七人を含む一〇七人の入院患者を守った三十キロ圏内唯一の病院であった。これは多くの悲劇の中でも例外的なケースであった。しかし、ここでも避難のため患者を移動させていたら、犠牲が出たであろうと思われる。

このような病気の人、あるいは避難場所や仮説入居中の環境の激変の中で死亡した人たちは、二〇一二年(平成二十四)七月二十九日現在で七六一名にもなっている。これらの人々の死亡原因は、避難場所への移動による肉体的精神的疲労や、医療環境の激変による病状の悪化、避難場所等における生活の肉体的精神的疲労、原発事故、放射能汚染への不安・恐怖への肉体的精神的不安、それまでの仕事（職業）を原発事故によって継続できなくなり、将来の生活への不安・絶望、など原発災害によって生活の基盤を壊されたことによるものであった。

先の中部電力原子力部課長の発言は、このような福島の悲惨な犠牲を思いやる心情に欠け、原発事故による被害を軽く視ているだけでなく、「（原発停止によって）経済が冷え込み、企業の国際競争力が低下すれば、福島事故以上か、それ以上のことが起きると考えています」という発言に表れているように、福島原発災害の犠牲者たちよりも、日本全体の経済成長の方が重要であるという価値判断がはっきり述べられており「経済成長なくして幸福なし」という観点からの発言だった。

この「経済成長なくして幸福なし」という哲学は、第二次世界大戦・アジア太平洋戦争（一九四五年〈昭和二十年〉八月十五日、日本の敗北によって終結）のあと、それまでの軍事優先目標を捨てた日本の、新しい国家目標そのものであったし、人々の社会通念ともいえるものであった。しかし、この七月十六日の名古屋市での意見聴取会では、中電課長の幸福感と異なる意見陳述が多かった。そのうちの一人、東京の大学生は次のように語り拍手を浴びたという。

なぜ経済成長が前提になるのでしょうか。人口が減り、生産人口はさらに減るのに、国内のモノやサービスを増やす必要があるでしょうか。欲しいときに欲しいものがどこでも手に入る大量消費、大量生産の社会は本当に心豊かな社会と言えるでしょうか。

ちなみにこの二〇三〇年の原発比率に対するエネルギー政策について国民の声を聴く公聴会は、札幌、大阪、さいたま、仙台、名古屋の五会場で開かれたが、原発ゼロを選択して意見表明したのは七二八人（七二％）、原発二〇〜二五％を選択するという意見表明は九十人（一六％）であった。

二〇一二年七月の意見聴取会の翌年、二〇一三年六月十七日、高市早苗自民党政調会長は神戸市の党兵庫県連での講演で次のような要旨の発言をおこなった。

日本に立地したい企業が増えているが、電力の安定供給が不安要因だ。原発は廃炉まで考えると莫大なお金がかかるが、稼働中のコストは比較的安い。東日本大震災で悲惨な爆発事故を起こした福島原発を含めて死亡者が出ている状況にない。火力発電も老朽化し、コストがかかっている。安いエネルギーを安定的に供給するために最大限の安全性を確保しながら、原発を活用するしかない。

この高市の発言は各方面に大きな反響を呼び、新聞は「福島事故で死者なし」（『中日新聞』）、「原発事故で死者いない。再稼働を」（『朝日新聞』）、「著しく思慮欠く罪深さ」（『毎日新聞』六月二十日社説）等のタイトルのもと厳しい論調の記事を書いた。高市発言については、与野党からも批判があり、福島県選出の森雅子少子化相は高市に直接抗議し、与党自民党の福島県連平出孝明幹事長は六月十九日に党本部の大島理森東日本大震災復興加速化本部長を訪れ、「発言は現状認識に乏しく、県民への配慮もない。不適切なものだ。強い憤《いきどお》りを感じる」とする文書を提出して抗議し、県民への謝罪を求めた。これに対し、大島本部長は「抗議文に込められた県民の感情を推し量《はか》り、本部長として謝罪する」と応じたという。

自民党の政策、選挙公約等の立案責任者である高市早苗のこの発言は先の中電社員の発言と同じく、経済成長こそ国家の基本目標であり、そのため電力の安定供給には原発のエネルギーは必要である、という考えからくるものであり、原発事故による犠牲者への同苦・同悲の心情に欠けたものであった。

原発関連死と言われる人たちの中に、特に悲惨な最期を遂げた人がいたことが報告されている。朝日の「天声人語」は六月十九日の高市発言に関して次のように書いている。

野菜の有機栽培に力を入れていた福島県須賀川市の農家の男性が、東日本大震災の十三日後に首をつって自殺した。畑では丹精込めたキャベツ七五〇〇株が収穫を待つばかりだった。……遺族は原子力損害賠償紛争センターに仲介を申し立て、先日和解の運びとなった。次男の樽川和也さん（37）の語った言葉が印象深い。「お金がほしくてではない。原発事故による死者はいないと言わせないために申し立てました」……高市さんだけの問題ではない。安倍政権の原発回帰は「どさくさ」「うやむや」「なし崩し」が三本の矢だ。財界をチアリーダーに、本音を出したり、引っ込めたりしながら、既成事実を積み上げていく。首相は原発のセールスマンよろしく海外を飛び歩く……

六月十七日のみずからの発言への反響に対して高市は十八日、国会内で記者団に次のように釈明した。

事故による被曝が直接の原因で亡くなった方はいないが、（原発の）安全基準は最高レベルを保たねばならないと伝えたかった。体調を崩して亡くなった方もいるだろうし、自ら命を絶った方もいると聞いている。被曝で亡くなった方はいないから、さっさと再稼働すべきだと言ったつもりはない。

六月十九日午後、党本部で高市は記者団に発言の全面撤回と福島県民への謝罪を表明した。しかし、このような政権与党幹部や現職大臣の失言は、今までもよくあったことであったが、講演や発言の場が同じ政党、あるいは支持者たちの中でなされた場合が多く、はからずも本音を述べてしまったというのが真相であろう。そして、発言への批判に驚いて、本心とは違うとか、発言の全体を見てほしい、とかと釈明することが繰り返されてきた。

中部電力原子力部課長岡本道明、自民党政調会長の高市早苗らの発言のほかに、いわゆるキャリア官僚といわれる人の中に、被災地の犠牲者との同苦・同悲の心情に欠けるツイートやブログでの発言がなされていることが報道された。

東日本大震災に正面から取り組む役割を担う復興庁参事官水野靖久は、二〇一二年十一月の福島県川俣町の町議会との会合後に「田舎の町議会をじっくり見て、余りのアレ具合に吹き出しそうになりつつも我慢」とか、福島第一原発事故の被災者支援団体などを「左翼のクソどもから、ひたすら罵声を浴びせられる集合に出席」とツイッターに書き込んでいた。ちなみに復興庁は、上から次官、統括官三人、審議官二人、参事官三十二人の組織を持っており、二〇一五年までの五年間で復興予算二十五兆円という巨大な額が計上されている。根元匠復興相は、この水野の短文投稿ツイッターでの発言に対し、六月十四日「被災地との信頼を損ないかねない発言だ。真心をもって被災者に寄り添って欲しい」と職員に訓示し、「復興に汗を流している職員同様、私もつらく悲しい思いをしている」と声を震わせて語った。しかし、被災者たちの行政への信頼を得ることは非常に困難であろう。

この水野発言だけではなく、大震災発生のあとの経済産業省のキャリア官僚で、日本貿易振興機構（ジェトロ）へ出向していた後藤久典の二〇一一年九月二十五日のブログに次のような発言があった。

もともと、ほぼ滅んでいた東北のリアス式の過疎地で、定年どころか、年金支給年齢をとっくに超えたじじいとばばあが、既得権の漁業権をむさぼるために、そいつらの港や堤防を作るために、そいつらが移住をごねるためにかかる費用を、未来の子どもたちを抱えた日本中の人々からふんだくり、綺麗事をいうせいじ。復興は不要だと正論を言わない政治家は死ねばいいのにと思う

エリート官僚のこのような非情な発言は、官僚の中の一部の人たちの考えであるとも思えるが、このような発言には、東北は過疎地で貧しい地域という冷たい差別意識が感じられる。

豊かさは電力消費地である東京に集中し、その豊かさを作り出す電力については過疎の地方に危険な原発を持って行ったという日本という国家の病的な姿を実感せざるをえない。

原発推進政策の基本にあるのは、弱い犠牲者への想いを封印し、経済成長を推し進めてゆくという国家目標そのものであり、日本という国家の病的な体質からくるものであると思われる。しかしこの「経済成長なくして幸福なし」という価値観は、政権与党内の政治家や、官僚、電力会社の幹部たちの信仰であるにとどまらず、戦後六十年にわたって私たち日本人の心に蔓延している生活感覚そのものではなかったろうか。

四　アンゲラ・メルケルとドイツの脱原発

二〇一一年三月十一日、ブリュッセルの欧州理事会に出席していたアンゲラ・メルケルドイツ首相は、ベルリンからの「日本で大地震発生」の報告を受けた。メルケルはこのあと日本の状況を知るために必死に情報を集め、閣僚や電力業界の意見を求めた。

彼女はこの三月十一日までは脱原発論者ではなかった。シュレーダー前政権はすでに二〇〇二年に、二〇一〇年頃までの脱原発を法制化していたが、フクシマの前年二〇一〇年九月に、二〇四〇年頃まで原発の稼働延長へと変更したのは、二〇〇九年の総選挙で政権を託されたメルケルだった。

一九八六年のチェルノブイリ原発事故にもっとも早く反応し、脱原発へと方向転換をしたのは欧州ではドイツが最初であった。そして、3・11の福島原発事故発生の後、シュレーダー前政権の脱原発政策修正に対して再度の方針転換をしたのはメルケル自身であった。メルケルは、「あり得ないことがあり得る。それをフクシマから学び、私は従来の意見を変えた。（事故の）映像が脳裏から離れない」と語った。

メルケルは若い頃に物理学を専攻した政治家であったが、脱原発への転換は早かった。彼女の中高一貫校（ギムナジウム）時代の恩師でメルケルに数学と物理を教えたハウスリッヒ・ビースコウ（七十四歳）は「あの子の発想は合理的物理学者のまま。状況や前提が変われば『解』も変えるんです」と語っているが、これは政治家メルケルが科学者であったことを示す今回の思考方法と行動力を的確に言い当てている。東電福島第一原発の事故は、十五万人もの人々の人生を奪ったといえるが、この人間の失敗から生じた大災害を受けて、エネルギー政策を根本から変えねばならないと決断したメルケルの行動は、語の本来の意味での科学者としての行動であった。十五万人の人々の苦しみを真摯に受け止め、将来に向けてのエネルギー政策の転換をはかることは、日本の政治の大きな課題でもあった。ひとたび事故を起こせば人間の手で制御できない原子力についての政策を転換し、太陽光、風力、水力などの自然エネルギーを開発する方向への政策転換を日本の政治家はなしえたであろうか。自然再生エネルギー開発への予算は電力政策中の予算としては日本は一〇％程度であり格段に少ない。各国のエネルギー関連の研究開発予算は、国際エネルギー機関の調査によると、ヨーロッパの原発大国フランスでは、原発関係の比率は四割ほどであるが、日本では福島の原発事故前の二〇一〇年には総予算三五〇〇億円のうち二〇〇〇億円で七割を占め、太陽光・風力などの自然再生エネルギーの研究費は一〇％以下であった。ちなみにドイツでは福島原発事故前の二〇一〇年に、電力の二二・四％が原子力であったが、二〇一二年には一六・一％に低下し、自然再生エネルギーは一六・四％から二二・一％に増えている。エネルギー政策への提言をしているライナーバーケ元環境省次官は、原発回帰への方向を選ぶ日本の政治に対して「過去に恐ろしい経験をした国が、再び原発を推進するのは理解できない。

勇気を持って自然エネルギーへの転換に取りかかるべきだ」と語っている（『毎日新聞』二〇一三年八月二十五日）。ドイツでは、チェルノブイリ原発事故以来論議されてきた原子力政策が、福島の事故によって「原子力は制御不可能」という国民的合意がみられるようになり、与野党とも自然エネルギー推進への合意が成立しているという。

原発が人間にとって制御不可能であることは、使用済み核燃料の処理の問題についても言えることである。使用済み核燃料（核のゴミ）は、そのままでは十数秒で人が死にいたるほどの放射能を持つ。その放射能は一五〇〇ミリシーベルト、現在この核のゴミの総量は一万七〇〇〇トン。あと二年くらいで地上保管場所は満杯になる。これを三〇〇メートル以上の深さの地下処分（直接処分）をするという方法がある。他の方法はプルサーマルといわれるもので、使用済み核燃料からプルトニウムなどを再度精製して再利用する方法であるが、二十年以上たった今も成功しておらず、何兆円もの損失を出している。日本では、３・11の東電福島第一原発事故以前よりこの核のゴミを埋蔵する場所を探しているが、どこの地域でも受けるところがない。原発についてトイレ無きマンションといわれるのはこの問題のゆえである。地下への直接処分で放射能が無くなるのは十万年の時間がかかるとされるが、この間、どのように責任のある管理をしてゆくのだろうか。何よりも我々人類がその時まで生存しているだろうか。

フィンランドでは四基の原発を所有しているが、首都ヘルシンキより二〇〇キロ離れた島にあるオンカロというところの地下三〇〇メートルにこの「核のゴミ」の最終処分施設を造った。地下への直接処分をおこなったのはフィンランドのみである。それはこの埋蔵地域が過去二十億年動いていない岩盤にあるという有力な理由があるが、このフィンランドでも十万年間の放射能点検をどのように続けるのだろうか。

原発は事故後の廃炉にもこのように最終処分方法の定まっていない使用済み核燃料処理や、放射能汚染水漏れ、そして周辺地域の山野の除染など困難極まる問題が多く、四十年を必要とするとされる。現在、水素爆発をした東電福島第一原発の原子炉内部は手つかずのままのようだ。高い放射能の人体への危険を冒しての廃炉作業は困難を極めている。そして、原発は再稼働すればするほど、安全処理困難な「核のゴミ」が溜まるのである。

このような原子力発電の危険な実態に対して、メルケル首相の脱原発政策と自然エネルギーへの方針転換は、国民の将来に責任を負う政治家として間違ってはいない方向であったと思われる。

メルケルのドイツに学ぶべきことは、この国に政府の諮問機関としての「倫理委員会」があって、国家の直面する問題に対して単に技術的な観点のみならず、道徳的倫理的な問題として、遺伝子組み換え、バイオ医療医薬品、エネルギー問題などについて答申をする制度があることである。エネルギーについては、「安全なエネルギー供給のための倫理委員会」があって、地球科学者、金属工学者、大手化学メーカー代表、環境学者、社会学者、宗教者、哲学者など十七名から構成されており、東電福島第一原発事故の直後の二〇一一年四月四日から五月二十八日まで論戦を重ね答申をまとめた。同年五月十五日にメルケルは「国内の十七基のうち老朽原発七基を停止」し、六月には、二十二年までに残る全原発の停止を連邦議会に提案し承認された。このメルケルの政策転換には「安全なエネルギー供給のための倫理委員会」の見解や答申が大きな影響を与えた。この委員会は原発問題の論議では単に経済や企業の立場を超え、国民の生命と生活の安全と将来の人類への責任という道徳的倫理的観点を持っていた。これは日本の原発政策と根本的に違うところである。

日本でも科学者や文学者そして宗教家などが政府や経済界とは違う観点で原発問題への提言をしており、聴くに値する意見が多い。しかし政府はこのような声をドイツのように制度化しようとする意向を持っていない。このことは日本の政治家たちの判断が子孫への倫理的責任という観点に乏しく、先にみたように「経済成長なくして幸福なし」とする立場に囚われ、当面の生活にのみ目配りがなされて、未来の子孫への想いに欠けているからである。

五　真の文明は山を荒らさず、川を荒らさず、村を破らず、人を殺さざるべし

二〇一三年（平成二十五年）は田中正造没後百年にあたる。日本の近代化とともに明治政府は富国強兵・殖産興業の国家目標のもと、工業生産力の増大を目指し、古河市兵衛の経営する栃木県足尾銅山

の開発操業を推進して、銅の大増産を国策とした。足尾銅山は当時東アジア第一の生産量を達成していたが、しかしこれによって山の樹木は燃料用に伐採され、銅の製錬のために出る亜硫酸ガスで枯れ山となり、大雨の時には山は保水の働きを失い、鉱毒を含んだ大量の土砂が、渡良瀬川に流れ込んだ。このため下流地域の栃木、群馬、茨城、埼玉の四県にわたって田の稲は枯れ、川の魚は死滅し、人々は鉱毒による健康被害に苦しんだ。「公害の原点」といわれる足尾鉱毒事件であった。

田中正造はこの時衆議院議員として足尾銅山の操業停止を訴え続け、私財をこの鉱毒公害反対の運動に投じ、一九〇一年（明治三十四年）には、明治天皇行幸の列に、足尾銅山の鉱毒に苦しむ農民や環境の荒廃を訴えた文を捧げて直訴した。この正造の運動や周辺住民の請願運動を抑えるため、政府は渡良瀬川下流の谷中村を遊水池としてここに鉱毒を沈殿させる計画を進めた。このため、四五〇戸二七〇〇人が暮らしていた谷中村は廃村となり、一九〇六年家屋は壊され、村民は北海道の僻地へ追いやられたのであった。

日本は近代化の歴史の中で、数々の「公害（実は、政府公認による私企業の環境破壊）」を作り出した。この足尾鉱毒事件をはじめとして、イタイイタイ病、水俣病、四日市ぜんそく、新潟水俣病、そして東京電力福島原発災害など「富国強兵・殖産興業」あるいは「高度経済成長」といった国策のもとに、大都会の経済的豊かさの陰に犠牲となった過疎あるいは低所得の地方という日本近代化の政治・経済の歪んだ構図があらわれた。田中正造はこのような日本の近代化の中で、国家が見失ってきたものが何であったかを身をもって教えた人物だった。正造は「デンキ開けて世間暗夜《くらやみ》となれり」という言葉も残しているが、この言葉は、3・11のフクシマ原発災害の状況を的確に言い当てているような気がする。

正造は足尾銅山の操業中止を叫び、谷中村住民の悲惨な苦しみを訴え続ける途上、渡良瀬川沿岸で倒れた。その全財産は大日本帝国憲法、聖書、日記帳、石ころなどが信玄袋に入っていただけという。

田中正造はさきの「真の文明は……」の一文に続いて、「今文明は虚偽虚飾なり。私欲なり。露骨的強盗なり」と言い切っている。幕末三舟といわれた海舟、鉄舟、泥舟のうち、もっとも世界の情勢に通じていた勝海舟は、この田中正造をして「この者は末は総理大臣なり」とする証文を閻魔と地蔵菩薩あてに書いたという。

足尾銅山鉱毒によって廃村とされた栃木県谷中村と、全地域帰還困難と政府によって考えられている福島東電第一原発三十キロ圏内の二市二町六村、南相馬市・田村市・飯館村・葛尾村・浪江町・双葉町・大熊町・高岡町・楢葉町・広野町とが重なってくる。日本の経済成長政策は何を守ろうとしたのであろうか。「国家のため、国家のためと唱えて……山を盗み、村を潰し、古になき大毒海の如きを造り、以て窮民を造り多くの人を殺す。国家のためとは何ぞ」この正造の言葉は、とても百年前の言葉とは思えない。

勝海舟や坂本龍馬に影響を与えた横井小楠（平四郎時存《ときあり》。一八〇九〜一八六九）は『書経』の示す「堯舜三代の治」に示される政治に国政の根本があると考えていた。「朝、日出て耕し、日暮れて眠る。飢えきたれば食し、困（眠気）きたれば眠る。帝力なんぞ我に有らんや」という堯舜の治世に生きた農夫の言葉を政治の根底に置く思想に他ならなかった。「帝力なんぞ我に有らんや」……帝力（政治の力、国家の力）を民に感じさせることなく、しかも民の生活と平和を揺るぎないものであることをはかる政治が儒学者小楠の政治思想の中心にあった。彼はまた「国是三論」（万延元年・一八六〇）で「政教悉く倫理によって生民の為にす」と述べ、さらに国際関係の中で日本の進むべき道を「我邦一視同仁、明らかに天地の大道を以て、深く彼等の私を説破し、万国自ら安全の道を示すべきなり」（「海外の形勢を説き併せて国防を論ず」安政二年・一八五五）と述べ国内・国際間の政治の根本を示している。

勝海舟は「横井は西洋のことは別にたくさんは知らず、おれが教えてやったくらいだが、その思想の高調子なことは、おれなどとてもはしごを掛けても、およそおよばぬと思ったことがしばしばあったよ。おれはひそかに思ったのさ。横井は自分に仕事をする人ではないけれど、もし横井の言を用いる人があったら、それこそ由々しい大事だと思ったのさ」（『氷川清話』）と語り、この小楠と西郷隆盛の二人を日本の大人物と評した。

海舟がここで「思想の高調子」と言っているのは、小楠の政治思想が倫理に深く裏付けられており、ここから国のかたちが構想されていることに感銘を受けて吐いた言葉であった。

堯舜孔子の道を明らかにし
西洋器械の術を尽くさば
なんぞ富国に止《とど》まらん
なんぞ強兵に止まらん
大義を四海に布《し》かんのみ

慶応二年（一八六六）の小楠のこの漢詩にあらわれている精神から大きく逸れた道を日本の近代は歩むことになる。小楠や海舟の政治思想は、日本の近代化の中で、その中心を占める思想とはならなかったのである。「帝力なんぞ我に有らんや」と「日出でて耕し日暮れて眠る」民の安穏は、国策によって破壊され、田中正造の悲痛な言葉が弱者への犠牲の上に立つゆかたな国家の実態を示すものとして、こんにち不朽の光を放っている。

六　金《きん》を攫《つか》む者は人を見ず

さきにみた中部電力原子力部長の岡本道明や自民党政調会長の高市早苗、復興庁の参事官水野靖久、また日本貿易振興機構（ジェトロ）の後藤久典（経産省より出向）ら電力業界、政界、官界の人々の抱く国家目標では、日本では経済成長に原発は必要であり、「成長なくして幸福なし」という価値観の中にある人たちであって、現在の安倍内閣はこの価値観からの国家目標を転換していない。たとえ原発の事故によって周辺住民が故郷に住めなくなって生活の基礎を失い、ひいては人生そのものを失うことになっても、また使用済み核燃料の安全な廃棄処分方法が見つからないとしても、これらには目をつむり先送りして、目先の経済成長をはかることを国家の進むべき方向としているのである。

昔、斉人《せいひと》に金を得《え》んと欲する者あり。晴旦衣冠《はれたあさりつぱなみなり》して市に之《ゆ》き、金をひさぐ者（両替屋）の所に適《ゆ》き、因《よ》ってその（店先の）金を攫《つか》んで去る。吏《やくにん》、之を捕えて得たり。問うて曰く、人皆在るに子《なんじ》（汝）、人の金を攫《つか》めるは何ぞやと、対《こた》えて曰く、金を取るの時、人を見ず。徒《ただ》金をのみ見たりと。

（『列子』説符第八、岩波文庫）

金を攫んで去ろうとしたこの男は「金を取るの時、人を見ず。徒金をのみ見たり」と言った。経済成長にのみ幸福ありと考え、これのみに人々の幸福があると考えた原子力ムラの価値観には、原発の放射能のため、ふるさとを追われ、人生を奪われた人々は見えなくなっているようだ。

かつて近江商人には「三方良し」という商取引の倫理があった。「売り手良し、買い手良し、世間良し」というのがそれである。売り手は買ってもらう商品に人間としての責任を持つのである。したがって買い手は、売り手とその商品への信頼を持つことができる。これによって世間（社会）に流通するモノと世間を動かしている人々との良いつながりが生まれる。経済への信頼が生まれる。「世間良し」である。

福島では十四万人の人々が故郷を喪い、原発関連死が一六〇五人と地震津波の犠牲者一六〇三人を上回る現在、このような放射能被害に苦しむ人々を横目に見て、日本の首相が海外へ原発売り込みセールスマンになって出かけているということは、近江商人の商道徳からかけ離れており、人間として恥ずべき行為ではないだろうか。

原発の輸出は最大限の安全確認を経て初めて可能となる取引であるが、被曝者が苦しんでいる日本としては、してはならない商取引である。もし原発輸出の取引があるとすれば、相手国の安全について売り手国の責任はきわめて重大である。原発機器についての安全点検は、従来は経産省産業機械課が、輸出元の企業が機器の安全確保や、その後の保守点検、事後の関連研修サービスを、輸出国として間違いなくおこなうか否か、そして経産省原子力安全保安院が輸出受け入れ国の原子力安全規制体制が整備されているか、そして原子力安全条約などの国際条約を受け入れ守っているかを検査して輸出の可否を決定することになっていた。しかし、3・11以後、経産省原子力安全保安院の役割は二〇一二年九月から規制庁が引き継ぐことになったが、同庁はこの原発輸出に関する安全点検の引き継ぎを拒否しているという。このようななかで首相自ら外国への売り込みに出かけているという事実は、どのような意味を持つのだろうか。使用済み核燃料の最終処理方法も見つからず、また福島の放射能災害地の除染、住民の帰還もできていないなかで、外国への原発売り込みをするとは「美しい国」の首相の行うことなのだろうか。

七　曹洞宗大本山永平寺の原発への取り組み

日本でもっとも多くの原発が存在するのは福井県である。したがって原子力発電所に働く人々も多く、雇用の問題も無視できないし、原発の立地する自治体への助成金や電力会社からの寄付金も莫大であり、自治体財政は原発に依存する体質にもなっている。そこに動いているのは、いわゆる原発マネーであり麻薬にもたとえられる。これに依存すると健全な財政運営ができなくなり、自治体の自主性は奪われてしまう。

福井県には日本原子力発電敦賀原発二基、関西電力三浜原発三基、同大飯原発四基、同高浜原発四基の十三基があり、他に軽水炉に代わる原発として開発された「ふげん」(廃炉中)、高速増殖炉「もんじゅ」があり、敦賀市に集中している。

このように福井県には国内最多十四の原子力発電所が立地する。これは異常ともいえる多さである。

一九七八年（昭和五十三年）、福井県敦賀市に原子炉「ふげん」が、そして一九九一年（平成三年）には、今様々な欠陥が報告されている「もんじゅ」がつくられた。先にみたように、日本では中曽根、正力ら政財界の有力者の手によって、原子力の平和利用の名のもと、最初に設立されたのは一九六六年（昭和四十一年）九月の東海原子力発電所（茨城県東海村）であり、以後二〇一一年三月十一日の福島原発事故にいたるまでに五十四基が建設されたのである。（その間に、一九八六年四月にはウクライナのチェルノブイリ原発がレベル7の大事故を起こしている。）

福井県の「もんじゅ」「ふげん」の設立者の動力炉・核燃料開発事業団の理事長の要請によって、この原発の命名を認めたのは時の永平寺貫首泰慧玉禅師であったといわれる。仏の智慧をあらわす文殊菩薩、仏の慈悲のはたらきを示す普賢菩薩の名のように、原子力発電が人類の智慧の発露になり、その慈悲のはたらきが人々に安心としあわせをもたらすものであれとの願いからであったろう。しかし、原発のもたらすもの、もたらしたものは、仏・菩薩の願い・慈悲行とは全く異質のものであった。「ふげん」は廃炉になり、「もんじゅ」は今も欠陥箇所や点検不十分などの問題が続出し、本来の機能を失ったままであるのに、政府は廃炉を決定せず今も何兆円もの予算を注ぎ込んでいる。

福井県はいわば原発立地王国ともいえる状態になっているが、永平寺はこの福井県の山中にあって二百余名の雲水が修行している曹洞宗の大本山であり、日本有数の禅道場である。

永平寺は毎年「禅を学ぶ会」を開催してきたが、二〇一一年（平成二十三年）十一月二日に「いのちを慈しむ――原発を選ばないという生き方」というテーマによって、小浜市の真言宗明通寺住職中島哲演、福島県飯館村の酪農家長谷川健一の講演と、作家の朴慶南《パクキョンナム》の司会によるシンポジウムを開いた。

原発事故の十ヶ月あまりのちのこの永平寺の取り組みは、既成仏教の本山としては最初のものであった。企画したのは永平寺布教部長西田正法であった。西田は「使用済み核燃料という負の遺産を後世に背負わせる原発は、すべての生物や自然を慈しむ仏教の教えに反する」という。西田はさらに「原発批判だけが目的ではない。電力をたくさん使う便利すぎる生活は必要かを考える機会にしてほしい」と述べている。日本人ひとりひとりがみずからの「ゆたかさ」の意味を掘り下げて考え、国家目標として「経済成長の中に幸福あり」とする国家の在り方を再考するよう求めていると思われる。

「永平寺禅を学ぶ会」特別講座として、永平寺町の「緑のふれあいセンター」で開催されたこのシンポジウムの基調講演をおこなった中島哲演は、国宝三重塔で知られる福井県小浜市明通寺の住職で、一九六〇年代から反原発運動を続けている人。大学生だった六三年に広島の原水爆禁止大会に参加し、原爆症に認定されることにならなかった広島・長崎原爆の二次被害者が全国に存在することを知って、地元での二次被害者の救援活動を始めた。そして、若狭に次々と建設される原発が、原爆症と同じ被害をもたらすものであることを知り、原発設置への反対運動に身を捧げた。今、小浜市周辺には原発は一つも建設されていない。中島はまた高速増殖炉「もんじゅ」の設置許可無効を求め、訴訟への取り組みと、原発設置反対小浜市民の会代表、原子力発電に反対する福井県民会議代表委員、原子力行政を問い直す宗教者の会世話人などを務め、自坊への参詣客には原発問題を考えるきっかけになればと法話を続けている。

中島の話には耳を傾けるべきものがあった。京都で行われた学生たちの集会「原発依存を考える会」では、原発が立地する自治体の問題に触れ「地元の人は（原発マネーに）依存しているのではなく、させられているんです」と力を込めて語っている。地元の小浜市議会は脱原発を国に求める意見書を全会一致で決議し提出している（二〇一二年六月）。

中島は永平寺のシンポジウムの基調講演では「貪《むさぼり》から貪《わかちあい》へ」というテーマで話した。巨大エネルギーを消費し「経済成長なくして幸福なし」とする国家目標は、仏教の人間観の根本に触れる内容を持つ。「貪《むさぼり》」の私的欲望の充足を幸福と誤認し、今なお人々から故郷を奪ったままである原発事故のもつ危険性と、そして使用済み核燃料の最終処理方法も見つからず、後世の子孫に悲しい負の遺産を残してしまうことに目を閉じたまま、ひたすら貪《むさぼり》の経済を追い続ける日本の現状を、中島は仏教徒として鋭く告発したのである。中島によれば「貪《むさぼり》」と「貪《わかちあい》」とは全く内容を異にするものである。「貪《むさぼり》」はいわば「奪う経済」であり、「貪《わかちあい》」は「共生社会での分かち合う経済」であるに他ならない。仏教徒にとって、貪ることは奪い合ってゆたかさを破壊することであり、分かち合うことは、貧しくともそれによってゆたかさを作り出すことである。

曹洞宗では「貪《わかちあい》」は重要な伝統的テーマであった。それは道元の教えた菩提薩埵四摂法の第一、布施（分かち合い）と重なる。そのため道元はみずから処するに貧をもってせよ、というのである。自己の在り様について、道元は次のように語っている。

夜話に云く、学道の人はもっとも貧なるべし。……仏法者は衣鉢《えはつ》の外《ほか》は財をもつべからず。……人をば殺すとも、人には殺されじなんぞと思ふ時こそ、身もくるしく、用心もせらるれ。人は我を殺すとも、我は報《むくい》を加えじと、思定《おもひさだ》めつれば、先ず用心もせられず、盗賊も愁へざるなり。時として安楽ならずといふことなし。
（『正法眼蔵随聞記』長円寺本巻四）

出家人にとって財とは私財ではなく、すべての人々のものであった。みずからは三衣《さんね》一鉢《いっぱつ》のほかにものを持つなと道元は教えている。このように自己の所有の在り方を省みることが仏弟子の生き方の出発点である。道元は鎌倉時代の人であるから。科学技術と結合して高度に発達した現在の経済の中にあった人ではない。しかし、その教えは所有のゆたかさによって幸福を考える文明社会が忘れ去ってしまっているものに気づかせてくれる。道元は「貧」について、しばしば言及している。

一日、僧来《きたっ》て、学道の用心を問ふ次《つい》で、示《じ》に云く、学道の人は、先ず須《すべか》らく貧なるべし。……其の故は、貧なるが道《どう》に親しきなり。
（『正法眼蔵随聞記』長円寺本巻四）

こんにち、この道元の言葉を考えてみるに、日本人の在り様についていうならば、「もののゆたかさの中での貧のこころ」といったらよいであろうか。

中島が永平寺のシンポジウムで「貧」の一字をテーマの中心に据えたのは、仏教の人間観の根本にふれる発言であったからである。文字を見ると興味深いことに気づく。貪《むさぼり》という字は、財貨を意味する貝と今という字から成る。今の財のみを考えるというこの字は「むさぼり」と読むのにふさわしい。それに対して、貧《わかちあい》という字は「財を分かつ」という構成によってできている。

仏教で貧を説くのは、まずしさゆえの病や飢えなどに陥っている社会を肯定しているのではない。分かち合うことが、人の世をゆたかにする在り方なのであるというのである。中島がこのふたつの文字によって提起している問題は、原発をめぐる日本の社会、経済、政治の在り様についてである。

臨済宗妙心寺派は、二〇一一年（平成二十三年）九月の宗議会において、原発依存からの脱却と再生エネルギーへの転換、そして「知足」の実践と持続可能な「共生」社会の実現への努力を宣言した。ここにいう「知足」とは、釈尊最後の説法である「遺教経」の中核となっている「八大人覚《はちだいにんがく》」中の最初の教え、少欲・知足に他ならない。釈尊がこの世で最後にお示しになった大人《ほとけ》の八つの覚《めざめ》の最初のふたつが少欲と知足であり、道元の先の言葉と一致している。道元も「正法眼蔵」の最後の巻「八大《はちだい》人覚《にんがく》」において、この釈尊の御遺言ともいえる少欲・知足を示し、みずからの五十四年の生涯における最後の教誨としている。

全日本仏教会（全日仏）は、福島原発事故に関する宣言・決議文を、河野太通会長の「二度とこのような事故を繰り返さないためにも、日々の生活を見つめ直さねばならない」という談話にそって、奈良慈徹総務部長が準備しているという。「各宗派や檀信徒の間で原発のとらえ方は異なるが、今回の永平寺のような動きが出ている。大きな寺だけでなく、小さな寺も震災・原発でさまざまな取り組みをしている。仏教界全体の共通認識を宣言・決議文のかたちで問いかけたい」と語っている。

大本山永平寺のシンポジウム「いのちを慈しむ――原発を選ばない生き方」の基調講演を中島哲演とともにおこなった長谷川健一は、東京電力福島第一原子力発電所が立地する大熊町から四十三キロ離れている飯館村前田地区で酪農を営み、約五十頭の牛を育てていた人。しかし原発事故によってこの地区で三十五年間続けた酪農ができなくなり、それまで育ててきた牛たちは殺処分されることになった。酪農家の奥さんたちは、殺処分されるためトラックで運ばれてゆく牛たちに「許してくれろよー」と泣きながら叫び続けトラックのあとを追ったという。

東京電力福島第一原発から約五十キロの相馬市の山深い集落で三十頭ほどの乳牛を育てていた五〇代のAさんは、長谷川の酪農仲間だった。二〇一一年六月十日と記した遺書を残してみずからの命を絶った。その場所は牛のいなくなった堆肥収納の建物で、借金をして建てられたばかりだった。福島県内では三月二十一日から約一ヶ月原乳は出荷停止となり、酪農家たちは制限解除まで、乳を搾っては捨てる日が続いていた。Ａさんの最後の言葉は、建てられたばかりの堆肥小屋のベニヤ板にチョークで書かれていた。「原発さえなければと思います。残った酪農家は原発に負けないで頑張って下さい。先立つ不孝を。仕事をする気力をなくしました。」（原文のまま）東電福島原発のあとの六月十一日のことであった。酪農家仲間からの知らせで、驚いて駆けつけた長谷川はこのチョークの遺書を前にしたとき「自分たちのこの体験を広く知ってもらうべきではないか」とぼんやり今まで考えてきたが、Ａさんの死で迷いもなくなり決意が固まった。Ａさんのこの遺書のメッセージは「一連のできごとを伝えてくれ、という彼の願いだと受け止め」た長谷川は、Ａさんの姉に「福島の酪農家の味わった苦しみ、悲しみを風化させないための講演活動をしようと思う」と宣言し、壁に残されたＡさんの遺書のメッセージを紹介させてほしい、と頼んだという。長谷川のこのような現場からの報告に、シンポジウムの会場ではすすり泣きの声が流れた。

福島県内の震災関連死は、二〇一三年（平成二十五年）十一月現在、地震・津波による直接死者数は一六〇三人、原発事故による避難中に亡くなった犠牲者は一六〇五人になった。住み慣れた家を離れての長期間の避難生活や、入所中の病院、老人ホームからの移動による環境変化によるもので、特に高齢者に犠牲者が多い。しかし、長谷川の報告にあるように、原発事故によって発散した放射能のために仕事が成り立たなくなった農家や酪農家からの犠牲者が出たことも忘れてはならない。

「私はお墓にひなんします。ごめんなさい」と遺書を残して、みずから命を絶った九十三歳の女性がいた。この女性の自宅は、福島県南相馬市の緊急避難区域にあった。長男（七十二歳）とともに暮らしていたが、三月十二日十五時半過ぎ、第一原発の二度の爆発後、近隣の住民は避難を始め、この女性一家も第一原発から約二十二キロ離れた自宅を出て、次女の嫁ぎ先である相馬市へ身を寄せた。翌日さらに遠くへ避難するため、南相馬市が用意した大型バスで長男夫婦と孫は群馬県片品村の民宿へ移ったが、おばあちゃんは長距離のバス移動は無理だと、次女宅に残った。四月後半、体調を崩して入院したりしていたが、小康状態になって五月三日に南相馬市の自宅へ戻った。群馬県の長男夫婦のところへは「早く帰ってこお（来い）」と度々電話していた。長男家族が自宅へ戻ってきたのは、六月の深夜であったが、起きていて玄関先でうれしそうに迎えたという。しかし、緊急避難区域は原発事故の影響が深刻化すれば再び避難しなければならない。長男夫婦が「また避難するかもしれない。今度は一緒に行こう」と言っても言葉少なだった。ようやく一家そろって生活するようになってから約二週間後の六月下旬、家族、先祖、親しい隣人にあてた四通の遺書を残し、庭で首をつっていた。

このたび3月11日のじしんとつなみでたいへんなのに原発事故で近くの人達がひなんめいれいで3月18日家のかぞくも群馬の方につれてゆかれました　私は相馬市に娘〇〇いるので3月17日にひなんさせられました　たいちょうくずし入院させられてけんこうになり2ヶ月くらい世話になり5月3日家に帰ったひとりで一ヶ月位いた　またひなんするようになったら老人はあしでま

といになるから　家の家ぞくは6月6日に帰ってきましたので私も安心しました　毎日原発のことばかりでいきたここちしません　こうするよりしかたありません　さようなら　私はお墓にひなんします　ごめんなさい

（女性が家族にあてた原文まま）

「長寿をお祝いされるようなおばあちゃんが、なぜこんな目に遭わなければならないのですか……」と遺書の宛名にあった知人が声を詰まらせていた。遺族は、ばあちゃんを孤独にさせたことを今も悔やんでいるという。

二〇一三年十二月の福島県災害対策本部の発表によると、福島県内における震災ならびに東電福島第一原発事故による避難生活の長期化による震災関連死者数は、先に記したように一六〇五人で、地震・津波によって直接亡くなった一六〇三人を上回った。二〇一三年十一月現在で東日本大震災関連死は、宮城県八七八人、岩手県四二八人、福島県では震災一年後の二〇一二年三月末現在で七六一人、同年八月に一〇〇〇人、二〇一三年八月末現在で一五〇〇人、そして十一月末には一六〇五人になった。津波で甚大な被害を受けた宮城県の関連死の方々のほぼ二倍にのぼる犠牲者が福島県の人々であった。原発災害からの避難が長期化する中で、生活の基盤を奪われて生きる希望を失った方や、高齢や病身のため避難生活に耐えられなかった方々である。

「福島第一原発事故で放射能の直接的影響で亡くなった人は一人もいない。原発をなくしたら日本は衰退する」と発言した中部電力社員や自民党政調会長の高市早苗は、どのような心でこの言葉を口にすることができたのであろうか。

八　三時業《さんじごう》

禅仏教では、「而今《にこん》の前後際断」を強調し、「只今」の実践を重んじ、過去を引きずらす、いたずらに未来をたのまないという生き方を大切とする。只今の自己に光を見いだすことは、禅のひとつの重要な一面である。このことは間違いではないが、生き方のすべてがここにあるとしてしまうことは、あやまりである。「三時業」とは、「只今」の在り様についてひとつの視点を定めることであり、只今のもつ座標軸に立って、時間的推移や歴史の全体を見通す眼をもつことに他ならない。

三時業は個人の一生や、社会・歴史の形勢を三つの時間の中で見ようとするものである。これは仏教の「業感縁起説」に由来する。ここにいう業《カルマ》は仏教の人間観の根本をなすもので、原語のKarman（梵）、Kamma（巳）は作業《さごう》・行為の意味を持ち、広くは人生や社会、歴史の中のダイナミズム（動態）がどのようにして生じるかということに深く関わっている。業《カルマ》には伝統的用語にしたがえば、その性質によって十善業と十不善業があって、身三《しんさん》（不殺生《ふせつしょう》、不偸盗《ふちゅうとう》、不邪淫《ふじゃいん》）、口四《くし》（不妄語《ふもうご》、不両舌、不悪口《ふあっく》、不綺語《ふきご》）、意三《いさん》（不貪欲《ふとんよく》、不瞋意《ふしんに》、正見《しょうけん》）を十善業《じゅうぜんごう》とし、十不善業はこれと反対の業を指す。業には「現行《げんぎょう》」としての行為と、その業自身が苦楽等の結果を引き起こす原因とはたらきとがある。唯識教学は、現行が時間的に次の行為を引き起こす潜勢力となることから、これを「種子《しゅうじ》」という。この潜勢力が未来の行為の原因力・影響となることから、これを「薫《くん》」と呼ぶ。このように行為のもつ時間的構造を「現行薫種子《げんぎょうくんしゅうじ》・種子生現行」の語で言い表す。ここにふたつの「現行」の語が使われているが、これは時間の中で、只今の行為が次の行為を引き起こす用《はたらき》をするということであり、行為の主体としての人格が形作られてゆく場合の時間的構造を示しているのである。人間の只今の「業」が、時間の中で人生と世界が形成される縁となってはたらいているということである。これが「業感縁起説」であり、伝統的には唯識教学の中で説かれているものである。

このような仏教の古典的な人格形成と世界と歴史の生成経過についての構造分析は、さらに「三時業」という語によって示される。ここでは時間を三つに位置づけ、「順現報受」「順次生受」「順後次受」とする。

順現報受とは自己の行為の結果が現世であらわれること、順次生受とは行為の結果が次の世であらわれること、順後次受とは次の世のあとの世であらわれるという意味である。

これは曹洞宗の在家教典である「修証義」の第一章で示されている教えであるが、道元『正法眼蔵』三時業の巻（岩波文庫本〔四〕二九九頁以下）にみられる内容をわかりやすくまとめたものである。

私は、この三時業には、個人の業《カルマ》と社会の業《カルマ》との二分野があると考えている。「業」という語は、伝統的解釈では個人の業という狭い領域で考えられてきた。今生《こんじょう》の悪業の報いを来世に、また来々世に受けるというように。これについては江戸時代から昭和にはいるまで大変に間違った解釈がなされてきた。今生すなわち現世で不幸な人々は、前世で悪業の報いである（順次生受）と説いて、個人に主体的責任のない身心の異常・障害や病苦などを前世の報いと教えてきた。このような偏狭で間違った教えを大衆向けの説教でおこなってきた過去の説教師たちの罪はまことに重いと言わざるをえない。このような見方では「三時業」の正しい積極的な意味はあらわれてこないと思われる。

さらに業については、個人の人格形成の場と、社会的価値形勢の場というふたつの次元で考えられ、両者は次元を異にしているが重なっているともいえる。社会的価値、すなわちその社会に普遍的と思われる共有の価値に制約されておこなわれる「業」は「共業《ぐごう》」といわれ、社会のダイナミズム（動態）の原動力、制約力となるものであり、歴史形勢の重要なエネルギーともなるものである。共業とは、その社会に普遍的な倫理的価値基準、またこの価値基準を元にした社会的制約力や社会制度の中でおこなわれ共通の思考・行動であり、これによって個人の生き方もつくられてゆくことから「共業」と呼ばれる。あるいは国家そのものの形勢原理ともなっている価値基準でもあり、かつての大日本帝国憲法のように「天皇ハ神聖ニシテ侵スベカラス」（第三条）という宗教的価値を国家の中心におき、これが日本の尊い国体の精髄であるとして、天皇への忠義を臣民の死生をつらぬく第一義的価値とした。つまり、共業は個人の死生観をも制約していたのである。

天皇が国体の尊厳を一身に集める存在であり、天皇のために死ねることが大日本帝国臣民の名誉であるとの死生観のもと、明治維新以来、特に外国との戦争が絶えることのなかった明治末年から昭和二十年八月まで、まさに「共業」の中で日本人は自らの死生観を作り上げてきた。または作り上げさせられてきた。天皇と国家のための名誉ある戦死の受け皿が「靖国神社」という仕組みに他ならなかった。明治二年（一八六九）、招魂社の名のもとにつくられ、国家の命の下戦死した兵士たちを祀ったのが、後の靖国神社（明治九年・一八七六）であった。ここには明治維新を成し遂げた西郷隆盛は祀られていない。彼の死は、明治新政府への反逆の戦いであった明治十年（一八七七）の西南戦争での死であったからだ。招魂社ないし靖国神社は戊辰戦争（慶應四年・一八六八の鳥羽伏見の戦いから江戸上野の彰義隊討伐、会津藩攻略、函館五稜郭にいたる戦い）以後に戦死した官軍兵士のみを祀ったのが始まりだった。

このような「共業」と私が呼ぶところの社会的国家的な共有の価値を形作ったのは、明治二十二年（一八八九）の「大日本帝国憲法」を日本人の精神形成の面で支える「教育勅語」（明治二十三年・一八九〇）であり、これが国民道徳の共通の内容となった。そして、さらに戦場の兵士たちの死生観を決定したのが東条英機陸軍大将（首相）によってつくられた昭和十六年（一九四一）の「戦陣訓」であった。

身心いっさいの力を尽くし、従容として悠久の大義に生くることを悦びとすべし

恥を知る者は強し。常に郷党、家門の面目を思い……生きて虜囚の辱《はずかし》めを受けず、死して罪過の汚名を残すことなかれ
（「戦陣訓」第七）
（「同」第八）

「生きて虜囚の辱《はずかし》めを受けず」というこの戦陣訓の死生観こそが若い兵士たちの心を制約し、死ななくてもよい多くの命が、玉砕という美しい言葉の中で失われた。兵士たちは捕虜の保護を内容に持つジュネーヴ条約も知らされないまま、若い命を失っていった。

一八六六年の明治維新以来、日本は士農工商という封建的身分制度を廃止して、四民平等を標榜する近代国家形成を目指した。しかし、西欧帝国主義諸国の狭間にあった日本は、国際関係からくる制約もあって、「大義を世界に布《し》かんのみ」（横井小楠）とする万邦和楽の道を歩まなかった。遅れて近代国家となったものの、先行の西欧列強諸国による植民地拡大を目指す帝国主義の道を選択し（福沢諭吉の「脱亜入欧」もこの方向だった）、「大日本帝国憲法」のもと、富国強兵を国是として植民地争奪の方向へと突き進んでいった。日本人三一〇万人、アジア二〇〇〇万人の犠牲者が出たアジア太平洋戦争は日本の近代が辿った歴史的帰結であった。

一九四五年のアジア太平洋戦争敗北以後、日本はかつての「富国強兵」の強兵（強力な軍事力）に経済力を費やすことのない「富国弱兵国家」を国是とし「経済的繁栄こそが国民の幸福である」とする

価値観を中核とする国づくりの方向へと進んだ。これを支えたのは「日本国憲法」の第二章の平和主義と、国民の基本的人権の尊重をうたった第三章であり、国家の中心的骨格となったことによる。一九六四年（昭和三十九年）の東京オリンピックは、この戦後日本の復興と繁栄を世界に示した国家的イベントであった。

国民ひとりひとりの経済的豊かさなくして幸福なし、とする考えが日本の政治を貫く価値観となった。これが現在の私たちの社会を動かしている「共業」の構造であり、原発もこの中であらわれたのである。

昭和三十年にはいった頃は、まだ日本人の多くは貧しかった。戦前も戦中も軍事大国日本の国民の多くは衣食住に貧しく、家庭の安らかささえも、徴兵制の介入という国家の権力によって常に脅かされていた。昭和十年前後には、農村の貧困が酷く、娘の身売りという事実さえもあった。

このような近代の暗い面を生きてきた日本人にとって、敗戦後の平和憲法の国民主権、平和主義、基本的人権などの価値観のもとでの、個人の幸福を国是とする社会の誕生はまぶしいくらいの驚きであった。そして、これが経済成長によって守られるという価値観につながり、こんにちの世界有数の経済大国になったのである。

日本の首都は東京であるが、日本総人口の約十分の一にあたる一二〇〇万人余の人口を持つこの東京都の、特別会計を含む二〇一四年度（平成二十六年度）の予算総額は十三兆三三一七億円で、スウェーデンの国家予算にほぼ等しく、ギリシャの国家予算を一兆円上回るほどの規模である。

巨大な経済力を有する日本では、経済の動態が個人を超えて動いている。3・11の原発災害にいたる過程を最初に考察したが、国家をも支配するかの感がある独占的な電力会社が、経済成長を国是とする政界と結合し、巨大なエネルギーの提供によって、日本の経済成長に貢献してきたと考えられる。そのエネルギー供給のための原発は、日本の経済成長にとってまさに「錦の御旗《みはた》」であったからである。しかし、この錦の御旗の下にうごめく黒い共業のもつ未来に、日本人が気が付き真剣に考え始めたのである。

九　高木仁三郎と大谷派金沢教学研究室

多くの日本人が、経済成長の中に幸福あり、とする価値観のもと、エネルギー源としての原発にそれほどの疑問も抱かぬまま、ほぼ半世紀の眠りの中にあった時、ウクライナのチェルノブイリ原発事故、米国スリーマイル島の原発事故が発生していた。しかし、一部の人々をのぞいて、大多数の日本人は他国での災害として無関心に近かった。しかし、ひとり目を覚まして、原発の持つ危険性に警鐘を鳴らし続けた人々もいた。宗教家では、先にみた中島哲演、科学者では高木《たかぎ》仁三郎《じんざぶろう》（一九三八〜二〇〇〇）、小出裕章らの人々は、フクシマ原発災害の発生する前から、すでに原発の持つ危険性、反文明的性格を鋭く指摘していた。反原発を選択する生き方が社会の支配的方向となれば、これが「共業」となって新しい社会、経済、政治が生まれる。しかし、いつの時代でも先覚者は「少数者」であり、その時代に迎え入れられないことがしばしば見られた。高木仁三郎、小出裕章らの科学者もそのような人であった。

浄土真宗大谷派金沢教学研究室公開講座は一九九一年（平成三年）二月二十二日に「科学原理と人間の原理」と題した高木仁三郎の原発に関する講演会を開催していた。高木は二〇一一年のフクシマ原発災害以前に病没しているが、しかし亡くなる直前に「友へ」と題したメッセージを残していた。

……原子力時代の末期症状による大事故の危険と結局は放射能廃棄物がたれ流しになっていくのではないかということに対する危惧の念は、今、先に逝ってしまう人間の心を最も悩ますものです。後に残る人々が歴史を見通す透徹した知力と、大胆に現実に立ち向かう活発な行動力をもって、一刻も早く原子力の時代にピリオドをつけ、その賢明な終局に英知を結集されることを願ってやみません。私は何処かで、必ず、その皆さまの活動を見守っていることでしょう。

いつまでも皆さんとともに

高木仁三郎

（講演録『科学の原理と人間の原理』「まえがき」より）

高木はこの講演でフクシマ原発災害をそのまま予見するような指摘をしていることに驚く。「(チェルノブイリ原発事故では)あれだけ破壊されていても原子炉そのものは止まっているのです。にも関わらず赤々している。あれが熾《おき》なんです。……その火はどうやって消えてゆくかというと放射能というのは半減期をもっています。その寿命にそってしか消えてくれない。これは長いもので何十万年、何百万年という半減期です。……今度柏崎の新しい原発は一三五・六万キロワットというような大きな原子炉を作って、そこで原始の火を燃やす事ができるようになった。火を燃やす事はうまくなったけれども消すことに関しては全くうまくなっていないのです。何の進歩もない。これではどこまでいっても半面の技術でしかない。……人間がある技術をマスターし、エネルギーをコントロールするためには、好きな時につけて好きな時に消すことのできるものでなければいけないはずですね。しかし原始の火というのは好きな時に消すことができないわけです。」(五九頁以下)

本書を読むと高木はフクシマ原発事故のすべてを予見していたように思われる。高木は冷却水装置の細管破損による炉心溶融の可能性も指摘していたが、東電福島第一原発では、これが現実のものになり、事故発生後三年たっても、この原始の火を消すことはできず、冷却水が放射能汚染水となって今も流出している事実は周知の通りである。

オリンピック開催地を決定する国際会議で、この国の総理大臣は「原発は完全にコントロール」されており、汚染水の海への流出も「コントロールされているUnder Control」と手振りをまじえて笑顔とともに語っていたが、まことに不可解なスピーチであった。

曹洞宗大本山永平寺のシンポジウム「原発を選ばないという生き方」は、福島原発災害の同じ年、二〇一一年十月二日に開催されたが、真宗大谷派金沢教学研究室ではすでにその二十年前に原発と人間の関わりを、文明の在り方として学び取ろうとする努力をしていた。

仏教の「三時業」は別の表現で言えば、現在の我々の思考と決断と行動が、明日以後の未来の人生と社会の在り様を決定する力をもつ、という時間のかたち・歴史の動態《ダイナミズム》についての見方を教えている。そして現在の思考と行動は、昨日までの過去の生き方の中で集積された思考と行動によって制約されている。では人間の主体性は全くないのかということになるがそうではない。我々は「選択《えらびとり》」ということによって、この「三時業」のうちの現在と未来の在り様を変えることができる。一強支配の政党のもとでの政治状況と巨大電力産業と巨大企業によって、またもや原発再稼働への動きが見られるが、このような個人を超えた勢力の動きを一個人がどうして変えられようか、という声が聞こえてくる。しかし、そのような力も選択の主体である私を変えることはできない。すべてはここから始まる。そのためには、原子力発電の実態を知り、同時にそれを推進している勢力の特質を知り、さらに原発災害が人々にどのような影響を与えたかを学び、その上に立ってどのような道があるかを私たちは選び取ることができる。

原発と人間との関わりについて、永平寺や高木仁三郎らの提起したのは、その選択ということに集約されていると思われる。

「業《カルマ》」とは、人がその意志によって選択した結果の行動を指すものであって、選択の自由のない行動や結果は「業」ではない。性の違い、民族の違い、生まれながらの障害の有無などは、その個人が選択したものではないから「業」とはいわない。特定の価値観の中で選択し行動することが「業」なのであるから原発は人間の「業」であり、未来へと継続する悪業であり不善業であると私には思われる。

十　脱原発には明日の文明への問いかけがある

今、原発を選んだ社会、そしてその原発を選ばない社会というふたつの方向には、単に日本のみならず人類の将来、明日の文明への選択がある。それは単にエネルギーや経済の次元にとどまるものではなく、人間の在り様を問う宗教、哲学、文学、芸術の次元からの問いでもある。

現在、脱原発の運動の中で発言し行動している人々は、文学者、音楽家、劇作家、映画監督、俳優、科学者、哲学者、さらには宗教家らが、その中核となっている。この人々の呼びかけによる脱原発運動・デモへの参加者には、子育て中の三〇代四〇代の母親や老人たちなど普通の市民が多数参加している。脱原発の運動は特定の政治のイデオロギーに制約されない性格を持っており、これは従来の安保反対デモや、学生運動、労働運動と根本的に相違しており、参加しているのはいわば生活者である普通の市民たちである。生活者である普通の市民が参加しているのは、生活と生命への素朴な危機感からであり、将来の子供たちが直面するであろう生命の危険への実感からであったと思われる。

ノーベル文学賞作家の大江健三郎、経済学者の内橋克人、児童文学者の落合恵子、作家の澤地久枝、詩人の辻井喬、哲学者の鶴見俊輔、僧侶で作家の瀬戸内寂聴、ジャーナリストの鎌田慧《さとし》ら九名は「さようなら原発一千万人署名」を呼びかけた。いずれも、文学、経済学、芸術、哲学、仏教の思想から、こんにちと将来の人間と文明を問いかけている人々である。福島原発災害後六ヶ月の二〇一一年（平成二十三年）九月十一日、九月十九日、東京代々木公園、明治神宮公園へは六万人前後の市民が呼びかけに応じて集まり、空前の規模となった。また関西電力大飯原発三・四号基の再稼働に反対して、東京霞ヶ関の経済産業省前で、九十二歳の高齢であるにも拘わらず、車椅子ながら再稼働反対のハンガーストライキに終日参加した瀬戸内寂聴の行動には感動する。二〇一二年（平成二十四年）五月三日のこの行動には、澤地久枝、鎌田慧らも瀬戸内と一緒であった。大逆事件で死刑となった菅野スガ、一九二三年（大正十二年）九月、関東大震災の混乱の中で憲兵によって大杉栄と共に殺された伊藤野枝を取材している瀬戸内の、原発の文明史的意味を問いかける社会派的感覚と行動は、仏教界の指導者たちに大きな示唆を与えるものがあると思われる。

十一　ミッドウェー海戦と3・11フクシマ原発災害

本書は白隠の『般若心経毒語』の参究のため、沢庵の『不動智神妙録』また柳生宗矩の『兵法家伝書』を手がかりとして、心経の中核である「空」の機用を探った。それは古典的な兵法、現代の戦略、戦術という戦闘場面での人間の在り様についての考察であった。

さらにこの「空」の機用を、歴史的転換期において、その要ともなる人間の思考と行動の在り様に視点を定めて参究する作業を進めた。「空」の機用についての、ミッドウェー海戦や3・11フクシマ原発事故へのアプローチは、ひとつの現代的視点を探る作業であった。

ミッドウェー海戦は、日本と米国、国家間の戦争で行われた太平洋での海戦であったが、両国にはそれぞれこの戦争を勝ち抜くために掲げた国家の大義というものがあった。いわば戦争目的についての両国の掲げた正義、大義の理念である。本書の「ミッドウェー海戦はいかに戦われたか」の論考では、この両国の大義については正面から扱っていないが、あの海戦を指導した日本の連合艦隊司令長官や第一、第二航空戦隊の司令長官、高級参謀、さらに各部署で戦った三千人余の兵士にいたるまで、この国家大義はその精神に浸透していたのであろう。この海戦は、そのような「国家的大義」のもと、「戦略・戦術」が推進されていったのである。

では、このミッドウェー海戦の戦闘経過と、フクシマ原発災害の経過とは、どのような共通点があったといえるのだろうか。

一、ミッドウェー海戦と3・11のフクシマ原発災害は、ともに国家的戦略としてなされた中での戦闘であり、電力事業であった。両者とも推進したのは国家であり、いわば国策といえるものであった。決してそれは軍事、経済、科学技術の次元での経過であるにとどまらず、そこに国家的大義が背景になっていた。

ミッドウェー海戦が行われたアジア・太平洋戦争は、西欧帝国主義国家によって植民地となっていたアジア諸国の解放を進めることが、この戦争の主体である日本の掲げた大義であった。日本固有の「八紘一宇《はっこういちう》」（「八紘為宇」。『日本書記』神武記。全世界がひとつの家として協同するという意味）という語が、この戦争の主唱者としての日本が唱えた大義を示す語であった。

原発はすでにみたように、軍事国家を放棄した平和憲法のもとでの日本の国家目標として、原発のエネルギーに依存する経済的繁栄によって国民の生活の安定と幸福を実現させるとする国策が、経済的社会的大義だった。フクシマ原発事故による災害は、この国策により生じた未曾有の人災であった。今、この大義のもつ虚構性への問いが始まっているのである。

二、また戦略・戦術の次元についていうならば、両者の類似点として、敵の真の動きを客観的に把握する能力が欠如し、敵の動きを見ることができないまま、主観的な思い込みからつくられた想定内にとどまる思考と判断が支配していたことである。原発での事故発生は無いものという都合のいい状況（安全神話）に坐著し、「寝た子を起こすな」というような、非常事態への対応について意図的無策に陥っていた。「原子力ムラ」といわれた経済産業省の原子力安全保安院、電力会社、原子力産業を推進していた科学者たちは、住民への安全神話のヴェールのまま、その危険性を指摘し、具体的な緊急避難計画を持つこともなかった。さらに使用済み核燃料の最終処理の具体的な計画についての見通しもないまま、五十四基もの原発を地震多発国の日本に建設した。人類の欲望の象徴である原発は、現在全世界で三十ヶ国総数四二六基を数え、さらに一〇〇基以上の原発が造られる予定という。地球上の原発総数のほぼ一二・七％の原発を日本は建設した。国土面積比から言えば異常な多さである。

三、ミッドウェー海戦とフクシマ原発事故では、その敗戦や大災害発生についての責任の所在が曖昧なままに終わっている。

日本への原子力発電の導入に尽力した中曽根康弘は、東電福島第一原発事故直後「遺憾千万」のことばでインタビューに応じたが、それ以上3・11の原発災害の深刻さへの責任、そして原発の将来について責任ある見通しを語ることはなかった。福島第一原発を推進した政、財、官、学の各界の責任者に、それぞれこの重大な事故について直接責任をとった人がいたであろうか。このことは、ミッドウェー海戦敗北の責任が曖昧なままに終わり、誰も明確な責任をとらなかったことと全く同じである。

失敗の原因を究明することによって、責任の所在と、将来に向けての設計・技術上の問題点、そして核のゴミの最終処分方法などを明らかにすることがなければ、再び同じ過ちが繰り返されることになる。

ミッドウェー海戦と、3・11フクシマ原発災害とは、人間としての真に責任のある行動によって、未来の歴史につながる生き方をすることが、どういうことなのかを問いかけている。

遠島　満宗（とおしま・まんしゅう）
1932年、愛知県生まれ。
愛知学芸大学（現・愛知教育大学）哲学教室、同専攻科（心理学）
名古屋大学大学院文学研究科修士課程
愛知学院大学大学院文学研究科博士課程　等に学ぶ。
曹洞宗東海管区教化センター主監、同センター布教師。NHK文化センター講師、中日文化センター講師。思想の科学研究会会員。
大本山永平寺孝順会会員。
現在、曹洞宗愛知専門尼僧堂宗乗担当講師。一弓山永張禅寺住職。
［主な論文・著作］
「死生の論理と倫理」（「理想」）、「不離叢林の思想—道元禅師の求法と教育」（「思想の科学」）、「人生雑誌の運動を担う者」（同）、「近代自然法覚え書—馬場辰猪メモ—」（「思想の科学名古屋グループ会報」）
『訓註虚堂集』（山喜房）、『訓註曹洞二師録』（同）
『昭和史の証人に聞く』（そぶえ九条の会共同企画）、『昭和史の証人に聞く余語』（同）

般若心経毒語

2015年2月7日　第1刷発行　（定価はカバーに表示してあります）

著　者　　遠島　満宗

発行者　　山口　　章

発行所　名古屋市中区上前津2-9-14　久野ビル
振替 00880-5-5616 電話 052-331-0008
http://www.fubaisha.com/
風媒社

乱丁本・落丁本はお取り替えいたします。　＊印刷・製本／モリモト印刷
ISBN978-4-8331-3166-7